Knaur.

Über die Autorin:
Marischa Sommer wurde 1981 in Ostfriesland geboren. Nach dem Abitur zog sie nach Hamburg, wo sie sich zur Journalistin ausbilden ließ. Das Privatstudium finanzierte sie sich mit Nebentätigkeiten bei H&M und als Kabelhilfe beim NDR. Als sie nach ihrem Abschluss keine Stelle fand, heuerte sie bei einer Telefonsex-Hotline an. Heute arbeitet Marischa Sommer bei einer Hamburger Marketingfirma.

Marischa Sommer

Talking Dirty

Mein Job bei der Sex-Hotline

Knaur Taschenbuch Verlag

Besuchen Sie uns im Internet:
www.knaur.de

FSC
www.fsc.org
MIX
Papier aus verantwortungsvollen Quellen
FSC® C014496

Originalausgabe August 2011

Redaktion: Angela Troni
Umschlaggestaltung: ZERO Werbeagentur, München
Umschlagabbildung: FinePic®, München
Satz: Adobe InDesign im Verlag
Illustration Innenteil: Corbis / Illustration Works / Liz Monson
Druck und Bindung: GGP Media GmbH, Pößneck
Printed in Germany
ISBN 978-3-426-78445-7

2 4 5 3 1

Abfahrt

Wenn man aus meiner Heimatstadt wegfährt, dann fährt man automatisch in die richtige Richtung.
Ich stehe an diesem kalten 28. Dezember schon früh am Bahnsteig und warte auf den Regionalzug der Deutschen Bahn, der zuverlässig mit zehnminütiger Verspätung einfährt. Außer mir sind noch viele andere junge Leute da. Sie waren, genau wie ich, über Weihnachten bei ihren Familien und sind jetzt, genau wie ich, völlig übersättigt und träge von drei Tagen Braten, Plätzchen und Gemütlichkeit. In Grüppchen und doch jeder für sich stehen sie wie zufällig über den Bahnsteig verstreut. Noch mehr Taschen und Koffer und Tüten, alle vollgestopft mit Weihnachtsgeschenken und Essen. Mütter verteilen letzte gute Ratschläge und zupfen Jackenkragen zurecht.

Diejenigen, die sich nichts zu sagen haben, gucken in die Ferne auf die beiden roten Punkte, die einfach nicht grün werden wollen.

Ich stehe ein wenig abseits, am unteren Ende des Gleises. In meinem Mantel sehe ich aus wie ein weißer Schatten mit roter Tasche.

Der Himmel hängt tief, drückt runter. Die dunkel gekleideten Menschen heben sich vor dem braunen Bahnhofsgebäude gut ab. Der Zeiger der großen Bahnhofsuhr ist stehengeblieben. Es liegt ein müder Schleier über diesem Bild, wie eingefärbt in Sepia. Wenn ich mich richtig darauf konzentriere, tut mir meine Heimat weh. Nicht schlimm, aber ein bisschen. Nur so, als würde man sich aus Versehen beim Beinerasieren an der Ferse schneiden. Man merkt es erst, wenn man die feine rote Linie im Wasser sieht, die Richtung Abfluss rinnt.

Ich löse meinen Blick von den anderen Reisenden und vergrößere den Abstand noch, gehe die paar Schritte bis zum Ende des Bahnsteigs, dort, wo vermutlich der vorletzte Waggon halten wird.

Ich habe keine Lust auf diesen »Und-was-machst-du-denn-nun-so«-Smalltalk mit Leuten, die ich in meinem Handy unter a wie auflegen gespeichert habe. Die Luft ist kalt und trocken und würde wohl knistern, wenn sie könnte. Ich spüre die Kälte an meinen Wangen und ziehe den Schal hoch bis über die Nase. Noch zirka sechs Minuten. Dann wird's warm.

Aus sicherer Distanz beobachte ich, wie Alt und Jung sich verabschieden. Später werden die Alten noch einmal die Kerzen am Baum anzünden, schwarzen Tee trinken und sagen, wie schön es doch war und wie traurig es doch ist – dass alles schon wieder vorbei ist. Wie immer.

Es war auch bei uns wie immer. Am vierundzwanzigsten gab es Gans und Rotkohl und Knödel, dazu Wein und Frank Sinatra. Das kleine Holzhäuschen, in dem mein Vater und seine Frau wohnen, war wie immer ganz warm und gemütlich, das Holz im Ofen knisterte, und überall brannten bunte Lichter und Kerzen. Zu elft, mit der ganzen Familie, wird es immer fast ein wenig eng. Mittendrin unser schwarzer Labrador, der fast ausgeflippt ist vor Glück über den Bratenduft und die vielen Streicheleinheiten. Das kniehohe Tännchen drohte hinter dem Geschenkeberg zu verschwinden, um den wir nach dem Essen lautstark knobeln mussten. Wer eine Sechs hatte, durfte auspacken. Mein Freund nimmt diesen familiären Weihnachtskoller immer ganz gelassen. So beruhigend und groß saß er auch diesmal neben mir. Ab und zu berührte seine rechte Hand mein Bein.

Schon die Erinnerung an vorgestern scheint mich jetzt zu wärmen. Und ich sauge mich voll damit, gegen die Kälte, gegen den Augenblick. Noch zwei Minuten, schätze ich. Mein Freund wartet schon in Hamburg, er ist früher wieder zurückgefahren. Ich vermisse die Geräusche und den Geruch der Großstadt, mein Zimmer und den Alltag mit meiner Mitbewohnerin.

Bei den Eltern zu sein ist für mich immer ein bisschen so, als wäre ich in Quarantäne. Es tut mir irgendwie gut, aber irgendwann muss ich dringend wieder weg. Ich gehöre dort einfach nicht mehr hin.

Die Kindheit ist lange vorbei, das habe ich begriffen, aber wohin es geht, weiß ich nicht. Ich weiß es weniger als je zuvor. Ich fühle mich verunsichert, weil ich wahrscheinlich schon längst an irgendeinem Punkt in meinem Leben hätte ankommen müssen. Bin ich aber nicht. Seit einem Jahr schon habe ich meinen Abschluss in der Tasche und mache seitdem entweder ein Praktikum oder irgendeinen Gelegenheitsjob, der »in die richtige Richtung gehen könnte«, es aber nicht tut. Mittlerweile weiß ich nicht einmal mehr, von welcher Richtung ich da überhaupt immer spreche. Ich habe im letzten Jahr meinen Kompass verloren. Was geblieben ist, ist das Gefühl, irgendetwas anderes machen zu müssen als das, was ich gerade tue. Als müsste ich ein völlig anderes Leben leben. Ich habe das Gefühl, es wird wieder ein kleines bisschen länger dauern, bis ich das nächste Mal hier sein werde, bei meinen Eltern. Ich werde jetzt ungeduldig und will endlich weg.

Ziemlich spät erst merke ich, dass das Mädchen mit den langen blonden Haaren auf mich zusteuert. Meine Brille hat einen Sprung im linken Glas, und ich bin seit fünf Monaten zu faul, sie reparieren zu lassen. Das Mädchen bewegt sich mit einem Lächeln auf mich zu, deswegen lächle ich zurück. Kenne ich die?

Als sie vor mir steht, fragt sie: »Entschuldige, fährst du zufällig mit dem Niedersachsen-Ticket?« Vor ihrem Mund bildet sich ein kleines Atemluftwölkchen.

Dies ist meine erste Begegnung mit Katharina. Mit ihren hellblonden Haaren sieht sie aus wie ein Engel. Allerdings wie einer, der ausschließlich schwarze Klamotten mit Nieten und derbe Stiefel trägt. Ich tippe spontan auf Metaller, die sind bei uns sehr verbreitet. Fast jeder hat einen im Freundeskreis, weil es sich in der Regel um extrem freundliche und loyale Menschen handelt.

Sie ist ein bisschen größer als ich, was an den Stiefeln liegen könnte. Ihre klaren blauen Augen hat sie mit schwarzem Kajal umrandet, die Brauen darüber sorgfältig gezupft und, ich glaube, ganz fein nachgeschminkt. Die hellblonden Haare fließen ihr über die dunkelummantelten Schultern. Sexy, aber nett. Eine gefährliche Mischung für jeden Mann. Wären wir in den Achtzigern, würde ich sie vielleicht als »tough« oder »rockig« beschreiben. Ihre Gesichtszüge sind ganz symmetrisch mit den hohen Wangenknochen. Ich bleibe einen Augenblick an ihren Grübchen hängen, vielleicht einen Moment zu lang. Das passiert mir manchmal bei Leuten, die ich hübsch finde. Dann nicke ich und lade sie ein, auf meinem Ticket mitzufahren.

In diesem Augenblick fährt der Zug ein. Weiß-rot, zweistöckig, er quietscht und ächzt und kommt dann langsam zum Stehen. Weiter vorne auf dem Bahnsteig hektische Umarmungen und letzte flüchtige Wangenküsse.

Wir setzen uns nach oben und versuchen, es uns in den engen Sitzen irgendwie gemütlich zu machen. Beide haben wir nicht viel Gepäck dabei, ich meine rote Tasche und sie eine pralle Sporttasche aus dunklem Stoff. Die Gepäckablage ist dafür trotzdem zu klein. Mit einem Ruck fährt der Zug an. Durch das Fenster beobachten wir die Zurückbleibenden, die mit großer Geste winken und dann immer kleiner werden.

Ich finde, mit dem Zug wegzufahren hat besonders im Winter etwas Dramatisches, fast Tragisches. Vielleicht weil sich die Gleise niemals berühren werden. Ich fühle mich jedenfalls gerade wie bei Richard Wagner. Wie in d-Moll.

Fast ist es ein bisschen so wie früher, denke ich, als ich als Dreizehn-, Vierzehnjährige, nach einer Mischung aus Schweiß und Vanilla-Kisses-Deo riechend, mit dem Ferienticket durch Norddeutschland fuhr, wohl auf der Flucht vor der Pubertät. Selbst Oldenburg war damals ein einziges Abenteuer.

Als wir uns vollständig aus unseren Wintersachen geschält haben, dreht sich meine Begleitung mit dem Oberkörper zu mir, bläst sich eine Strähne aus dem Gesicht und gibt mir die Hand.

»Ich bin Katharina«, sagt sie, und ihre Zahnlücke blitzt. Ich kenne niemanden, an den sie mich erinnern könnte. »Möchtest du zufällig Schokolade? Meine Tasche ist voll davon. Deswegen ist die, glaub ich, auch so schwer.«

Sie zieht am Reißverschluss ihres Gepäcks, das sie auf den Gang gestellt hat, und präsentiert mir dessen Inhalt, als wäre es seltene Schmuggelware.

»Meine Eltern drehen an Weihnachten immer total durch.« Sie kramt zwei Schokoriegel hervor, von denen sie mir einen entgegenhält. »Willst du?«

Ich lehne dankend ab.

»Ich habe nach den paar Tagen das Gefühl, dass Zuckerwasser statt Blut durch meinen Körper fließt.« Sie kichert ein bisschen und entfernt dann knisternd die lilafarbene Verpackung, um ein kleines Stückchen von ihrem Riegel abzubeißen.

Der Zug drückt sich gleichmäßig durch die platte Landschaft, die schon nichts mehr weiter ist als ein verschwommenes grünes Surren, vor dem sich mein Profil in der Fensterscheibe spiegelt.

Katharina lutscht die Schokolade und kaut nicht, und es sieht so aus, als würde sie dabei überlegen. »Hm«, macht sie kurz. Dann schaut sie mich direkt an und fragt: »Sag mal, kennen wir uns nicht von irgendwoher? Ich habe das Gefühl, dass ich dich schon mal gesehen habe. Du kommst nicht zufällig vom Dorf?«

Ich muss lachen. »Doch, genau genommen schon. Aber wir sind weggezogen, als ich drei Jahre alt war. Wo genau wohnst du denn?«

Wir stellen fest, dass wir nicht nur im selben Dreihundertseelendörfchen geboren wurden, sondern auch im selben Jahr. Katharina wird ganz aufgeregt, und zum ersten Mal berührt ihre Hand meinen Arm. Heimat verbindet.

»In welchem Haus habt ihr denn gewohnt?«, fragt sie mich.

Ich wiederhole lediglich die Antwort meines Vaters, da ich kaum eigene Bilder im Kopf habe, wenn ich versuche, mich an meine ersten drei Jahre zu erinnern. Eher sind da Gefühle, Gerüche und Geräusche, sogar Musik, an die ich mich erinnere. Bilder flackern nur kurz auf, wie Dias.

»In dem großen, wenn man ins Dorf reinfährt, auf der rechten Seite. Da bin ich auch drin geboren. Hausgeburt.«

Katharina runzelt die Stirn. »Meinst du gleich das erste, das mit den großen Fenstern und dem Scheunenanbau?« Sie leckt sich konzentriert einen letzten Schokoladenrest aus dem Mundwinkel. Ihre Zunge ist verklebt.

Ich nicke. »Ja, genau das.«

Sie quittiert meine Antwort mit einem lauten Lachen. »Da haben wir die besten Partys gefeiert, als ich so sechzehn war, glaub ich. Da führt so eine morsche Holztreppe nach oben. Durch die ist eine Freundin von mir mal durchgefallen, das weiß ich noch. In dem Zimmer unten links habe ich damals meinen ersten Joint geraucht.«

Jetzt bin ich es, die lachen muss. »Im Zimmer unten links

bin ich geboren«, sage ich. »Dann hat sich ja gar nicht so viel verändert.«

»Wie meinst du das?« Katharina guckt mich verständnislos an.

Ich erzähle ihr, dass meine Eltern in dem Haus in einer Art Ökokommune gelebt hatten. »Na ja, jedenfalls mit vielen Leuten, die Gitarre spielen und singen konnten, und Tieren, die entweder selbst geschlachtet, gemolken oder geimkert wurden, und lauter Träumen, von denen sich die wenigsten erfüllt haben.«

»Ach, die Hippie-WG! Von der haben mir meine Eltern, glaub ich, mal erzählt. Ist ja witzig. Dann sind wir vielleicht zwei Kilometer voneinander entfernt aufgewachsen. Zumindest unsere ersten drei Lebensjahre. Wir sind bestimmt im Kinderwagen schon mal aneinander vorbeigefahren.«

Sie hat Teile der Schokoladenverpackung zu einem kleinen Kügelchen gerollt, das sie sich unter den rechten, schwarz lackierten Daumennagel schiebt. Die silbernen Ringe lassen ihre Finger noch schlanker aussehen. Als wir unsere Freundeskreise vergleichen, kommen wir auf fünf gemeinsame Bekannte. Das ist schon viel, wenn man bedenkt, dass sie auf eines der beiden Gymnasien in meiner Heimatstadt gegangen ist und ich auf das andere.

»Jeden Tag mit dem Bus zur Schule und zurück. Und wenn man abends mal weggehen wollte, musste man auf den Nachtbus warten, der einmal in der Stunde fuhr – mit Glück.«

Sie verdreht die Augen, und ich verziehe daraufhin automatisch den Mund. Als Jugendlicher in Ostfriesland verbringt man viel Zeit damit, auf irgendetwas zu warten, zum Beispiel auf den Bus.

Wenn Katharina ein Kerl wäre, hätte diese Zugbegegnung fast etwas Romantisches. Schon kurz vor Bremen ist sie mir sehr vertraut, wie eine Freundin.

Ich beginne umständlich damit, mich wieder in meinen weißen Mantel einzupacken und meinen Schal zu ordnen, weil wir demnächst umsteigen müssen. Wir unterbrechen unser Gespräch. Lieber würde ich sitzen bleiben, der Sitz ist so angenehm warm inzwischen. Wir schnappen uns unsere Taschen und gehen hintereinander, wie zwei Enten, den Weg vom Gleis die Treppe hinunter und durch die Bahnhofshalle, quetschen uns an den drängelnden Menschen vorbei, die überall sein wollen, nur nicht hier. Weihnachten ist vorbei, und das neue Jahr ruft sie an einen anderen Ort. Sie folgen dem Ruf wie Marionetten an unsichtbaren Fäden.

Der Anschlusszug hat schon eine Weile gewartet, als wir am Bahnsteig fünf ankommen. Trotzdem ergattern wir noch zwei Restplätze, gleich unten an der Tür, die dauernd auf- und zugeht, weil Leute hindurchlaufen. Erst als wir fahren, beruhigt sich der Durchgangsverkehr.

Draußen ist es dunkel geworden, und die Zugbeleuchtung schaltet sich ein. Wir setzen uns einander gegenüber auf blaue Sitze mit dunkelblauen Vierecken. Irgendjemand hat seine leere Bierdose und eine Bild-Zeitung in den kleinen Mülleimer am Fenster gestopft.

Ich behalte meine Sachen an, weil ich die gesamte verbleibende Zugfahrt brauchen werde, um mich wieder aufzuwärmen, und stecke die Hände dahin, wo es immer warm ist: zwischen meine Oberschenkel. Ein Kaffee wäre jetzt gut.

Wir fahren an Ortschaften vorbei, hinter deren Namen sich ebenso gut eine Geschlechtskrankheit verbergen könnte. Der Zug spuckt in regelmäßigem Abstand ein paar Kleinstädter aus. Wir schauen ihnen durch das Fenster hinterher, wie sie da mit hochgezogenen Schultern im Dunkeln verschwinden, und freuen uns über mehr Platz.

Mir fällt auf, dass wir bisher nur über die Vergangenheit geredet haben. Bevor sich Katharina nach meinem Leben in

Hamburg erkundigen kann, was unweigerlich eine Rechtfertigung meiner aktuellen Situation nach sich ziehen würde, komme ich ihr lieber zuvor. »Erzähl mal, wie du so lebst, alleine oder mit deinem Freund, und was du so machst. Studierst du?«, frage ich sie.

Katharina ist eine aufmerksame Zuhörerin. Sie nickt, während ich meine Fragen stelle, und wartet höflich bis zur letzten Silbe, bevor sie eine Antwort gibt. »Ja, ich wohne alleine und ich studiere tatsächlich Italienisch, aus Liebe zur Sprache und zum Land. Seit ich im Urlaub als Kind dort gewesen bin, wollte ich die Sprache lernen. Ganz typisch. Wenn alles klappt und ich mich ranhalte und die blöden Grammatik-Prüfungen einigermaßen bestehe, mein Schwachpunkt, dann bin ich in ein, zwei Jahren fertig.«

Sie stöhnt und hebt kurz ihre linke Oberlippe, als würde sie sich vor irgendetwas ekeln. Dann sagt sie: »Ich muss ziemlich viel lernen gerade, auf meinem Schreibtisch warten schon die Bücher auf mich. Ich komme gerade kaum zum Arbeiten, dabei brauche ich die Kohle dringend. Ein paar Extraschichten wären gar nicht schlecht.« Dann verschränkt sie die Arme vor der Brust und schaut mich an, als würde sie mich zur nächsten Fragerunde auffordern wollen.

Dabei könnte sie von mir aus einfach weitersprechen, bis wir angekommen sind. Es ist angenehm, ihrer Stimme zuzuhören. Sie redet ruhig, als würde sie Satzzeichen mitlesen, und betont die Worte, die ihr wichtig sind. Katharina hat auf mich eine ähnlich entspannende Wirkung wie ein Zimmerbrunnen oder eine Lavalampe. Dazu das gleichmäßige Ruckeln des Zuges, die Dunkelheit draußen, das künstliche Licht drinnen. Ich versuche, ein aufkommendes Gähnen zu unterdrücken, indem ich die Lippen ganz fest aufeinanderpresse und die Nasenflügel blähe. Katharina soll nicht denken, dass mich das, was sie da erzählt, nicht interessiert.

Es gehen nur noch selten Mitreisende an unserem zur linken Seite hin offenen Abteil vorbei, um durch die Schiebetür in den nächsten Waggon zu gelangen. Doch wenn sie jemand öffnet, so wie jetzt die junge Frau mit den Dreadlocks im Fellmantel, wird es kurz ungemütlich kalt und so laut, dass wir unser Gespräch unterbrechen müssen. Katharina verzieht das Gesicht.

Ich stehe schnell auf, um die leuchtende Taste am Griff zu drücken und so die Türschließfunktion zu beschleunigen. Unter ihrem aufmerksamen Blick setze ich mich wieder und nehme diesmal eine weniger bequeme Haltung ein als vorher (»Du musst gerade sitzen, Kind!«). Ich bemühe mich, meine Frage nicht banal klingen zu lassen, schaffe es aber nicht. »Was machst du denn so? Arbeitest du in einer Kneipe?«

Katharina nickt, während ich noch meine Fragen stelle, grinst dann und schaut rechts und links neben sich. Eigentlich müsste sie längst gemerkt haben, dass alle Plätze um uns herum inzwischen frei sind. Sie schaut noch einmal kurz hinter sich. Aber da ist nur die digitale Anzeige, die 19.23 Uhr zeigt. Dann senkt sie die Stimme und neigt ihren Kopf näher zu mir her.

Irgendwie schafft es nur einer meiner Mundwinkel nach oben, als ich begreife, was sie da gerade gesagt hat. Ich lege mein Kinn auf die Brust und schaue sie prüfend von unten an, als würde ich sie durch eine altmodische Nickelbrille betrachten, und frage: »Echt jetzt? Wie …?«

Der Zug schaukelt mich kurz in ihre Richtung, und ich schlackere mit meinem Gesicht wie ein Wackel-Dackel für zwei Sekunden einen Zentimeter zu nahe vor ihrem Gesicht hin und her. Mist, so plump wollte ich gar nicht reagieren. Schnell korrigiere ich mich.

»Ich meine, ich bin nicht schockiert oder so, im Gegenteil. Ich habe wohl einfach etwas anderes erwartet. Tut mir leid.«

Verunsichert warte ich auf eine Gegenreaktion, damit ich wenigstens weiß, wie ich gucken soll.

»Schon gut«, sagt Katharina. »Das kenn ich schon.« Sie winkt ab, lächelt breit und ansteckend.

Ich gucke erleichtert. »Kannst du mir nicht ein bisschen mehr erzählen?« Hören sich Worte, wenn man sie leiser ausspricht, auch harmloser an?

»Klar«, sagt sie, schiebt mit der rechten Hand ihre Haare hinter die Schultern und rückt mit den Beinen ein kleines Stückchen an mich heran. Ihre Hände hat sie auf den Knien abgelegt, ganz brav sieht das aus. Ich finde, wenn sie lächelt, wirkt sie jünger, als sie ist. Und sie lächelt viel. Ich will jetzt unbedingt mehr von diesen halbgeflüsterten Worten hören. Was sie sagt, hört sich spannend an, aufregend. Sehr sogar.

Meine Augen fixieren begierig ihre Lippen, die die Worte formen. Sie ist bemüht, auch dann ihre leise Stimmlage beizubehalten, wenn sie lacht, weil ich lache. Je mehr sie von ihrem Job erzählt, desto mehr Fragen habe ich und schieße eine nach der anderen ab. »Wie lange machst du das schon? Wie genau läuft das ab? Du sagst, es gibt ein Büro? Und, bin ich zu indiskret?«

Ich habe die Beine übereinandergeschlagen, mein rechter Fuß wippt, und unsere Knie berühren sich. Katharinas Wangen sind ganz leicht gerötet, als ich Details von ihr verlange und sie mit dem Erzählen beginnt. Ich weiß nicht, was es ist, ob es mich irritiert oder ob ich sie dafür bewundere, dass sie, obwohl sie zwischendurch sogar kindlich und sensibel wirkt, mit einer großen Abgeklärtheit spricht. Ihre Sprache ist jetzt nackt, reduziert, sie erzählt nur Fakten. Sie benutzt Worte wie Kundenstamm, Audiocomputer und Operator.

Dann schaut sie mich unvermittelt mit einem Blick an, bei dem ich mich ein wenig unwohl fühle, weil ich ihn nicht recht zuordnen kann, und sagt: »Wir suchen übrigens gerade ganz dringend jemanden fürs Büro, also für denselben Job, den ich auch mache.«

Ich deute mit dem Finger auf mich und ziehe die Augenbrauen hoch, ohne etwas zu sagen. Vorhin hatte ich ihr, glaube ich, kurz erzählt, dass ich gerade einen Bekleidungskatalog ins Englische übersetze und kleinere Werbetexte für ein Online-Umzugsportal schreibe und damit kaum über die Runden komme.

Der Zugchef meldet per Lautsprecher »Hamburg Hauptbahnhof«, und Katharina sagt: »Wahrscheinlich könntest du sofort anfangen. Du kannst ja einfach mal vorbeikommen und es dir angucken.«

Ich nicke und schlage ihr, statt zu antworten, vor, die Telefonnummern auszutauschen. In dem Moment ist mir schon klar, dass ich sie auf jeden Fall anrufen werde. Katharina reizt mich – als Mensch. Und was ihren Job angeht, sind meine Fragen noch nicht alle beantwortet.

Dann greifen wir nach unseren Taschen und gehen Richtung Tür. Endlich bin ich wieder zu Hause.

Sekt in the city

Katharina ruft gleich drei Tage später zum ersten Mal an. Sie lädt mich zu sich nach Hause ein: »… allerdings erst nach der nächsten Prüfung, bis dahin muss ich jeden Tag lernen.« Trotzdem notiere ich schon einmal ihre Adresse und freue mich. Wir wohnen nur drei U-Bahn-Stationen voneinander entfernt. Außerdem hat sie Neuigkeiten.

Ohne dass ich nachfragen muss, kommt sie erneut auf das Jobangebot zu sprechen: »Ich habe in der Zwischenzeit übrigens mit meiner Chefin telefoniert. Also, von ihr aus geht es klar, dass du mal mitkommst. Wenn du willst?«

Ich beschließe, meiner Neugier nachzugeben, und sage zu. Ganz unverbindlich. Ich muss ehrlicherweise gestehen, dass ich den Ablauf im Büro einfach gerne einmal live miterleben würde, da ich trotz Katharinas ausführlicher Schilderung auf der Zugfahrt insgesamt nur einen Bruchteil ihrer Andeutungen verstanden habe

»Würde es dir gleich morgen Abend passen?« Es hört sich so an, als wenn sie mit einem Ja rechnete.

»Ja«, sage ich.

Sie klingt erfreut: »Super! Das einzige Problem ist, dass ich, wie gesagt erst mal für meine Prüfung lernen muss und meine nächste Schicht deswegen erst in zehn Tagen habe. Dafür ist morgen meine Schwester Emily da. Du kannst ihr zugucken, wenn du möchtest. Sie kann dir alles genauso gut zeigen wie ich. Ich habe ihr auch schon Bescheid gesagt, dass du eventuell vorbeikommst. Sie ist also vorbereitet.« Katharina lacht. Warm hört sich das an, hell.

Nur kurz überlege ich, ob ich einen Rückzieher machen soll,

entscheide mich dann aber dagegen. Das wäre doch irgendwie ziemlich uncool.

Am nächsten Tag mache ich mich abends auf den Weg in die Innenstadt, was ich sonst nur tue, um zum Bahnhof zu kommen. Oder ganz selten dienstags, um im Streits-Kino am Jungfernstieg einen Film anzuschauen, weil dann die Karten günstiger sind. Als ich aus der U-Bahn steige, liegt die Fußgängerzone ganz tot und unwirklich vor mir.

Ich bin ein bisschen zu früh dran und zünde mir eine Zigarette an. Langsam gehe ich an den Geschäften vorbei. Meine Silhouette spiegelt sich in den Schaufenstern. Eine frierende, mittelgroße Frau mit mittellangem Pferdeschwanz und mittellangem Mantel, schon vier Winter getragen. Die Filialen der großen Klamottenketten locken Passanten mit Sale-Schildern an wie dicke Straßenhuren ihre Laufkundschaft. Überall kleben überdimensionierte Prozentzahlen.

Klar, ich würde mir gerne wieder einmal etwas Neues kaufen. Dringend brauche ich neue Schuhe oder eine Winterjacke. Aber ich bin pleite. Seit einem Jahr. Und ich habe Schulden. Bei der Schule für Modejournalismus, weil ich irgendwann die Raten nicht mehr pünktlich zahlen konnte. Auch an meine Krankenkasse leiste ich monatliche Ratenzahlungen. Irgendetwas ist da beim Kassenwechsel schiefgelaufen. Momentan lebe ich von etwa zweihundertfünfzig Euro, und die muss ich mir, so gut es geht, einteilen. Darüber nachzudenken macht mir Angst, und deswegen lasse ich das für den Moment bleiben.

Um halb zehn biege ich in eine Seitenstraße ein und gehe zum verabredeten Treffpunkt an der nächsten Ecke. Ich schaue am Gebäude hoch. Lauter Büros, die Etagen sind dunkel. Nur ganz oben brennt noch Licht. In dreißig Minuten könnte ich wieder in meinem warmen Bett liegen und fernsehen. Für einen kurzen Moment zögere ich.

Katharina hatte am Telefon gesagt, Emily würde mir »alles zeigen«. Bedeutet das nun, dass ich heute schon eingearbeitet werde, weil ihre Chefin davon ausgeht, dass ich den Job auf jeden Fall machen werde? Wahrscheinlich hätte ich noch einmal betonen müssen, dass ich eigentlich nur vorbeischaue, um mir ein besseres Bild machen zu können und, natürlich auch, um meine Neugier zu befriedigen. Vielleicht hätte ich insgesamt einfach mehr Fragen stellen sollen. Aber egal, ist doch schön, wenn es im Alltag noch kleine Überraschungen gibt.

Ich solle anrufen, wenn ich vor der Tür stehe, hatte sie gesagt. Die Klingel funktioniere nicht. Mein Blick fliegt über die Namensschilder aus Metall: Computerfirmen und Werbeagenturen, keine Privatpersonen. Auf dem obersten Schildchen steht ABC Communications. Dort oben brennt auch das einzige Licht. Ich drücke meine Zigarette mit der Schuhspitze aus und wähle die Nummer, die ich in meinem Handy gespeichert habe.

Es klingelt nicht lange, dann hebt jemand ab. »Warte, ich komme runter«, sagt die Stimme am anderen Ende des Telefons, vermutlich ist es Emily. Sie legt sofort wieder auf.

Ich warte, dass etwas passiert. Die Kälte kriecht durch den dünnen Stoff meines Mantels. Es dauert eine ganze Weile, doch dann öffnet eine junge Frau die Tür und bittet mich herein. Sie gibt mir die Hand und entschuldigt sich noch einmal dafür, dass die Klingel kaputt ist. Wir gehen drei Stufen hinauf zum wartenden Fahrstuhl. Sie streift mich mit einem Seitenblick.

»Meine Schwester meinte, du willst dir das Ganze einfach mal angucken und vielleicht auch hier im Büro arbeiten? Hat sie dir schon ein bisschen was erzählt?« Sie drückt auf den Türknopf.

Ich nicke und beantworte nur ihre zweite Frage: »Ein wenig, neulich im Zug. Ich weiß aber trotzdem nicht genau, was mich erwartet.«

Mit meinen letzten Worten setzt sich der Fahrstuhl in Bewegung. Ich lächle die ganze Zeit, weil ich nicht weiß, was ich sonst tun soll. Eine dieser skurrilen Fahrstuhlsituationen. Emily reagiert nicht. Die Fahrt kommt mir ewig vor. Wir stehen uns gegenüber, und ich schaue sie kurz an und dann übergangslos schräg rechts an ihr vorbei, bis wir oben angekommen sind.

Emily hat eine ganz helle Haut und genauso dunkel geschminkte Augen wie Katharina. Doch dieser Kontrast verleiht ihr nur im ersten Moment etwas Schneewittchenhaftes. Ihr Blick ist stechend, fast schon streng. Emily wirkt distanzierter als ihre Schwester. Wenn ich nach dem Aussehen urteilen müsste, hätte ich die beiden niemals für Schwestern gehalten. Die eine mit langen blonden Engelshaaren, die andere mit langen pechschwarzen Strähnen. Und auch sonst sehen sie sich, bis auf die schmale Figur, nicht sonderlich ähnlich.

Die Türen öffnen sich. »Wir müssen noch eine Treppe gehen, in den sechsten Stock, der Fahrstuhl fährt nur bis in den fünften.«

Deswegen hat das eben so lange gedauert. Wir treten aus der Metallkabine und gehen die Stufen hoch, bis wir vor einer schweren Glastür stehen. Emily schließt auf. Sie geht vor, lässt mich eintreten und schließt hinter mir wieder ab.

Ich stehe in einem schmalen Flur mit dunklen Bodenfliesen, an dessen Ende durch eine geöffnete Tür Licht fällt. Emilys Stiefel klackern laut bei jedem Schritt. Ansonsten ist es vollkommen still. Sie geht zielstrebig voraus, und ich erwische mich dabei, wie ich im Halbdunkel auf ihren Po schiele. Sie sieht in den engen, dunklen Jeans ziemlich gut aus.

»Da hinten sind die Toiletten«, sagt sie, und mein Blick folgt ihrem ausgestreckten Arm. Leere Räume, weiße Kacheln.

Dann führt sie mich durch eine Tür, es wird heller. Ein kleines Durchgangszimmer, höchstens drei oder vier Quadratmeter. Ihre Absätze klackern nicht mehr. Der Raum ist mit Teppichboden ausgelegt. Bisher sieht es hier gar nicht aus wie in einem Büro, eher wie in einer nur sporadisch genutzten Wohnung.

»Und hier ist unsere kleine Küche mit Spüle und Kühlschrank. Ich würde mir an deiner Stelle immer etwas zu essen mitnehmen, besonders nachts.« Emily dreht sich zu mir um und fügt hinzu: »Vorausgesetzt, du willst den Job machen.«

Sie zieht nur die linke Augenbraue hoch, erwartet aber, glaube ich, keine konkrete Antwort. An ihrer Halskette hängt ein umgedrehtes Kreuz. Die Kette fällt ihr über die Brust, so dass der Anhänger leicht hin und her pendelt. Sie folgt meinem Blick, und ich bilde mir ein, eine Spur von Belustigung in ihren Augen zu sehen. Ich habe mich noch nicht entschieden, ob ich diese streng blickende, forsche Frau mag oder nicht, tendiere aber zu Ja. Sie wirkt zwar ein bisschen unnahbar, und ich könnte mir vorstellen, dass sie nicht gerade zimperlich ist im Umgang mit sich selbst und anderen, aber unfreundlich ist sie auf keinen Fall. Trotzdem fühle ich mich in ihrer Gegenwart merkwürdig unsicher, wie ein Kind, und ich wünschte, Katharina wäre auch hier. Vielleicht ist es Emily gar nicht recht, dass ich heute Abend gekommen bin? Ich bin mir selber nicht sicher, ob ich es überhaupt noch will. Ziehen wir es durch, denke ich mir.

Die dritte Tür, eine dieser hellbraunen Wohnzimmertüren mit goldfarbener, geschwungener Klinke, führt schließlich in einen großen Büroraum. Wir sind allein. Jetzt erinnere ich mich auch, dass Katharina erklärt hatte, man arbeite immer allein im Büro. Die Chefin sei nur vormittags da, man könne in seiner Schicht im Prinzip tun und lassen, was man wolle. Sie pries das als einen der großen Vorzüge des Jobs und verwendete die Worte »unabhängig« und »selbständig«.

Links von mir steht eine Reihe grauer Tische, an die Wand

geschoben und mit schwarzen Stühlen davor. Darauf sind einige Telefone und Computer plaziert. Einer der Computer läuft, der Monitor zeigt verschiedenfarbige waagerecht verlaufende Balken, was ein bisschen so aussieht, als würden gerade Musikdateien aus dem Internet heruntergeladen.

Geradeaus blicke ich auf eine breite Fensterfront, die eine großartige Aussicht erahnen lässt. Die dunkelblauen Metallrollos sind aber schon halb heruntergezogen.

Zwei Schreibtischlampen werfen ihr Licht an die Wand, die, bis auf ein gerahmtes Seidentuch mit orientalisch anmutenden Mustern und ein schon älteres Britney-Spears-Poster, jungfräulich weiß ist. Die komplette rechte Wand ist von einer massiven Schrankwand aus dunklem Holz verdeckt. Dahinter kann man den oberen Rand eines Türrahmens erkennen. Eigentlich wäre hier also noch ein Durchgang zu einem weiteren Zimmer. Oder zu mehreren. Jetzt begreife ich, dass das gesamte Büro tatsächlich eine leerstehende Wohnung ist, und dieser Raum war ursprünglich mal das Wohnzimmer.

Irgendwie hat das Ganze etwas Skurriles: in einem Wohnbüro mitten im Zentrum über den Dächern der Stadt mit einer fremden Frau, die mich unsicher lächeln lässt. Ich fühle mich ein bisschen, als wäre ich ungebeten in ihre Privatsphäre eingedrungen. Dies ist ihr Arbeitsplatz, sie hat ihre Sachen über mehrere Tische verteilt.

»Zieh am besten erst mal deine Jacke aus, die kannst du einfach irgendwo hinwerfen«, sagt Emily.

Auf einem der hinteren Tische liegen ihre Winterklamotten und eine große Sporttasche. Daneben eine kleinere Plastiktüte, aus der der rote Verschluss einer Cola-Flasche ragt. Ich ziehe meinen Mantel aus und lege ihn daneben.

Und erst in diesem Moment wird mir bewusst, dass ich schon die ganze Zeit ein Geräusch höre, das ich nicht einordnen kann, eine Art monotones Summen. Ich neige den Kopf ein wenig nach links und höre genauer hin. Es sind Stimmen, Männerstimmen. Sie dringen aus einem der Telefone, einem typischen schwarzen Büromodell mit großen, flachen Tasten. Der Hörer liegt verkehrt herum auf der Schreibtischplatte. Ich kann die Worte nicht genau verstehen.

Verwirrt drehe ich mich um und frage Emily, die direkt danebensteht: »Was ist das?«

Sie deutet ein Lächeln an und setzt sich seitlich auf den Tisch. Dann drückt sie mehrmals auf dieselbe Taste. Ihr Arm wird von ihrem Haar fast vollständig bedeckt.

»Das sind die Kunden, die anrufen. Sie sprechen ein Intro, eine Ansage, auf Band, wenn sie sich zum ersten Mal einwählen. Das kann der richtige Name sein oder ein Spruch oder ein Spitzname. Ich stell mal lauter, dann kannst du sie hören.«

Ich trete etwas näher an Emily heran. Eine Männerstimme, eine echte, spricht durch das Telefon in den Raum hinein:

»Hallo, Mädels, Kurt hier.«

Hört sich an, wie die Ansage einer Mailbox oder eines Anrufbeantworters. Das Band knackt ein wenig, und eine Computerstimme fügt hinzu: 1 – weiter, 2 – Nachricht, 3 – Anruf. Kurze Pause. Dann sagt eine neue Männerstimme:

»Einen wunderschönen guten Abend, hier ist der Sven. Ich will Spaß, wer hat Lust?«

Und die Computerstimme sagt wieder: 1 – weiter, 2 – Nachricht, 3 – Anruf.

Emily schaltet den Lautsprecher leiser, und die Stimmen der Männer hören sich wieder an wie das Summen im Bienenstock. Sie schaut mich an und erklärt: »Die wiederholen sich irgendwann, die Intros. Wie eine Art Warteschleife. Das ist genau das, was die Frauen, die von zu Hause aus für uns arbeiten, auch hören. Die Computerstimme gibt ihnen jedes Mal die Optionen an, die sie haben. Es sind aber immer dieselben: Mit den Tasten eins und zwei ihres Telefons können sie entweder direkt zum nächsten Intro weiterklicken, was hilfreich ist, wenn viele Männer eingewählt sind, einem Kunden eine Nachricht schicken – eine Art Voicemail – oder über die Taste drei direkt mit dem Kunden ins Live-Gespräch gehen. Können wir ja später mal machen.« Mit diesem Satz gleitet sie vom Tisch. Steht vor mir. Guckt mich an.

Unzählige Fragen brennen mir auf der Zunge. Muss ich selbst auch mit den Männern telefonieren? Wie ist die Hotline aufgebaut? Könnte nicht jederzeit jemand ins Büro kommen? Über die Firma weiß ich nicht mehr als den Namen am Klingelschild. Sie scheint sehr klein zu sein, wenn pro Schicht nur eine Mitarbeiterin arbeitet. Trotzdem warte ich, dass Emily den nächsten Schritt macht. Ich schaue sie an. Ganz in Schwarz. Sie hat eine beneidenswerte Figur. Schlank, aber nicht zu dünn. Bestnote für ihre aufrechte Haltung.

»Heute ist nicht so viel los, typisch für einen Donnerstag«, sagt sie, räuspert sich und schaut kurz auf die Uhr über der Zimmertür.

Da kommt mir das erste Mal der Gedanke, dass sie genauso unsicher sein könnte wie ich.

»Wir können auch erst mal ins Badezimmer gehen, eine rauchen. Ist eigentlich verboten, machen aber alle. Auch die Chefin«, schlägt sie vor, wie um durch einen Ortswechsel die Situation zu entspannen. Ich bin ihr sehr dankbar für diese Idee.

Wir gehen zurück durch die beiden Türen, durch die Teeküche, in das vordere der beiden Badezimmer, die vom Flur abgehen. Es ist komplett weiß gefliest, wirkt steril wie die Sanitäranlagen in einer Arztpraxis. Emily öffnet mit einem Ruck das Fenster, und augenblicklich wird es kälter. Sie gibt mir Feuer. Als wir uns rauchend gegenüberstehen, erwidert sie zum ersten Mal mein Lächeln. Unser Zigarettenqualm wird, wie ferngesteuert, von der Dunkelheit nach draußen gesogen.

Frag sie, befehle ich mir selbst und gehorche. »Katharina hat mir ja schon erklärt, dass ihr hier im Büro die Supervision macht. Ihr überwacht also die Frauen, die sich von zu Hause einwählen, um mit den Männern zu telefonieren. Wenn ich das richtig verstanden habe?« Emily nickt.

»Bedeutet das denn, dass ihr nur mit den Frauen sprecht, oder müsst ihr auch selbst mit den Männern sprechen?« Emily stößt eine Rauchwolke aus.

»Na ja, wenn wenige Frauen und viele Männer eingewählt sind, muss man schon ab und zu ran. Aber in erster Linie sind wir für die Frauen zuständig. Wir melden uns aus dem Büro regelmäßig, ein paarmal in der Stunde, bei ihnen, um uns mit ihnen auszutauschen. Um an Informationen über die Männer zu kommen, mit denen sie im Gespräch waren. Diese Informationen sammeln wir und geben sie sofort an alle Frauen weiter, die gerade eingewählt sind. Das ist unser Job. Außerdem dürfen die Frauen sich nicht alleingelassen fühlen, vor allem nachts nicht. Ich zeige dir gleich, wie das geht.«

Ich muss mich konzentrieren, um ihren Worten inhaltlich folgen zu können. Meine Zunge tastet nach dem Draht, der zur Fixierung meiner unteren Scheidezähne an deren Innenseite angebracht ist. Ich schabe mit der Zungenspitze immer wieder über die hervorstehenden, harten Ecken, bis es weh tut.

»Dann telefonieren die Frauen von zu Hause aus mit den Männern und ihr mit den Frauen? Was für Informationen sind das denn zum Beispiel?« Emily lehnt ihren Kopf zurück, an die Fliesen, als würde sie nachdenken. Dann lenkt sie ihren Blick wieder auf mich.

»Na, im Gespräch mit den Männern erfahren die Frauen, wenn es gut läuft, eine ganze Menge über einen Kunden. Woher er kommt, wie alt er ist, was er sucht, also eine Beziehung oder ein Gespräch. Wir hier im Büro schicken alle zehn Minuten Nachrichten, also Voicemails, raus, die alle Frauen abhören können. Die Männer natürlich nicht. Die wissen davon nichts, sonst würden sie nicht mehr anrufen. Auf diese Nachrichten können die Frauen dann reagieren und uns so Details über die Männer verraten, mit denen sie gesprochen haben. Diese Infos teilen wir dann in der nächsten Nachricht wiederum allen Frauen mit. Im besten Fall sind alle auf demselben Wissensstand und können mit diesem Vorwissen ins nächste Gespräch gehen.«

Ich glaube, Emily sieht mir an, dass ich nicht verstanden habe, was sie da eben erklärt hat, und spricht jetzt langsamer. Meine Hände schwitzen.

»Wenn du weißt, dass Manni aus Bochum eine Beziehung sucht, kannst du von Anfang an so tun, als würdest du ganz in der Nähe wohnen. Das vereinfacht das Gespräch. Sagst du, du bist aus Hamburg, legt er vielleicht sofort wieder auf.«

Ich nicke. Okay, das leuchtet ein. Nächste Frage. »Kannst du mir etwas über den Aufbau der Firma erzählen? Wie viele Mitarbeiter gibt es?«

Die Falte auf Emilys Stirn vertieft sich. Nur ein Zeichen der Konzentration, hoffe ich, wie mein Drahtschaben. Ihre Haare wirken vor den weißen Fliesen rabenschwarz. Sie stößt sich leicht von der Wand ab, um die überschüssige Asche ihrer Zigarette im Aschenbecher loszuwerden.

Sie lehnt sich nicht wieder zurück und sagt: »Das Hauptbüro ist unten in Mannheim, da sitzt auch die Buchhaltung. Dann gibt es noch ein Büro in Leipzig, das ist aber, glaube ich, nur mit zwei Frauen besetzt. Und früher gab es eines in Düsseldorf. Es soll einen Chef geben, dem die Line gehört, aber über den weiß ich, ehrlich gesagt, auch nichts.«

Sie zuckt mit den Schultern. »Hier im Hamburger Büro sind wir ungefähr sieben, acht Frauen, die den Service machen. Zwei von ihnen, die wirst du noch kennenlernen, wenn du den Job machen willst, sind die Chefinnen. Wenn man das so sagen kann. Die sind meistens vormittags da und erledigen neben dem Service noch den Bürokram. Ansonsten sind wir in den Schichten allein. Unter der Woche gehen sie von 14.00 bis 18.00 Uhr, dann von 18.00 bis 22.00 Uhr und von 22.00 bis 5.00 Uhr. An den Wochenenden dann schon ab 10.00 Uhr morgens. Es gibt einen Dienstplan, in den wir uns eintragen. Die Frauen, die von zu Hause aus arbeiten, sind über ganz Deutschland verteilt. Keine Ahnung, wie viele es insgesamt sind. Vielleicht fünfzig? Vielleicht achtzig? Ich kann es dir echt nicht sagen.«

Sie schüttelt den Kopf, wie um ihre Aussage zu unterstreichen. Ich kommentiere ihre Antwort nicht, sondern lege gleich nach. Sie soll mir mehr erzählen. Ich verhöre sie. »Wie lange arbeitest du eigentlich schon auf der Flirtline?«

Das war das Wort, das Katharina benutzt hat. Emily atmet den Rauch tief ein und wieder aus und schaut mich dabei an. »Schon etwa drei Jahre, meine Schwester und ich haben fast gleichzeitig angefangen.« Sie lacht schwach. »Krass, schon drei Jahre.«

Meine Zigarette glüht ihrem Ende entgegen. »Ganz schön lang. Dann kann der Job ja nicht so schlimm sein.« Meine Worte verpuffen klanglos im Raum, und schon ärgere ich mich. Was rede ich denn da, ich habe doch gar keine Ahnung. Ich bin nur Tourist.

Emily geht trotzdem darauf ein. Ihre Stimme nimmt einen fast sachlichen Ton an. »Na ja, was mir an dem Job gefällt, ist, dass er sehr flexibel ist. Und du bist allein und kannst selbständig arbeiten. Meistens hast du viel Zeit, um nebenbei noch andere Sachen zu erledigen. Außer freitags und samstags, da ist echt einiges los. Am liebsten arbeite ich in der Schicht von 18.00 bis 22.00 Uhr. Dann kann ich mich hier in Ruhe umziehen und fertig machen, falls ich noch ausgehen möchte. Aber manchmal mache ich auch die Nachtschichten, die bringen das meiste Geld.« Sie gestikuliert nicht viel, wenn sie spricht. Energisch drückt sie ihre Zigarette aus.

Ich zögere einen weiteren Zug hinaus, weil ich das mit den Nachtschichten noch genauer wissen möchte, und hake nach. »Das stelle ich mir anstrengend vor. Ich würde wahrscheinlich einschlafen.«

Fehlt nur noch, dass ich sie frage, ob sie nicht manchmal Angst hat, so ganz alleine hier in diesem Wohnbüro. Dann lacht sie mich vielleicht aus und fragt sich, was ich überhaupt hier verloren habe. Emily zuckt mit den Schultern.

»Ach, da gewöhnt man sich nie dran, aber es geht schon irgendwie. Ich mache halt nur ein oder zwei Schichten in der Woche. Man muss sich viel Cola oder Kaffee mitbringen.«

Genau das hatte Katharina im Zug, glaube ich, auch gesagt. Die Luft ist mittlerweile eiskalt. Am liebsten würde ich noch länger hier mit Emily stehen bleiben, eine weitere Zigarette rauchen und ein bisschen mehr über die Hotline in Erfahrung bringen.

Aber Emily muss arbeiten, und schon sagt sie: »Die Asche dann am besten aus dem Fenster werfen.« Sie nimmt den Aschenbecher, wie um mir zu zeigen, wie man es richtig macht, und entleert den Inhalt über den dunklen Dächern der Innenstadt. Dann schließt sie kraftvoll das Fenster.

Eine allerletzte Frage habe ich noch. »Und die Frauen, die von zu Hause aus arbeiten und mit den Männern telefonieren, wie lange wählen die sich ein?«

Emily öffnet bereits die Tür. Legt ihre Hand auf den Lichtschalter. »So lange sie wollen«, sagt sie und macht das Licht aus.

Ich trete schnell aus dem Dunkel und folge Emily. Ich habe ganz vergessen zu fragen, wie viel man mit dieser Arbeit verdienen kann. Wenn beide schon so lange dabei sind, muss es sich anscheinend lohnen. Wir gehen den kurzen Weg zurück ins Büro. Emily setzt sich umgehend an ihren Arbeitsplatz vor den PC und fordert mich auf, mich dazuzusetzen. Nun kann ich die Balken auf dem Monitor, die ich vorhin nur von weitem gesehen hatte, deutlicher erkennen. Grüne und rote sind es, alle unterschiedlich lang. Es sieht aus wie eine Umfrage zwischen Grünen und SPD, bloß dass die Balken horizontal statt vertikal verlaufen und die Grünen meistens gewinnen. Und überall blinken irgendwelche Zahlen. Hier eine 752, dort eine 816, eine 492. Ich kann kein System erkennen und schaue Emily von der Seite an.

In Emilys Augen spiegeln sich die Farben der Balken wider. Ihr Blick fliegt über den Monitor, ihre Pupillen hüpfen hin und her. Dann greift sie an mir vorbei nach einem Stapel Papier, den ich bisher übersehen hatte. Lauter Vordrucke mit Strichen und Linien, Teile einer Tabelle. Mit einem flüchtigen Blick auf die Armbanduhr notiert Emily auf dem ersten Formular links oben das Datum, direkt darunter die Uhrzeit. Rechts oben notiert sie ihren vollständigen Namen.

»Wir tragen jede einzelne Rückmeldung an die Frauen hier in diese Liste ein, erstellen auf diese Weise eine Art Stundenprotokoll. Den Inhalt der Rückmeldung trägst du hier ein.« Sie deutet auf die längste Spalte.

»Zwei Sätze reichen. Daneben schreibst du noch, wie viele Männer und wie viele Frauen zu dem Zeitpunkt eingewählt sind. Das erkennst du hier«, sagt sie und zeigt diesmal auf einen kleinen Kasten in der oberen rechten Ecke des Bildschirms. Ihre Fingernägel sind schwarz lackiert. »Gerade sind es zwölf Frauen und nur sechs Männer, siehst du?«

Ich sehe die Zahlen Zwölf und Sechs, die in einer Klammer hintereinanderstehen, und bejahe. Was soll ich auch sonst sagen? Emily nickt zufrieden und überträgt die Zahlen in die Tabelle. Ein zweites Mal greift sie an mir vorbei, diesmal zum Telefon, und stellt die Stimmen wieder lauter. Die hatte ich schon ganz vergessen.

»Hier ist der geile Sascha, ich steh auf große Titten.«

Kurze Pause. Computerstimme: 1 – weiter, 2 – Nachricht, 3 – Anruf. Nächster Kunde.

»Ich bin dein süßer Teddybär aus Freiburg. Suche eine Freundin, die es ehrlich meint.«

1 – weiter, 2 – Nachricht, 3 – Anruf.

Jeder dieser Kunden könnte uns theoretisch im nächsten Augenblick anrufen. Dazu muss er nur, sobald er seinerseits Emilys Intro hört, auf die Taste drei drücken. Was der Kunde hört, wenn er gerade nicht im Gespräch ist, sind die Intros der Frauen. Wenn ich Emily also richtig verstanden habe, müsste ich nun insgesamt sechs verschiedene Männer-Intros in der Warteschleife hören. Ich bin erst beim dritten, diesmal geflüstert:

»Spermadusche extrem sucht perversen Gangbang.«

1 – weiter, 2 – Nachricht, 3 – Anruf.

Wie bitte? Ich halte mir die Hand vor den Mund, weil ich sonst lachen muss. Eindeutig kein Flirtangebot. Sogar Emily grinst. »Jaja, das ist Klausi, einer unserer Stammkunden. Hat diese Gangbang-Phantasie mit Bauarbeitern.«

Ich verziehe das Gesicht. Ich wüsste überhaupt nicht, wie man ein solches Gespräch führt.

Emily ist schon wieder einen Schritt weiter. »Die Intros musst du eigentlich immer laut stellen, damit du sie hören kannst. Wenn du dich als Frau einwählst, egal, ob von zu Hause oder hier im Büro als Service Operator, musst du – genau wie die Männer – ein Intro aufsprechen. Dann bist du genauso eingewählt wie die Frauen zu Hause und kannst also jederzeit von einem Kunden angerufen werden.«

Ich verstehe kein Wort, das sind zu viele Informationen auf einmal. Emily schaut mich kurz an, und ich nicke und sage: »Verstehe.« Dann geht alles ganz schnell.

»Ich muss mich nur eben schnell zurückmelden, dann zeige

ich dir mehr«, entschuldigt sie sich mit einem erneuten Blick auf die Uhr. Wie zu sich selbst sagt sie: »Es ist schon zwanzig nach zehn, viel zu spät.«

Ich beobachte ihre Bewegungen, die auffallend geschmeidig sind. Sie nimmt den Hörer ab, drückt eine Taste, ich glaube die Neun, notiert drei weitere Zahlen auf ihrem Zettel und beginnt dann zu sprechen. Ihre Stimme klingt ganz anders als im Gespräch mit mir: sanft und zugleich rauh, freundlich, aber sehr bestimmt.

»Hallo, ihr Lieben, es ist 22.00 Uhr, hier ist Emily aus dem Servicebüro. Wir haben gerade einen Schub neue Männer reinbekommen. Also verschickt jetzt bitte viele Nachrichten und geht eher über die Taste sechs als über die Taste eins, so erreicht ihr mehr Männer. Die Einser richten sich, wie ihr wisst, nur an einen bestimmten Kunden, die Sechser gehen automatisch an alle Männer, und ihr erhöht die Chance, direkt ins Live-Gespräch zu gehen. Achtet bei den Sechser-Nachrichten bitte auch darauf, so zu tun, als würdet ihr den Kunden direkt ansprechen. Also: Woher kommst du, was suchst du? Nicht: Woher kommt ihr, was sucht ihr? Ihr seid für die Männer Privatpersonen, vergesst das nicht.«

Sie schlägt ihre Beine übereinander und verfällt in einen anderen, ironischer klingenden Tonfall. »So, dann wenden wir uns nun mal den Herren der Schöpfung zu. Teddybär aus Freiburg ist seit über einer halben Stunde dabei. In der Nähe von Freiburg liegen zum Beispiel Städte wie Offenburg, Tübingen oder Ravensburg. Dann haben wir wieder mal »Spermadusche extrem«, einen alten Bekannten, in der Line. Das ist Klaus aus Reutlingen, in der Nähe von Stuttgart. Er steht, wie ihr ja wisst, auf jede Menge Sperma und Gangbang mit möglichst vielen Bauarbeitern. Nicht ganz einfach, die Nummer. Eben neu eingewählt hat sich Computerstimme »Terminator«. Falls ihr Infos über ihn habt, immer her damit.«

Wieder verändert sie den Klang ihrer Stimme. Jetzt hört es sich an, als würde sie mit einer guten Freundin sprechen. »Und zu guter Letzt brauche ich bitte noch eine Rückmeldung von allen Frauen, die sich gerade um zehn Uhr neu eingewählt haben. Ich wünsche euch einen schönen Abend und viel Spaß.«

Ich bin verblüfft. Sie hat sich nicht ein einziges Mal geräuspert, nicht ein Mal »äh« gesagt. Sehr professionell hat sich das angehört, fast wie eine Nachrichtensprecherin. Wie sie die Stimme verstellen kann! Man merkt, dass sie Erfahrung hat.

Sie dreht sich auf ihrem Stuhl wieder zu mir herum und spricht mit ihrer privaten Stimme weiter, als wenn nichts gewesen wäre. »Das war jetzt eine Rückmeldung. Das machst du immer zur vollen Stunde. Am besten so um fünf nach, zehn nach.« Sie schaut mir die ganze Zeit fest in die Augen, als würde sie meine Reaktion genau analysieren wollen.

Ich wittere, dass eine weitere Informationslawine im Anrollen ist, und greife nach einem herumliegenden Kugelschreiber, nehme einen Zettel vom Stapel, drehe ihn um und notiere mir ein paar Stichworte. Niemals werde ich mir das alles merken können.

Emily fährt fort. »Gleich werde ich einige Nachrichten von den Frauen kriegen, die sich um zehn Uhr neu eingewählt haben. Sie melden sich mit ihrer persönlichen PIN-Nummer zurück. Jede hat eine andere. Die letzten drei Stellen siehst du zusätzlich hier auf dem Monitor in den jeweiligen Ports.« Sie tippt dreimal auf den Bildschirm. Aha, die Balken heißen also Ports. »Du gleichst sie ab und notierst sie. So überprüfen wir zusätzlich, ob sich die OPs an ihre Arbeitszeiten halten.«

»Was sind OPs?«, frage ich verwirrt.

Emily grinst. »Sorry, das sind die Frauen, die Operator. Wir kürzen das immer mit OP ab.« Dann schaut sie mich fragend an. »Du bekommst deine PIN-Nummer auch noch. Du hast doch noch keine, oder?«

Ich verneine. Moment mal, denke ich, wir reden so, als stünde alles schon fest, als würde ich in ein paar Tagen hier anfangen. Dabei wollte ich doch nur mal reinschnuppern. Ich glaube, Emily geht fest davon aus, dass ich einen Vertrag unterschreiben und schon in einigen Tagen hier sitzen werde. Das verunsichert mich irgendwie.

Ich halte ihrem Blick nicht stand. »Emily«, beginne ich zögerlich. »Ich bin mir nicht sicher, ob …«

Sie schaut mich verständnislos an. Neben ihrem Kopf blinken die Balken. Weil keine von uns beiden spricht, treten die Männerstimmen wieder aus dem Hintergrund hervor. Ein immer gleicher Soundtrack. Mein Blick ruht für eine Sekunde auf Emilys langen Haaren.

»Hast du alles verstanden?«, fragt sie.

Ich seufze. Herrgott, wer hätte gedacht, dass eine Flirtline so kompliziert ist? »Was hat es zum Beispiel mit den Balken auf sich?« Man hört mir meine Verärgerung an.

Emily, die sich in ihrem Stuhl zurückgelehnt hat, grinst. »Ist doch nicht schlimm, wenn du beim ersten Mal nicht gleich alles verstehst. Muss ziemlich verwirrend für dich sein.«

Ich schenke ihr einen dankbaren Blick und wiederhole meine Frage. »Was hat es denn nun mit den Balken, äh, den Ports auf sich?«

»Die roten Ports sind die Männer, die grünen sind die OPs. Guck mal hier auf den Bildschirm.«

Ich rolle meinen Stuhl mit den Füßen ein bisschen näher an Emily heran. Ihr Parfüm riecht gut, blumig, aber nicht zu süß. Ich erwische mich dabei, wie ich die weiche Haut in ihrem Nacken betrachte.

»Ich bin zum Beispiel mit dem PIN 024 eingewählt. Hier, das bin ich«, sagt Emily und lenkt meinen Blick auf einen grünen Balken ganz rechts unten. Emily hält inne, legt den Zeigefinger an die Lippen, obwohl ich gar nichts sage. Ich lausche. Die Männer sind verstummt. Und höre zum ersten Mal das Intro einer der Frauen.

Die Stimme klingt übertrieben fröhlich. Sie schnurrt: »Hallo, du. Ich bin es, die freche Hexe. Hex, Hex!« Und lacht dann künstlich: »Ha, ha, ha.«

Emily schaut mich an und verdreht die Augen. »Komm zur Sache, Schätzchen«, murmelt sie, und es hört sich nicht gerade freundlich an.

Das ist es also, was man als Mann von den Frauen hört. Die freche Hexe würde ich jedenfalls nicht anrufen, wenn ich ein Mann wäre. Ich schätze, das Intro ist eine Art Visitenkarte und soll einen ersten Eindruck vermitteln. Ich bin gespannt auf die anderen Frauen. Ob sich das Klischee von der gelangweilten Hausfrau mit Raucherhusten oder der abgebrühten Studentin, die das Telefon neben den Büchern liegen hat, erfüllen wird?

Die freche Hexe offenbart in ihrer Rückmeldung jedenfalls einen starken Berliner Zungenschlag. »Huhu Emily, hier is die Ela mit der 784. Schön, dich zu hörn. Ick wünsch dia ooch een schön' Ahmd und uns viele nette Männa, wa. Bis spehta denn.«

Piep, macht das Band, und ich kann mir nicht vorstellen, dass die Hexe auch zärtlich klingen kann. Emily schreibt die Nummer 784 auf ihren Zettel. Die Computerstimme kündigt schon die nächste Nachricht an, diesmal von »Süß und sexy«.

»Emily, hey, hier ist die Michi mit der 586.« Die Stimme klingt jung und sympathisch. »Ich begleite dich heute von zehn bis zwei Uhr. Und der Terminator scheint doch schon etwas älter zu sein, vielleicht so fünfzig oder sechzig. Er hat leider gleich aufgelegt, als ich sagte, dass ich siebenundzwanzig bin. Vielleicht sucht er eine ältere Dame? Sagt jedenfalls nicht viel.« Piep.

Die Frauen hören sich an, als säßen sie im Nebenraum. Nun folgen die Rückmeldungen Schlag auf Schlag, und Emily trägt konzentriert eine PIN-Nummer nach der anderen in ihre Liste ein. Auf einem zweiten Zettel notiert sie wichtige Stichworte zu den Männern. Eigenschaften, Heimatstadt, Alter, Vorlieben. Immer wieder hebt sie den Kopf, schaut auf den Bildschirm. Keine der Frauen entspricht meiner Erwartung, zu unterschiedlich sind sie.

»Einige von ihnen sind alleinerziehende Mütter«, sagt Emily, »oder Frauen Ende fünfzig, die in ihrem eigentlichen Beruf keine Anstellung mehr finden. Es gibt viele, die ihre Männer finanziell unterstützen.«

Aufmerksam verfolge ich alles. Dieser Blick hinter die Kulissen wird immer spannender. Meine anfängliche Skepsis ist im Moment völlig verflogen. Langsam wird mir eines klar: Mich reizt nicht nur das Geld. Es sind mindestens genauso sehr die Gespräche mit den Kunden, die Nachtschichten, vielleicht auch die Art von Sex. Ich will wissen, wie es sich anfühlt und was es mit einem macht. Es ist die Neugierde auf das, was allgemein als ein bisschen abseitig gilt. Dinge zu tun, bei denen andere wegsehen. Ich würde schon gerne einmal belauschen, wie Emily live mit einem Mann spricht. Hören, wie er reagiert.

Schließlich legt Emily den Stift ab und dreht sich kurz zur Seite, wie um sicherzugehen, dass ich noch da bin. Sie schaut mich etwas ratlos an. »Wo waren wir stehengeblieben?«

Ich überlege kurz und werfe einen Blick auf meinen Zettel. »Bei den roten Balken.« Ich zeige auf den Computer. »Die auf dem Bildschirm.«

Emily rückt mit dem Stuhl etwas weiter nach links, damit ich näher kommen kann. Es ist mittlerweile angenehm warm im Büro, und ich kremple die Ärmel meines Winterpullovers hoch.

»Ja genau, das sind die Männer, also die Kunden. Klar?«, sagt Emily und stößt mich dann plötzlich an. »Guck mal, da wählt sich gerade ein neuer Mann ein. 069, der kommt aus dem Frankfurter Raum.« Sie zeigt mit dem kleinen Finger auf einen neuen, roten Port, der noch ganz kurz ist und in dem tatsächlich die 069 aufblinkt. »Der spricht in diesem Moment wahrscheinlich gerade sein Intro auf. Das werden wir gleich in der Männer-Warteschleife hören. Wir können die gesprochenen Intros den Balken auf dem Bildschirm zuordnen, weil das Programm mit dem Audiocomputer verbunden ist. Sobald wir also das Intro eines Kunden in der Warteschleife hören, die ja ununterbrochen läuft, blinkt sein Port auf dem Monitor auf.«

»Ich verstehe«, sage ich, und diesmal meine ich es auch so. Ich finde das System ziemlich ausgeklügelt und den Job, so wie Emily ihn mir bisher vorgeführt hat, ehrlich gesagt ziemlich interessant. »Das ist zum Beispiel eine Information, die du an die Frauen weitergeben könntest, richtig?«, frage ich und löse meinen Blick vom Monitor. »Ich meine, dass der Kunde, von dem wir gleich das Intro hören werden, aus Frankfurt kommt.« Ich habe aufgehört mitzuschreiben.

»Genau richtig, die Frauen zu Hause können die Ports der Männer ja nicht sehen. Sie hören nur die Intros, sind quasi blind. Aber dafür haben sie ja uns. Wir sind ihre Augen, und sie sind unser Mund.«

Ich weiß nicht, ob es daran liegt, dass bei mir der Groschen gefallen ist, oder ob Emily sich einfach an mich gewöhnt hat. Aber irgendwie kommt es mir so vor, als würde sie mit einem Mal herzlicher. Sie lächelt jetzt öfter und zwinkert mir sogar zu. Ich merke selbst, dass ich langsam ungeduldig werde, rutsche ein bisschen auf dem Stuhl hin und her. Warte ich auf die Männer? Ich glaube, ich muss erst ein paar gehört haben, um zu entscheiden, ob ich den Job machen möchte.

Emily steht abrupt auf. Erst ab dem Moment nehme ich meine Umgebung wieder wahr, realisiere, wo ich mich befinde und dass es inzwischen schon ganz schön spät geworden sein müsste.

»Willst du auch etwas trinken?« Emily wartet nicht auf meine Antwort, geht in die Küche und bringt zwei Gläser und eine Flasche Sekt mit. Sie knipst das große Deckenlicht aus und geht einmal quer durch den Raum zu den Fenstern, um die Jalousien jetzt ganz herunterzulassen. Wir setzen uns auf einen der Schreibtische. Emily sitzt mir gegenüber. Sie stellt die Gläser vor sich hin und gießt Sekt ein. Das reduzierte Licht tut gut. Im Hintergrund plätschern die Männerstimmen friedlich vor sich hin.

»Du kannst ja gleich mal eine Nachricht rausschicken, wenn du Lust hast. Cheers!« Emily stupst beschwingt ihr Sektglas an meines.

Mein Puls reagiert sofort auf ihre Worte und beschleunigt sich. Moment, nicht so schnell! Was soll ich denn sagen? Ernsthaft: Was soll ich sagen? Ich glaube, ich will das nicht. Stelle ich mich an? Ich lächle unsicher und spüle Sektperlen durch meine Kehle. Wir bleiben noch kurz so sitzen. Gerade als ich denke, dass ich den Moment eigentlich ganz schön finde, schaut Emily beiläufig zum Monitor hinüber und kneift die Augen zusammen.

»Mist, es sind viel zu viele Männer auf der Line. Komm mal mit.« Sie berührt mich kurz am Arm. Wir gehen die zwei Meter zurück zum Arbeitsplatz, und Emily nimmt den Telefonhörer in die Hand. »Ich spreche jetzt eine Nachricht auf und schicke sie mit der Taste neun an alle Frauen. Schau, so.«

Ich schaue.

»Hallo, ihr Lieben, es ist kurz vor elf, hier ist Emily noch mal. Es sind wahnsinnig viele Männer auf der Line, deswegen nehmt bitte möglichst jedes Live-Gespräch an, ruft die Männer direkt an, haltet euch nicht mit Nachrichten auf. Danke!« Sie verändert ihre Stimme dieses Mal nur leicht. Noch ein bisschen strenger als sonst, irgendwie fordernder klingt sie. Sie legt den Hörer nicht beiseite, sondern hält ihn fest umklammert. Trotz der aufkommenden Hektik bleiben ihre Bewegungen ruhig und kontrolliert. Wieder notiert sie nebenbei die Uhrzeit in ihrer Tabelle.

»Was genau schreibst du da jetzt?«, frage ich. Aus meinem Blickwinkel kann ich ihre Schrift beim besten Willen nicht entziffern.

Sie verliest ihre Notizen. »OPs aufgefordert, jedes Gespräch anzunehmen, viele Kunden auf der Line.« Sie hält mir unvermittelt den Hörer entgegen und sagt: »Wenn so viel los ist wie jetzt, müssen wir hier im Büro auch ein paar Nachrichten rausschicken. Willst du?« Sie nickt mir zu – eher ungeduldig als aufmunternd.

Ich schüttele energisch den Kopf und sage mit einem leichten Anflug von Panik in meiner Stimme: »Noch nicht!« Ihre aufkommende Unruhe überträgt sich auf mich.

Emily zieht die Stirn in Falten und schnalzt kurz mit der Zunge. Rasch klemmt sie sich den Hörer zwischen Ohr und Schulter und drückt die Taste sechs. Ihre Nachricht richtet sich also an alle Kunden, nicht an einen bestimmten. Und dann beginnt sie zu sprechen. Ihre ersten Worte sind weich wie Butter, wahrscheinlich schon hundertfach wiederholt. Fasziniert beobachte ich Emily, wie sie ihren Tonfall genau dem Inhalt der Nachrichten anpasst. Mal klingt es romantisch, mal provokativ, mal sexy. Jeden Satz betont sie anders. Ihre Stimme ist wandelbar wie ein Chamäleon.

»Ich bin auf der Suche nach einem netten Mann, der mir die Sterne vom Himmel holt und mich auf Händen trägt. Was suchst du? Und woher kommst du? Ich bin schon ganz neugierig auf dich, schick mir doch mal eine Nachricht, dann können wir uns besser kennenlernen. Ich warte auf dich.«

Sie spricht langsam, und es hört sich gut an, nicht billig. Emily schickt sofort die nächste Nachricht hinterher. Diesmal klingt sie anders, als hätte sie gerade eben erst eine Zigarette geraucht. »Hallo, Fremder, kannst du auch nicht schlafen? Ich bin noch gar nicht müde und will gleich noch ausgehen. Woher kommst du und was hast du noch Schönes vor? Melde dich mal bei mir, vielleicht finden sich heute Nacht noch zwei Seelen.«

Sie dehnt die Vokale und macht viele Pausen. Kann man das lernen? Sie hat sich ein klein wenig von mir weggedreht, so dass ich nur die Bewegungen ihrer rechten Wange sehen kann, nicht aber ihren Mund. Es hört sich an, als würde sie lächeln.

Dann wirft sie die Haare nach hinten. »So, eine Nachricht noch«, sagt sie, räuspert sich einmal kurz und lässt ihre Stimmen wieder tanzen wie ein Fakir seine Kobras. Sie arbeitet. Neigt ihren Kopf leicht nach rechts und raunt: »Hey Süßer, wir sind zwei Mädels und suchen für heute Abend noch ein nettes Gespräch oder sogar noch ein Date. Verrätst du uns, woher du kommst? Und vielleicht hast du ja auch noch einen netten Freund?« Kaum ist die Nachricht verschickt, lacht Emily wissend, aber auch ein bisschen abschätzig. »Ha! Da ruft bestimmt gleich der erste Idiot an, das dauert nicht lange.«

Mir fällt auf, dass ihre Stimme, sobald sie über Kunden spricht, mit einem Mal einen leicht verächtlichen Unterton bekommt. Sie spricht dann wie von oben herab, mit einer Spur Ekel. Sogar ihre Mundwinkel verzieht sie dann gelegentlich. Vielleicht ist es eine Art Berufskrankheit, die sich im Laufe der Jahre zwangsläufig einstellt?

Ich stehe kurz auf, um unsere Sektgläser vom anderen Schreibtisch zu holen. Ein kleines Schlückchen kann jetzt nicht schaden! Beim Zurückgehen schaue ich Emily nachdenklich an, bis mir einfällt, was ich sie noch fragen wollte. »Wie viel verdienst du denn eigentlich hier im Büro und wie viel verdienen die Frauen zu Hause?«

Emily nimmt mir ihr Glas aus der Hand und trinkt einen Schluck, bevor sie antwortet. »Sobald eine Nachricht abgehört wird, hast du etwa vierzehn Cent verdient. In den Live-Gesprächen verdienst du ungefähr achtundzwanzig Cent pro Minute. Der Unterschied ist der, dass die Frauen zu Hause nur auf diese Weise ihr Geld verdienen. Wir als Service-OPs bekommen zusätzlich einen festen Stundenlohn von sechs Euro. Unterm Strich können für uns zwischen sechs und dreizehn Euro zusammenkommen – je nachdem, wie viel los ist und wie aktiv du selbst bist.« Sie beugt sich vor und kommt ganz nah an mich heran, als wollte sie mir ein Geheimnis anvertrauen. Das kleine Kreuz an ihrer Halskette berührt meine Hand, die auf meinem Oberschenkel ruht. »Je länger die Frauen mit den Kunden reden, also je höher die durchschnittliche Haltezeit ist, desto höher ist dein Grundverdienst.«

»Je besser die Frauen arbeiten, desto mehr Geld kriege ich?«, wiederhole ich ein bisschen ungläubig.

»Ja, deswegen versucht man, möglichst detaillierte Profile der Kunden zu erstellen, um sie lange in der Line halten zu können.« Emily nickt und leert ihr Glas. Kaum hat sie es abgestellt, bekommen wir unseren ersten Anruf.

Ich sitze mit einem Mal kerzengerade auf dem Stuhl. Erst höre ich einen kurzen Musikjingle, dann sagt die Computerstimme: »Anruf von ...«

Dann folgt das Intro: »Jens, hallo!«

Und wieder die Computerstimme: »1 – weiter, 2 – Nachricht, 3 – Anruf annehmen.«

»Nimm an, nimm an«, jauchze ich und stürze den letzten Rest Sekt hinunter. Mein Glas landet etwas zu schwungvoll auf dem Tisch. Ich klemme mir eine Haarsträhne hinters Ohr.

Ich bin gespannt, wie Emily mit Jens umgeht. Wird es jetzt wirklich um Telefonsex gehen oder wird sie ihn vor mir eiskalt abblitzen lassen?

Ich beschließe, mir einfach nicht so viele Gedanken zu machen und ganz locker zu bleiben. Die Entscheidung, ob ich den Job annehme oder nicht, soll nicht von diesem einen, zufällig ersten Anrufer abhängen. Ich nehme mir vor, Emily einfach entspannt zuzuhören und dann vielleicht sogar selbst einmal ein Gespräch auszuprobieren.

Emily sitzt links ganz dicht neben mir, zeigt auf einen der grünen Ports und flüstert: »Das sind wir. Und das da«, sie deutet auf einen anderen, roten Port, »ist Jens.«

Ihr Flüstern bewirkt bei mir Herzklopfen. Ich verfolge ihren Zeigefinger, der die Taste drei des Telefons drückt. Wieder eine kurze Musikeinspielung vom Band. Die Computerstimme fordert uns auf, »Hallo« zu sagen, und dann steht die Verbindung. Ich lächle hinter vorgehaltener Hand.

Jens hat wohl dieselbe Anweisung gehört, denn er fragt ganz unsicher: »Hallo?« Ich stelle vorsorglich das Telefon lauter.

»Hallo, Jens?« Emily schlägt die Beine übereinander und lehnt sich in ihrem Stuhl zurück.

Jens macht ein Grunzgeräusch.

»Du musst schon etwas lauter sprechen, Jens, sonst verstehe ich dich nicht.«

»Entschuldigung«, kommt es kleinlaut aus dem Lautsprecher. Mehr sagt er nicht.

Emily kratzt sich am Kopf und startet einen neuen Versuch. »Wie alt bist du denn überhaupt?«

Jens pausiert, als müsste er erst überlegen. Dann wispert er: »Dreiundzwanzig.« Alles klar.

Emily schüttelt den Kopf und schaut zu mir hinüber. Ich zucke mit den Schultern. Die Hand noch immer vor dem

Mund. »Und, was machst du gerade, gehst du noch weg?«, fragt Emily.

Jens reagiert erneut verzögert und klingt richtig erschrocken. »Glaub eher nicht.« Pause.

Ich glaube, es ist nicht nur Jens' ungesprächige Art, die Emilys Stimme strenger werden lässt, sondern auch, dass sie generell keine Lust hat, vor einer anderen Frau mit einem Kunden zu telefonieren. Das kann ich verstehen. Hätte ich wahrscheinlich auch nicht. Vielleicht würde sie diesen Teil lieber auslassen?

Emily zögert die nächsten Worte hinaus und klingt jetzt gar nicht mehr sexy – im Gegenteil. Plötzlich hat ihre Stimme etwas Teilnahmsloses, geht fast ins Lethargische über. Sie passt sich ihrem Gesprächspartner an: »Oooch ... ich glaube, ich mache auch nichts mehr, gehe gleich ins Bett.« Emily legt eine kurze Pause ein, in der sie sich das Telefonkabel um den Zeigefinger wickelt.

Aber der Junge sagt nichts, will anscheinend keinen weiteren Schritt wagen.

Sie seufzt und setzt erneut an. »Vielleicht gucke ich mir noch die letzte Lindenstraßen-Folge an, die habe ich auf Video aufgenommen, weil ich an dem Tag nicht konnte.«

Ich denke, sie will ihn dazu bringen aufzulegen. Vielleicht will sie sich vor mir keine Mühe geben, sich interessant für ihn zu machen. Aber Jens reagiert nicht.

Emily schaut mir in die Augen, holt einmal tief Luft und seufzt in den Hörer. »Ich glaube, ich habe keine Lust mehr, mit dir zu reden, Jens.«

Langsam wird mir die Situation peinlich, obwohl ich gar nicht mitrede. Warum lässt er sich das gefallen? Ich drücke meine Zunge gegen den Draht an meinen Schneidezähnen. Mir ist mittlerweile so warm, dass ich überlege, ob ich den Pullover ausziehen soll. Würde Jens die Geräusche hören? Er schweigt beständig. Es kommt mir vor, als suche Emily mein

Gesicht nach Reaktionen auf ihre Darbietung ab. Ihre Pupillen bewegen sich schnell hin und her, obwohl sie mir in die Augen schaut.

Da weder von mir noch von Jens eine Reaktion kommt, macht sie weiter. »Oh, Mann. Dass du in deinem Alter um diese Uhrzeit nichts Besseres zu tun hast, als dich bei einer Flirtline einzuwählen? Ist schon irgendwie traurig.« Ganz langsam sagt sie das, lässt die Worte einzeln auf der Zunge zergehen und dann gnadenlos im Raum verhallen.

Ich presse mir die Hand vor den Mund und gucke sie mit großen Augen an. Durfte man denn überhaupt so mit den Männern sprechen, sie sogar beschimpfen? Ich muss Emily unbedingt später danach fragen, ob die Gespräche irgendwie abgehört oder protokolliert werden. Würde so etwas ohne Folgen bleiben? Ich vermute, dass Emily nur deshalb so grob ist, weil ich dabei bin. Vielleicht ist sie auch einfach abgehärtet. Wer weiß, was sie schon alles einstecken musste.

Sie ist jedenfalls total ungerührt und fährt fort, den armen, stummen Jens verbal zu sezieren. Sie nennt ihn einen »MoF« – einen Menschen ohne Freunde – und fragt ihn, ob er denn keine Freundin hat. Jens tut mir leid. Anderseits: Warum setzt er der Qual kein Ende und trennt die Verbindung? Traut er sich etwa nicht? Endlich, endlich legt er auf, und ich bin richtig erleichtert.

Emily guckt triumphierend. Wir beginnen zu lachen, und irgendetwas in mir löst sich auf, wird ganz weich. Dann stoßen wir noch einmal an.

»Auf Jens«, schlage ich vor.

Wir führen noch zwei weitere Gespräche an diesem Abend. Eines mit Gero und das andere mit einem Alkoholiker.

Gero ist zwar ein bisschen redseliger als Jens, aber auch offensichtlich schon ein bisschen geiler. Emily spielt sein Spiel anfangs sogar mit, erzählt ihm, dass sie gerade ein Bad genommen habe, und irgendetwas von glänzenden Wassertropfen auf ihrer nackten Schulter und langsam herunterrutschenden Handtüchern. Dann holt sie mich dazu, und das gefällt ihm, dass da gleich zwei Frauen sind. Ich bin nicht aufgeregt, eher amüsiert, als wir mit Geros Softporno-Mentalität spielen, Naivität heucheln, Verführung vortäuschen.

Gero ist nicht besonders einfallsreich, sagt Sachen wie: »Ich kann mir genau vorstellen, was ihr beiden verdorbene Früchtchen da so treibt.« Immerhin halten wir ihn ganze zehn Minuten, bevor er merkt, dass wir ihn nur ein bisschen anmachen wollen, und sauer wird. Er schimpft uns als geldgeile Lesben, was uns vor Lachen endgültig die Tränen in die Augen treibt.

Das Gespräch mit dem Alkoholiker gestaltet sich als schwierig. Als er uns wenig später anruft, ist er schon so betrunken, dass er seinen eigenen Fragen nicht mehr folgen kann. Andauernd wiederholt er sich, verheddert sich in einzelnen Worten und nennt Emily irgendwann »Tante Gabi«. Schließlich fragt er, wo die Pizza bleibt, die er bestellt habe, und warum wir ihn überhaupt angerufen hätten.

Emily lacht ihn nicht aus, was ich erwartet hatte, sondern rät ihm, sich lieber gleich ins Bett zu legen. »Vergiss die Party, auf die du noch gehen wolltest, und schlaf dich lieber aus. Morgen ärgerst du dich, dass du angerufen hast.«

Ich bleibe noch, bis Emily die nächste Rückmeldung gegeben hat, und verabschiede mich dann von ihr. Sie begleitet mich den dunklen Flur entlang bis zur Glastür.

»Du kannst dir ja noch mal alles in Ruhe durch den Kopf gehen lassen«, sagt sie. Sie habe mit ihrer Chefin abgemacht, dass ich mich im Büro melden solle, sobald ich mich entschieden habe. »Die Telefonnummer habe ich dir ja vorhin gegeben. Du kannst auch gerne noch mal reinschauen. Das nächste Mal arbeite ich morgen. Oder du wartest, bis Katharina mit ihren Prüfungen durch ist, und guckst dir an, wie sie das macht.«

Wir umarmen uns nicht, aber schenken uns auf dem ersten Treppenabsatz ein letztes sektbeflügeltes Lächeln. In der Fahrstuhlkabine auf dem Weg nach unten wird mir dann schwindelig. Die prickelnden Perlen tanzen inzwischen direkt hinter meiner Stirn, und gleichzeitig schießen mir jede Menge Fragen und Eindrücke durch den Kopf. Lustig war es und aufregend und neu, und ich fühle mich immer noch ein wenig wie elektrisiert. Gleichzeitig bin ich mir überhaupt nicht sicher, was ich von diesem Abend halten soll. Ob der Job für mich in Frage kommt. Als Übergangslösung vielleicht, für ein paar Monate. So abwegig wie vor dem Treffen mit Emily erscheint mir die Entscheidung nicht mehr – zumal ich offensichtlich sofort anfangen könnte und die Arbeitszeiten flexibel sind.

»Du kannst halt dein eigenes Ding machen, wenn du im Büro bist. Du bestimmst, wie deine Schicht läuft.« Emilys Satz klingt mir noch in den Ohren. Ich brauche ganz dringend Geld, sonst wird es mit der Miete im nächsten Monat schon wieder knapp. Ich ersticke an meinen ganzen Zahlungsvereinbarungen, warte auf Geld vom Amt, auf Reaktionen auf die verschickten Bewerbungen. Gerade läuft nichts, wie es soll. Ich habe keine Lust mehr, ständig darauf warten zu müssen, dass andere Leute aktiv werden. Da kommt Emilys Angebot eigentlich doch gerade recht. Am besten schaue ich mir noch eine weitere Schicht an und entscheide mich dann. Außerdem muss ich doch erst noch die Chefin kennenlernen, oder nicht? Werde ich eine Einarbeitung bekommen? Alles Dinge, die ich noch klären muss.

Unten angekommen, trete ich durch die Haustür und bin dankbar für die kalte Luft, die mir entgegenschlägt und fast den Atem raubt. Ich atme tief ein und aus, kühle meine Lungen und ein bisschen auch meine Gedanken.

Wie würde überhaupt mein Freund reagieren, wenn ich

ihm offenbare: »Schatz, ich arbeite jetzt auf einer Flirtline, auf der ich vielleicht auch manchmal Telefonsex haben werde?« Wie ich ihn kenne, hätte er damit nicht mal ein Problem. Ich spiele die Szene im Kopf durch und lausche dem Geräusch meiner Absätze auf dem Gehweg. Ich bin schnell unterwegs, der Wind bläst eisig.

Je länger ich nachdenke und Für und Wider gegeneinander abwäge, desto mehr packt mich eine Art Abenteuerlust. Warum eigentlich nicht? Was wäre so schlimm daran, Dinge zu hören, die ich zuvor wahrscheinlich nicht einmal gedacht habe? Emily und Katharina sind beides intelligente, hübsche Frauen, die in absehbarer Zeit ihr Studium abschließen werden. Sie haben auf mich einen sehr emanzipierten, selbstsicheren Eindruck gemacht. Trotzdem muss ich zugeben, dass ich mir keine von beiden beim Telefonsex vorstellen kann. Es kommt mir wahrscheinlicher vor, dass sie diese Gespräche ablehnen würden.

Emily hat es so ausgedrückt: »Ich überlasse den Damen zu Hause gerne die Telefonsex-Kunden (›Geiler Hengst sucht Stute zum Einreiten‹) und schnappe mir die Stammkunden, von denen ich weiß, dass die nur reden wollen, oder die, die auf der Suche nach einer echten Beziehung sind (›Bin Ernst, suche Frau fürs Leben!‹).«

Außerdem hat man als Service-OP im Büro neben einem festen Stundenlohn Freiheiten, von denen die Frauen zu Hause nur träumen können. So viel habe ich heute begriffen. Die Auflage von mindestens fünfzehn Live-Minuten pro Stunde gilt im Büro nur, wenn sehr viel los ist. Je mehr wir telefonieren, desto mehr verdienen wir zu unserem festen Stundenlohn dazu.

Ich beschließe, mich mit Emily für Samstag noch einmal zu verabreden, und schicke ihr, kaum dass die Haustür hinter mir ins Schloss gefallen ist, eine SMS, bevor ich es mir anders überlege.

170

Schon am nächsten Vormittag ruft mich die Chefin des Hamburger Büros an. Ich kann anhand ihrer Stimme nicht einschätzen, wie alt sie ist, weiß aber von Emily, dass sie eine Mittvierzigerin ist, die sich gerne jünger gibt. Sie stellt sich mir als »Chris« vor, wahrscheinlich eine Abkürzung von Christine oder Christa. Sie klingt am Telefon erst einmal ganz sympathisch, von der Art her ein bisschen wie Oliver Geissen. Der redet ja immer so, als würde er einen trösten wollen, so vorsichtig und verständnisvoll.

Chris fragt mich, wie mir denn der Abend gefallen habe. Und ich sage ihr, dass ich alles sehr interessant fand und mit Emily abgemacht habe, heute noch einmal zuzugucken.

Chris ist zufrieden und bittet mich, sie in der nächsten Woche zu kontaktieren. »Ruf mich einfach Montag an, ich gebe dir die Nummer im Büro. Das ist immer vormittags besetzt. Entweder nehme ich ab oder Sandra.«

»War das vielleicht ein Testanruf, damit Chris mal meine Stimme hört?«, frage ich Emily am nächsten Abend. Diesmal habe ich erst gegen halb elf unten geklingelt.

Sie macht eine abwehrende Handbewegung. »Ach, das glaube ich nicht. Es geht ja nicht nur danach.«

Ich freue mich, sie wiederzusehen. Sie empfängt mich in Jogginghose, aber mit rot geschminkten Lippen.

»Ich habe mir überlegt, dass ich dich heute den Frauen vorstellen werde und du für eine Stunde den Service übernimmst.« Sie steht mit verschränkten Armen vor mir, im Badezimmer, wo wir seit gestern unsere Zigaretten gemeinsam rauchen.

Irgendwie habe ich mir das schon gedacht. Ich bin einverstanden und sage: »Kann ja nichts schiefgehen«, obwohl ich mir da gar nicht so sicher bin. Anstatt Emilys Augen nach Bestätigung abzusuchen, drücke ich meine glühende Kippe auf dem Boden des Aschenbechers aus. »Denn man tau«, sage ich auf Plattdeutsch. Emily lacht und schubst mich sanft Richtung Büro.

Der Abend vergeht wie im Flug. Emily wiederholt nur ganz kurz ein paar Dinge, die sie mir schon gestern erklärt hatte, bevor wir zum praktischen Teil übergehen. Die Line ist heute gut besucht. Die Warteschleife empfängt mich wie eine alte Bekannte.

»Heute sind viele Männer mit vorgesprochenen Intros eingewählt. Die trauen sich nicht, mit ihrer eigenen Stimme zu sprechen. Du kannst davon ausgehen, dass die meisten von ihnen schnellen Telefonsex wollen.«

Tatsächlich höre ich in diesem Moment eines dieser Intros, die die Hotline anbietet, wenn Kunden ihren Namen nicht selbst aufsprechen möchten. Potente, männliche Namen: Rocky, Terminator und Superman. Ich setze mich auf denselben Platz wie gestern, zwischen Telefon und Computer. Aus dem Telefonhörer rattern die Intros der eingewählten Kunden. »Traummann aus Düsseldorf«, »Ich will ficken«, »Hallo?«, »Geiler Typ«.

Ich drücke mich mit Taste eins im Schnelldurchlauf durch alle Intros. Sobald ich eines der Intros höre, wie in diesem Moment »Strumpffetischist sucht Miedermäuschen«, blinkt zeitgleich auf dem Monitor der rote Port mit der Nummer 99 auf. Weil der Balken schon ziemlich lang ist, weiß ich, dass der Strumpffetischist nicht erst seit ein paar Minuten eingewählt ist. Zusätzlich zeigt sein Port die PIN-Nummer der Frau an, mit der er gerade spricht. Ist er nicht im Gespräch, sondern schickt mit der Taste zwei Nachrichten hin und her, blinken in seinem Balken kleine Pfeile auf. Drei Pfeile nach rechts (»>>>«)

bedeuten, dass er dabei ist, eine Nachricht zu verschicken. Drei Pfeile nach links (»<<<«), dass er gerade eine Nachricht abhört. Von wem die Nachrichten stammen, verrät auch hier die persönliche PIN der jeweiligen Frau.

»Na, ist ja doch was hängengeblieben«, scherzt Emily, als sie das sieht und sich neben mich sich setzt. »Guck mal, zehn Männer, sechzehn Frauen, das geht noch.« Ich folge ihrem Blick auf den Monitor. Zehn zu sechzehn, so steht es oben in der Ecke. Emily hat alles im Blick, wacht über das Chaos aus Zahlen und Farben und Balken. Ich nutze die Gelegenheit, um ein paar letzte grundsätzliche Fragen loszuwerden.

»Wählen sich die Frauen alle spontan ein, sobald sie Zeit haben, oder werden sie von euch eingeteilt? Müssen sie auch bestimmte Schichten übernehmen?« Ich benutze absichtlich das Wort »ihr« anstelle von »wir«. Emily nimmt einen tiefen Schluck aus ihrer Cola-Flasche. Mir wäre das zu gefährlich, ich müsste die ganze Zeit darauf achten, am Telefon nicht zu rülpsen.

Nicht aber Emily. Sie räuspert sich nur kurz und schraubt die Flasche langsam wieder zu, während sie mir in die Augen schaut. »Spontan können sie sich natürlich immer einwählen. Die meisten haben aber eine bestimmte Mindeststundenzahl, die sie in der Woche abtelefonieren. Ganz unterschiedlich: die eine fünfunddreißig Stunden, die andere sechzig.«

Bei den Zahlen kann ich mir ein überraschtes »Boah!« nicht verkneifen.

»Die Einwahlzeiten werden dann mit dem Büro abgesprochen, damit die Besetzung der Schichten geplant werden kann. Das gilt besonders für die Nachtschichten. Da müssen theoretisch immer vier, fünf OPs eingewählt sein. Klappt nur nicht immer.« Sie grinst kurz. Dann lässt ein Blick auf die Uhr sie zum Hörer greifen. Wieder braucht sie keinerlei Vorbereitung für ihre Rückmeldung an die Frauen.

»Guten Abend, Emily noch mal aus dem Büro. Ihr merkt, es ist noch viel los. Wir haben einen Traummann aus Düsseldorf dabei. In der Nähe von Düsseldorf liegen Städte wie Essen, Köln, Dortmund oder Duisburg. Eine Kollegin hat bereits mit ihm telefoniert und rät euch, ihn nicht auf seine Ex-Freundin anzusprechen, da hat er bei ihr nämlich aufgelegt. Er ist aber noch eingewählt. Wenn ihr Infos über die anderen Männer habt, könnt ihr sie mir gerne geben, dann teile ich sie mit allen. Noch ganz kurz: Ich habe heute Verstärkung im Büro, eine Freundin von mir, die sich mal anschauen möchte, was ihr hier so treibt, Mädels. Vielleicht sitzt sie nächste Woche schon als meine Kollegin hier. Also seid nett zu ihr.«

Daraufhin kommen von einigen OPs gute Wünsche und Grüße an mich zurück. »Irina – stets zu Diensten« rät mir, ich solle mir »von den Männern nicht den Spaß verderben lassen«.

Dann übernehme ich, bleibe aber mit Emilys PIN eingewählt, ich habe ja noch keine eigene. Insgesamt melde ich mich bei den Frauen zu Hause viermal zurück. Emily sagt mir Stichworte vor, und ich versuche, daraus zusammenhängende Sätze zu bilden.

»Du musst sie motivieren. Sag ihnen, dass wir mehr Nachrichten brauchen und dass die durchschnittliche Haltequote zu niedrig ist. Sie müssen nicht oft mit den Männern sprechen, sondern lange. Darauf kommt es an.«

Ich befürchte, dass sich meine Stimme auf Band schrecklich anhört und die Damen von meinen vielen »Ähs« schon genervt sind. Man kann die Nachrichten nicht noch einmal abhören, um sie zu korrigieren. Es ist alles live – wie im Theater.

Trotzdem lobt Emily mich. »War doch gut, ich sehe schon, du bist ein Naturtalent.«

Und ich weiß nicht, ob ich mich darüber freuen soll oder nicht. Ich glaube fast, Emily genießt heute ihre Rolle als Mentorin.

Sie erklärt mir, dass ich darauf achten muss, möglichst viele Informationen in einer Nachricht unterzubringen. »Die Frauen können deine Nachrichten im Gegensatz zu dir noch einmal anhören, indem sie direkt im Anschluss die Taste null drücken.« Sie schaut mich eindringlich an. »Aber das Wichtigste ist, dass du dich regelmäßig bei den OPs zurückmeldest, damit sie, vor allem nachts, immer wieder deine Stimme hören und das Gefühl haben, dass du bei ihnen bist.« Ihr Gesicht bekommt einen ernsten Zug um den roten Mund.

Die Intros der Männer werden im Laufe des Abends immer eindeutiger und ungeduldiger. Gleich ist es halb eins. Ich stelle sie ein wenig leiser, um meine wichtigste Frage noch loszuwerden, die ich mir bis zum Schluss aufgehoben habe. »Sag mal, wie läuft das jetzt eigentlich konkret mit dem Telefonsex?« Zum ersten Mal spreche ich das Wort aus. Emily hält meinem Blick stand, druckst aber ein bisschen herum. Das kenne ich gar nicht von ihr. Bisher war sie erstaunlich souverän gewesen.

»Na ja, also früher war es so, dass die Männer wirklich auf einer Dating-Line angerufen haben, um sich zu verabreden, ein bisschen am Telefon zu flirten, ganz harmlos.« Sie verzieht ein wenig den rechten Mundwinkel, als würde sie irgendetwas sehr bedauern, und sagt: »Ich weiß ehrlich gesagt auch nicht, was die Line in der letzten Zeit für Werbespots geschaltet hat, aber es ist auf jeden Fall immer mehr Telefonsex dabei.« Sie beeilt sich zu sagen: »Du musst gar nichts und kannst einen Kunden ja jederzeit wegdrücken. Ist nur nicht gut fürs Geschäft.« Emily lacht. »Richtig gut bist du, wenn du es schaffst, einen geilen Mann in einen guten Gesprächspartner zu verwandeln.«

Ich gebe mich mit dieser Antwort zufrieden, weil ich ihre Ehrlichkeit nicht zu sehr in Anspruch nehmen will und, wie ich mich kenne, auch aus Bequemlichkeit. Ich warte nur noch eine letzte Zigarette ab, aber kein weiteres Gespräch mehr. Anscheinend gilt hier: learning by doing. Ich danke Emily für alles, verabschiede mich und lasse sie allein mit den Männern und dem Geräusch des gerade einsetzenden Regens an der Fensterfront.

Das Wochenende verbringe ich mit meinem Freund. Als wir Sonntagnachmittag im Bett liegen und Musik hören, erzähle ich ihm von meinen Plänen, als Service-OP bei der Hotline anzufangen. Zur Rechtfertigung schildere ich meine Ängste im Hinblick auf meine finanzielle Situation: »Ich warte immer noch auf das Geld vom Amt, ich kann meinen Dispo nicht weiter ausreizen und von dem Geld, das ich für die Online- und Übersetzungs-Texte bekomme, kann ich nicht leben. Es reicht vorne und hinten nicht. So könnte ich vielleicht alles miteinander kombinieren und hinkommen. Ich kann es nicht mehr ertragen, die Fragen zu beantworten, wenn man wissen will, was ich studiert habe und warum ich keinen Job habe. Das ist nicht so einfach.«

Ich setze mich auf, weil ich überzeugender klingen möchte. »Klar, das ist natürlich nicht das, was ich mir vorgestellt habe, aber, hey, so viele aus meinem Jahrgang haben einen Kellnerjob oder machen das vierte Praktikum für dreihundert Euro. Denk an Filiz, Maren, Luisa, Marie … Ich will endlich Kohle verdienen, egal wie.« Ich höre mich an wie ein bockiges Kind.

Mein Freund guckt mich an. Mit seinen großen Augen, den langen Wimpern, den vollen Lippen. Ich finde ihn schön, wenn er verständnislos guckt. »Wo ist das Problem?«, fragt er.

»Wie, wo ist das Problem?« Jetzt bin ich es, die irritiert guckt. »Bist du nicht irgendwie eifersüchtig?«

Er zieht sich samt Decke zu mir hoch. »Auf die Typen, die da anrufen? Bestimmt nicht. Außerdem ist das doch nur eine vorübergehende Lösung, nehme ich an. Ich meine, ich kenne selbst zwei, drei Mädels, die das eine Zeitlang gemacht haben.«

Ich frage mich, ob ich verletzt oder enttäuscht sein sollte über diese doch recht nüchterne erste Reaktion. Ich erwarte ja nicht, dass er sich um mein Seelenheil sorgt. Aber keine Eifersucht, keine Fragen? Doch.

»Wie sehen denn überhaupt die Bedingungen aus? Was genau musst du machen? Hast du den Vertrag schon unterschrieben?« Na gut, ganz egal ist es ihm also doch nicht.

Ich erzähle ihm von der Zugfahrt mit Katharina, dem Abend im Büro mit Emily, dass es sogar Spaß gemacht hat und dass ich in der kommenden Woche den Vertrag unterschreiben würde. »Dazu rufe ich morgen die Chefin an. Die kenne ich noch nicht. Alles in allem scheint das ein sehr lockerer Job zu sein.«

Mein Freund dreht sich auf die Seite und schaut mich an. »Du musst dich vor mir für gar nichts rechtfertigen. Mach einfach dein Ding. Letztendlich musst du selber wissen, was du tust. Wenn es nicht gut läuft, hörst du eben wieder auf. Achte darauf, was in dem Vertrag für eine Kündigungsfrist angegeben ist.« Damit scheint das Thema für ihn vorerst abgeschlossen zu sein.

Ich erreiche Chris am nächsten Vormittag im Büro. Sie scheint im Stress zu sein, jedenfalls war sie beim letzten Mal freundlicher. Wann ich vorbeikommen könne, fragt sie, und ob es vielleicht schon morgen gehe. »Komm doch einfach gegen halb zwölf mittags, das würde mir gut passen. Dann lernen wir uns auch endlich kennen.«

Ich finde, dass »endlich« ja nun wirklich übertrieben ist, sage aber zu. Ich hatte mir eigentlich vorgenommen, sie zu fragen, ob ich noch irgendeine Art von Schulung bekommen würde. Aber da sie bereits ihre Verabschiedung einleitet, beschließe ich, sie morgen danach zu fragen. Auf den einen Tag kommt es auch nicht mehr an. Morgen. Ich habe keine Ahnung, ob das Treffen mit Chris eine Art Vorstellungsgespräch werden wird oder ob es nur noch um Details und eine Unterschrift geht. Es ist mir auch merkwürdig egal. Mein Entschluss steht ja fest.

Das Büro wirkt tagsüber ganz anders. Es kommt mir riesig vor, als Chris mir zur Begrüßung die Hand entgegenstreckt. Vielleicht liegt es auch daran, dass sie mir trotz hoher Absätze gerade mal bis zum Kinn geht. Sie trägt ein weißes Jeansoberteil mit silbernen Schmetterlingen aus Pailletten zur weißen Jeans, dazu Glitzerstaub auf den Lidern. Ich wette, sie war es, die das Britney-Poster aufgehängt hat.

»Schön, dass du kommen konntest. Das Büro kennst du ja schon.« Sie lacht nicht laut, aber übertrieben lange.

Vormittags riecht es hier intensiv nach Raumspray. Irgendetwas Holziges, vielleicht Zeder, soll den Zigarettenrauch übertünchen. Ein schlechter Überlistungsversuch. Offensichtlich hat sie gerade noch im Büro geraucht. Zum ersten Mal ist der Blick über Hamburgs Dächer nicht durch Jalousien versperrt. Ich sehe den U-Bahn-Ausgang, durch den ich gekommen bin. Unten viele Menschen, die sich durchs graue Draußen kämpfen. »Kevin«, »Hardliner« und »Ich brauche dich« sind eingewählt, das kann ich an der Warteschleife hören. 1 – Weiter, 2 – Nachricht, 3 – Anruf.

»Ich bin gerade dabei, die Schichtpläne zu erstellen«, sagt Chris und deutet auf eine Handvoll Zettel, die auf ihrem Arbeitsplatz verteilt liegen. Stundenpläne. »Für die OPs. Mannheim macht gerade den Service.«

Mit beiden Händen sammelt sie die einzelnen Seiten zu einem ordentlichen Stapel zusammen. Es hört sich so an, als würde sie ihre Aufgabe sehr wichtig nehmen.

»Darf ich fragen, wie genau das funktioniert? Wie lange im Voraus werden die geplant?«, möchte ich wissen.

Chris setzt sich. Man sieht, dass sie regelmäßig ins Sonnenstudio geht. »Die OPs geben ihre Stunden immer für eine

Woche ab. Mal mehr, mal weniger viel, ganz unterschiedlich. Die genauen Einsatzzeiten werden dann mit der Supervisorin besprochen.«

Das verstehe ich nicht genau. »Wer sind denn die Supervisorinnen?« Ich rolle mir einen Stuhl heran.

»Na, so eine Art Betreuerin. Jede von uns ist für ein paar Frauen zuständig, mit denen sie täglich telefoniert. Die hat sie sozusagen unter ihren Fittichen. Auch wenn es Fragen oder Probleme gibt, könnt ihr euch an uns wenden.«

Chris ist offensichtlich auch eine dieser Ansprechpartnerinnen. Das Wort passt irgendwie zu den kleinen Lachfältchen um ihre Augen. »Und ich wäre übrigens für dich zuständig. Das passt ganz gut, weil ich auch Emilys und Katharinas Supervisorin bin und wir ja hier alle in Hamburg wohnen.«

Aus Höflichkeit sage ich, dass mich das freut, dabei weiß ich gar nicht, ob das nun Vor- oder Nachteile für mich hat.

Chris rollt ein wenig zurück auf ihrem Stuhl, greift schräg nach links unten, öffnet die obere Schublade eines schwarzen Schränkchens und holt einen schweren Ordner hervor. »Dies ist unser Dienstplan hier fürs Büro. In diesen Plan könnt ihr euch schon zwei Wochen im Voraus eintragen. Wer zuerst kommt, mahlt zuerst.« Sie zeigt mir den Januar-Plan. Die Wochentage sind zerlegt in Stunden und diese wiederum zusammengefasst zu Schichten. »Die meisten hier im Büro haben noch einen zweiten oder dritten Job. Wie sieht es denn bei dir aus?«, will Chris wissen.

Ich fasse meine Situation zusammen und erzähle ihr, dass ich eigentlich studiert habe, im Anschluss aber nur Praktika und kleinere Jobs bekommen habe, mit denen ich jetzt nicht mehr über die Runden komme. Dass ich Hartz IV bezogen habe und Anfang des Monats wieder auf dem Amt gewesen bin, um zumindest die Miete für die nächsten Monate gesichert zu wissen.

Chris nickt zwischendurch verständnisvoll. Dann blättert sie vor in den Februar und schaut über die Namen. »Die nächsten zwei Wochen ist schon alles vergeben. Es sei denn, Emily oder Katharina überlassen dir eine Schicht oder es fällt jemand aus. Dann kannst du gerne einspringen. Du darfst aber ausnahmsweise als Erste schon mal eine Schicht für Ende Februar eintragen.«

Ich merke, dass ich zögere. Ich dachte, sie suchen so dringend? Ich räuspere mich kurz. »Wie viel darf ich denn überhaupt arbeiten?« Chris zuckt mit den Schultern.

»So viel du möchtest. Zu Hause sowieso, jederzeit. Du arbeitest ja auf Rechnung. Das hat dir aber eine von den Mädels schon gesagt, oder nicht?«

»Ja, Emily«, sage ich und beeile mich zu nicken. Die Rechnungen werden nach Mannheim geschickt, wo sie in Verrechnungsschecks umgetauscht werden. Die bringt man dann zur Bank und bekommt Bargeld. So hat es Emily erklärt. Ich versuche zu rechnen. Ich muss also insgesamt noch gut zwei Monate warten, bis ich das Geld bekomme, das ich verdiene. Wenn ich dann drei- oder viermal in der Woche hier im Büro arbeite, könnte ich nebenbei locker noch meine anderen beiden Jobs erledigen und wäre nicht auf das Geld vom Amt angewiesen. Dann wäre dieses hier aber mein Hauptjob.

Chris greift in eine der Kommodenschubladen weiter unten und holt einen Vertrag heraus. Sie hatte ihn schon aufgesetzt. »Ich habe dir übrigens schon mal deine PIN-Nummer freischalten lassen. Das heißt, wenn du willst, kannst du ab heute und bis du hier im Büro den Service machst, von zu Hause aus telefonieren, wie die anderen OPs. Es ist als Vorbereitung auch sehr gut, mal die andere Seite kennenzulernen. Das wird dir später helfen.«

Ich bin etwas überrascht und auch ein bisschen aufgeregt, als sie das sagt. Da fällt mir ein, dass ich sie noch etwas fragen wollte. »Bekomme ich denn keine Schulung? Du weißt, dass ich noch nie so ein Gespräch geführt habe?«

Chris winkt ab. »Brauchst du nicht. Gespräche von zu Hause aus sind die beste Schulung. Probier es einfach. Du wirst sehen, nach ein paar Gesprächen weißt du, wie der Laden läuft. Ich gebe dir aber noch ein paar Zettel mit Tipps mit.«

Dann schiebt sie den Vertrag über die glatte Schreibtischoberfläche herüber. Ich fahnde in meinem Kopf nach weiteren Fragen, finde aber keine. Stattdessen überfliege ich die ersten Absätze. Da steht etwas von einem Audiosprachcomputer und von Gesprächskontakten, die angeboten werden. Und die Hotline nennt sich im Text Kommunikationsunternehmen. Die Kündigungsfrist ist kurz.

Habe ich noch Fragen? Mir fällt in diesem Moment keine ein, und ich gehe davon aus, dass sie sich mit den ersten Gesprächen von selbst beantworten. Ich werde es jetzt einfach darauf ankommen lassen. Immer locker und entspannt bleiben. Ich habe kein gutes und kein schlechtes Gefühl, weder Chris gegenüber noch, was den Job angeht. Ich mache das jetzt einfach, denke nicht viel darüber nach. Lasse das Bild, das Emily und Katharina mir vermittelt haben, bequem so hängen, wie es hängt. Hier ein bisschen flirten, dort ein paar Nachrichten verschicken, selbständiges Arbeiten. »Geht klar«, denke ich. Und unterschreibe.

Chris lächelt mich an. Ein bisschen stolz? Eher wie eine Verbündete. »Du bist jetzt die 170«, sagt sie, »willkommen an Bord.«

Ich lasse ihre Worte kurz wirken. Betrachte den nachgewachsenen Ansatz ihrer gefärbten Haare. Ich bin jetzt die 170. Ich kann mich ab sofort zu jeder Tages- und Nachtzeit als Live-Girl auf der Hotline einwählen. Den Zeitpunkt bestimme ich. Mehr würde von Chris als Vorbereitung nicht kommen. Es ist komisch, aber mein Kopf ist gerade völlig gedankenleer. Mir fallen keine Fragen ein. Ich werde ins kalte Wasser springen müssen.

Als ich mich von Chris verabschiede, ermutigt sie mich, positiv zu denken. »Einige Gespräche machen ja auch Spaß. Du musst es so sehen: Du ziehst den Männern das Geld aus der Tasche. Du führst das Gespräch. Du hast die Kontrolle.«

Ich weiß noch nicht, wovon sie spricht, aber ich habe Lust, es auszuprobieren. Sie entlässt mich mit einem gut gemeinten, zuversichtlichen Lächeln, das mich noch auf meinem Weg nach unten begleitet.

Auf der Straße ergreift mich eine innere Unruhe. Ich will schnell nach Hause, zum Telefon. Ich habe Redebedarf. Ich werde Katharina anrufen oder vielleicht meinen Freund. Aber als ich die Wohnungstür aufschließe, höre ich, dass meine Mitbewohnerin zu Hause ist.

Der Duft nach frisch gekochtem Kaffee und Saras vertraute Stimme, die aus der Küche ruft, machen, dass ich mich augenblicklich wohl und geborgen fühle. Ich habe keine Ahnung, wie sie gleich reagieren wird, wenn ich ihr von meinem neuen Job erzähle. Wir haben uns einige Tage nicht gesehen. Sie ist länger bei ihren Eltern in Ostfriesland geblieben und erst heute wiedergekommen.

Wir kennen uns schon lange, seit wir sechzehn sind ungefähr. Wir waren lange Jahre zusammen in der Theatergruppe, aber Freundinnen geworden sind wir erst beim vorletzten gemeinsamen Stück. Durch ihre Zimmertür sehe ich die Reisetasche auf dem Holzbett, noch unausgepackt. Sie scheint noch nicht lange hier zu sein. Ich freue mich, sie zu sehen, und umarme sie. Sie hat sich einen Pony schneiden lassen, was gut aussieht. »Wurde auch Zeit, dass du wiederkommst. Steht dir übrigens, der Pony.«

Sara trägt außerdem Rock und Stiefel und ein breites, herzliches Grinsen. Sie verdreht die Augen. »Frag mich mal. Willst du?« Sie stellt mir einen perfekten Latte macchiato hin, mit Schaum und Kakaopulver, und ich kann nicht anders und drücke ihr einen dicken Kuss auf die Wange, bevor ich mich setze.

Schon bevor Sara sich von ihrem Freund getrennt hat und ich daraufhin hier eingezogen bin, habe ich es geliebt, in dieser Küche zu sitzen. Groß und hell ist die Wohnung, zweieinhalb Zimmer, Altbau mit Holzdielen und einem Balkon, auf den fünf Leute passen. Sara hat sie gemütlich eingerichtet, in der Küche hängen schöne Schwarzweißfotos, meist längst verstorbener Stars, in alten, schweren Rahmen. Hendrix, Marley, Cobain. Momentaufnahmen von Freunden, mit der Familie im Flur. Für Hamburger Verhältnisse ist die Miete dazu noch relativ günstig.

Vor einem halben Jahr noch lebte ich in einem dreizehn Quadratmeter kleinen Zimmer im Karoviertel und, wie sich leider zu spät herausstellte, mit einem Messi als Hauptmieter. Ich möchte gar nicht mehr daran denken.

»Und, was gibt's Neues?« Sara zündet sich eine Zigarette an und schaut mich gespannt an.

Ich versuche, mein galoppierendes Herz einzufangen und setze mein Glas ab. »Ich habe heute einen neuen Job angenommen«, sage ich.

Sie freut sich ehrlich, beugt sich zu mir und streichelt meinen Oberarm. »Cool, wie spannend. Wo denn?«

Ich formuliere in Gedanken bereits die Antworten auf ihre nächsten Fragen. Aber ich habe nicht damit gerechnet, dass ihr nächster Blick weh tun könnte, als ich ihr ziemlich unprätentiös eröffne, dass ich in Zukunft wohl öfter unser Telefon blockieren würde, um aus unserer Wohnung Gespräche mit fremden Männern zu führen. Mir fällt keine sanftere Formulierung ein für das, was ich ab heute tun werde.

Es tut aber weh, wie sie guckt. Nur ganz kurz. So muss ich Katharina auch angeguckt haben vor ein paar Tagen im Zug.

Aber dann wirft Sara plötzlich ihren Kopf zurück und lacht. Laut. Als hätte ich einen guten Witz erzählt. War meine Formulierung vielleicht zu konkret, der Gedanke zu abwegig, um glaubwürdig zu sein? Als sie sich erholt hat, fragt sie: »Ach komm, echt jetzt?« Ihre Hände finden eine Zigarettenschachtel.

Ich bin bemüht, gelassener zu klingen, als ich mich tatsächlich fühle. »Was denkst du?« Ich probiere, ob ich es schaffe, sie mit meinem Blick dazu zu zwingen, mir in die Augen zu schauen.

Sie zwinkert mir zu. »Also wenn du es ganz genau wissen willst, erst habe ich gedacht ›krass‹, dann ›witzig‹, dann ›Oh, Gott, das arme Mädchen, das nun auch noch‹ und zum Schluss ›Na ja, vielleicht ja doch ganz witzig‹.«

Ich sehe, dass ihr jetzt gerade, als sie dem Qualm ihrer Zigarette hinterherschaut, dieselben Fragen durch den Kopf schießen müssen wie mir vor einer guten Woche.

Natürlich fragt sie. »Musst du denn da so richtigen Telefonsex machen? Hast du schon telefoniert? Kann ich da mal mithören?«

In diesem Moment beschließe ich, nicht vielen Leuten von meinem neuen Job zu erzählen. Die Reaktion wäre immer dieselbe. Ich habe keine Lust, mich womöglich noch rechtfertigen zu müssen. Ich beantworte ihre Fragen, so gut es geht, und schlage vor, das Wort Sexhotline gegen das Wort Home-Office auszutauschen.

»Bis mein richtiger Job im Büro losgeht. Das Telefonieren von zu Hause, also von hier, ist ja nur eine Art Vorbereitung dafür.«

Sara steht auf und kramt ein Feuerzeug aus der Tasche ihres Jeansrocks. »Du kannst also heute schon anfangen und so oft oder so wenig telefonieren, wie und wann du willst.«

Ich nicke, und sie zündet die Kerzen in den bunten gläsernen Haltern auf der Fensterbank an, damit es gemütlicher wird. Die Kerzen flackern und werfen ihr Licht gegen die weiße Rauhfasertapete. Sara lächelt mich auf dem Weg zur Kaffeemaschine an, und es bilden sich kleine Grübchen in ihren Wangen. Auch ihre Stimme und ihr Gesichtsausdruck werden wärmer und sanfter.

»Bin mal gespannt, wie lange du das machen wirst. Pass einfach auf, dass du den Job nicht unterschätzt.«

Dann dreht sie mir den Rücken zu, um die zweite Runde Milch aufzuschäumen. Über dem Toaster kifft Jimi Hendrix. Saras Worte sind lauter als das Zischen der Maschine. Sie blickt über ihre linke Schulter, an den kinnlangen Haaren vorbei, und sagt: »Du bist die einzige meiner Freundinnen, bei der ich mir so etwas überhaupt vorstellen kann. Du bist bestimmt weder prüde noch auf den Mund gefallen und kannst außerdem Theater spielen. Ich glaube, dass das viel ausmacht.«

Ich denke darüber nach, während Sara unsere Gläser vom Tisch räumt und nachfüllt, und finde, dass sie recht hat. Wahrscheinlich ist es beim Telefonieren wirklich so, als würde man in verschiedene Rollen schlüpfen. Nur nicht mit dem Körper, sondern mit der Stimme. Mein Blick fällt immer wieder auf meine Tasche, die ich in der Küchentür einfach habe fallen lassen. Darin sind die Unterlagen. Ich wippe mit dem Fuß.

Sara sieht das und beantwortet meine ungestellte Frage. »Ich bin übrigens heute Abend nicht da«, sagt sie, und ihr Mund und ihre Augen lachen. »Aber erzähl mir morgen unbedingt, wie es war, falls du heute schon telefonierst.« Noch einmal Grübchen. Und dann fällt er wieder, dieser unsympathische, dieser erwachsene Satz: »Letztendlich musst du selber wissen, was du tust.«

Am frühen Abend sitze ich in meinem Zimmer und höre, wie Sara sich nebenan ausgehfertig macht. Sie hört Musik, singt ein paar Takte mit, rennt vor dem Spiegel hin und her. Ihre Absätze klappern laut auf den Dielen.

Ich habe meinen Freund angerufen, Katharina habe ich nicht erreicht. Er wünscht viel Spaß, kommt dann heute nicht vorbei, und ich soll mich später melden. Ich weiß noch nicht, ob ich mich später eher darauf konzentrieren muss, fest an ihn zu denken oder gerade lieber nicht an ihn zu denken. Das Telefon ruht vorsichtshalber auf seiner Station. Nur ein kleiner grüner Blinker ab und an verrät, dass es sich am Strom satt saugt wie ein Säugling an der Muttermilch.

Draußen ist es schon dunkel. Außer der Deckenbeleuchtung habe ich alle Lampen in meinem Zimmer angemacht und die Heizung aufgedreht. Mein Bett, mein Kleiderschrank und mein Schreibtisch sind ausrangierte Möbel von Freunden. Das riesige schwarze Bücherregal schleppe ich schon seit zehn Jahren mit mir herum, vielleicht weil ich es geerbt habe, und meinen Fernseher habe ich für ein Zehnerpäckchen Markus Kaffee von Aldi bei einem technisch gut ausgerüsteten Hartz-IV-Empfänger in Stellingen eingetauscht. Aber das Zimmer ist trotzdem gemütlich. Ich ziehe die Vorhänge zu, um die Jeans gegen meine Jogginghose zu wechseln, und setze mich im Schneidersitz auf mein Bett.

Vor mir liegen die Unterlagen, die ich aus dem Büro mitgebracht habe. Sie glitzern leicht nach Chris' Lidschatten und strotzen vor Rechtschreibfehlern.

Unter der Überschrift »Tipps für alle OPs« lese ich allgemeine Sätze wie »Keine Nachrichten ablesen, aus dem Bauch sprechen (das können wir Frauen doch so gut)«, »Keine Telefonnummer (auch keine falsche) herausgeben oder annehmen = Er legt sonst gleich auf, wartet auf deinen Anruf und wählt sich nicht wieder bei uns ein«, »Interesse zeigen, aber ihn nicht mit Fragen löchern« oder »Versuche, vor dem Gespräch über Nachrichten herauszufinden, wo er wohnt«.

Die wichtigsten Punkte sind noch einmal dick unterstrichen und auf der nächsten Seite zusammengefasst. Da steht, dass wir, erstens, für den Kunden eine Privatperson sind, keine professionellen Live-Girls. Dass wir, zweitens, erotische Gespräche nicht aktiv anbieten, aber auch nicht kategorisch ablehnen und vor allem möglichst in die Länge ziehen sollen. Und drittens, dass wir letztlich ganz allein dafür verantwortlich sind, wie lange und wie oft ein Kunde mit uns sprechen möchte, weil wir das Gespräch selber in der Hand haben. Was für ein Quatsch! Telefonsex nicht ablehnen, aber auch nicht anbieten? Was denn nun? Weiter steht da unter »praktische Ratschläge«: »Langsam sprechen, mach Pausen, und nicht nach einer anderen Frau fragen, es sei denn, du findest heraus, dass er Beziehungsprobleme hat. Gib ihm das Gefühl, er sei der tollste Mann der Welt und dass du nur auf ihn gewartet hast.«

Ich merke mir das mit den Nachrichten und dem Langsam-Sprechen. Ansonsten bin ich überhaupt nicht vorbereitet, glaube aber, dass sich alles andere spätestens in den Gesprächen ergeben wird.

Ich höre Sara im Flur, wie sie ihre Zimmertür schließt, sich wohl den Mantel anzieht, dann den Schlüssel aus der Glasschüssel auf der Kommode nimmt. »Tschüss und viel Spaß«, ruft sie. Ich rufe dasselbe zurück, und als die Wohnungstür ziemlich laut ins Schloss fällt, zucke ich zusammen.

Ich fühle mich ziemlich unvorbereitet und bin kribbelig – wie man sich eben vor einer Premiere so fühlt. Aber gleichzeitig brenne ich darauf zu erfahren, wie es so ist, die 170 zu sein. Heute Abend werde ich es ausprobieren. Aber erst einmal hole ich mir ein Bier.

Oh, Amadeus!

Zwei Stunden später trinke ich mein zweites Bier und stecke mir die x-te Zigarette an. Vor mir liegt eine Karteikarte, auf der ich die Telefonnummer der Hotline und meine persönliche PIN-Nummer notiert habe. Der Akku ist frisch aufgeladen, Sara ist weg, und ich kann das Telefon blockieren, solange ich will. Anscheinend habe ich auf so etwas wie den richtigen Zeitpunkt gewartet und merke gerade, dass es den nicht gibt. Ich habe es satt, noch länger meinem Herzklopfen zuzuhören. Ja, es ist total albern, und es gibt keinen Grund, nervös zu sein. Ich kann jederzeit wieder auflegen. Und ich will mich ja eh nur eben ein bisschen umhören. Vielleicht hätte ich eine Freundin einladen sollen, damit es genauso ist wie an den Abenden mit Emily.

Und nun denke ich doch an meinen Freund, der zu Hause sitzt und wahrscheinlich fernsieht, vielleicht auch an mich denkt. Ein kleines bisschen verlassen fühle ich mich. Es ist an der Zeit, unter Leute zu kommen. Schließlich will ich ja wissen, wie es ist mit den Männern, wie es funktioniert. Irgendetwas reizt mich. Dass es neu ist? Dass es fremd ist? Dass es aufregend ist? Angst habe ich aber nicht, obwohl ich ziemlich unvorbereitet ins kalte Wasser springen werde. Hätte ich Angst, wäre ich wohl eine Fehlbesetzung. Angst – wovor überhaupt? Vor den Männern oder Angst vor mir oder davor, dass man mir meinen Anfängerstatus anhört?

Gegen Unsicherheit hilft ein Plan. Meiner ist es, die Rückmeldung der Service-OP im Büro abzuwarten, ihr zu antworten und dann unverbindlich einige Nachrichten an die Männer herauszuschicken. Es muss ja nicht gleich ein Gespräch sein. Ganz entspannt, erst einmal für eine halbe Stunde oder so. Werden meine Nachrichten abgehört, verdiene ich heute schon mein erstes Geld. Ohne Anleitung, ohne Einweisung in die Praxis.

Die rote Taste unseres schwarzgrauen schnurlosen Telefons ist mein Netz, mein doppelter Boden. Ich habe feuchte Hände. Ich trinke noch einen Schluck Bier und wähle dann zum ersten Mal die ellenlange Nummer der Hotline. Natürlich wähle ich mich nicht über dieselben 0190er-Nummern ein wie die Kunden, sondern über die Vorwahl 0621 für Mannheim. »Der Audiosprachcomputer steht im Hauptbüro«, hat Emily gesagt, als ich sie danach gefragt habe. Nur kurz ertönt ein Freizeichen, vielleicht eine Sekunde, und dann springt an der anderen Seite der Leitung ein Band an. Schnelle, aber ziemlich leise Musik, eine Frauenstimme, die dazu flüstert wie im Titelsong von *La Boum – die Fete*, nur dass es sich eher italienisch anhört und ich es nicht verstehen kann.

Dann begrüßt mich eine weibliche Computerstimme, die ich noch nicht kenne und die anscheinend auch nur für die Live-Girls zuständig ist. »Willkommen im Kontaktkarussell. Bitte PIN eingeben«, fordert sie mich auf.

Erst die PIN eingeben, dann den Namen aufsprechen, steht auch so auf meinem Spickzettel. Bloß nicht abrutschen mit meinen schwitzigen Händen. Fest drücke ich die sechsstellige Zahlenkombination, von der gleich die letzten drei Ziffern auf dem Bildschirm im Büro erscheinen werden. »Moin, ich bin die 170. Und schon wieder betrunken«, denke ich und muss albern grinsen.

Ich weiß gar nicht, wer heute Dienst hat. Wie cool wäre es, gleich Katharinas oder Emilys Stimme zu hören. Aber wieder die Computerstimme. »Bitte sprechen Sie Ihren Namen nach dem Signalton.« Piep. Ich räuspere mich noch schnell. Ach Mist, ist das jetzt mit drauf? »Äh-Hey.« Stopp. Abbruch mit der Taste eins. Ich höre meine Ansage sofort ab. Oh, Mann, meine Stimme klingt total unsicher und alles andere als sexy. Da halten sich die Männer doch die Ohren zu.

Und soll ich mich mit einem Namen melden oder lieber mit einem Spruch oder doch mit einer Frage? Herrje, das kann doch nicht so schwer sein. Nach einigen kläglichen Versuchen entscheide ich mich für ein ebenso neutrales wie einfallsloses »Ich bin Marie, und wer bist du?« Ich speichere mein Intro mit der Zwei. Jetzt bin ich drin.

Schon höre ich das erste Männerintro. »Robert hier, ich bin allein und suche eine Frau aus der Nähe von Oldenburg.« Wie im Büro, nur als Hauptgeräusch statt aus dem Hintergrund. Das lässt sie ganz nahe, ganz unmittelbar, ganz anders klingen. Ich ziehe an meiner Zigarette. Im »Kontaktkarussell« tummeln sich an diesem Abend ziemlich viele Typen. Ich klicke mich mit der Taste eins durch die verschiedenen Intros der Männer. Flüchtiger Blick auf den Zettel. 2 – Nachricht, 3 – Anruf, 6 – Nachricht an alle Männer. Alles klar, aber bisher ist ein Intro langweiliger als das andere (»Hallo, ich bin der Maik. Und du so?«, »Süßer Teddybär sucht … dich!« oder »Na, auch ganz alleine hier?«).

Ich erschrecke mich fast, als ich die erste Nachricht von »Abendrose« bekomme. Die Computerfrauenstimme informiert mich darüber. »Nachricht von …«, sagt sie, und übergangslos folgt das Intro. Wie schön, eine Frau! Die einzige weibliche Stimme weit und breit, die Intros der anderen OPs kann ich ja nicht hören. Und sie klingt gut gelaunt. »Nachricht annehmen?«, will die Computerstimme wissen, und ich drücke die Taste eins zur Bestätigung.

»Huhu, guten Abend, 22.00 Uhr. Katja hier aus dem Hauptbüro. Ich grüße euch ganz lieb und hätte gerne von allen OPs, die sich neu eingewählt haben, eine Rückmeldung mit den letzten drei Zahlen Eurer PINs.« Ganz routiniert hört sie sich an, aber irgendwie auch ziemlich unnatürlich. Wie ein Radio-DJ. »Wir haben gerade Maik in der Line, er ist dreißig Jahre alt und aus der Nähe von Mainz. Er sucht ein Treffen und eine feste Beziehung. In der Nähe von Mainz liegen zum Beispiel Städte wie Rüsselsheim ... ähhh ... Bingen oder so? Wiesbaden und Frankfurt am Main. Hinter der Computerstimme Rambo verbirgt sich Martin, er will TS, genau wie »Hallo, Baby« und Nico. Über die anderen Männer habe ich noch keine Infos, vielleicht habt ihr welche für mich? Danke, bis gleich und viel Spaß uns allen.«

Ich erinnere mich daran, dass auch Emily in ihren Rückmeldungen immer nur von TS geredet hatte, anstatt das Wort Telefonsex auszusprechen. Ich stehe von meinem Bett auf und setze mich an den Schreibtisch. Dass Maik aus Mainz kommt, notiere ich mir vorsichtshalber auf der Rückseite meines Notizblocks. In diesem Moment schrecke ich auf, weil mein Handy laut gegen den Schreibtisch vibriert. Katharina steht da auf dem Display. Gibt's ja nicht.

»Rate mal, was ich gerade mache.« Ich lasse die Begrüßung weg.

»Hey, alles klar? Äh, keine Ahnung, mit mir telefonieren?« Sie ist unterwegs, steht im Straßenlärm und spricht ziemlich laut. Ich halte mein Handy auf Abstand.

»Ich bin eingewählt, von zu Hause aus. Premiere und du bist live dabei.«

Katharina lacht. »Jetzt gerade? Wie aufregend. Na, dann ruf mich mal morgen an, ich wollte dich eigentlich auch nur fragen, wie es mit Chris gelaufen ist.«

Ich bleibe eingewählt, lege nicht auf, schiebe das Festnetztelefon aber weit von mir weg. Auf mehr als eine Stimme kann ich mich gerade nicht konzentrieren.

Dann erzähle ich Katharina am Handy, dass ich mit Chris ausgemacht habe, sie morgen im Büro anzurufen. Wir würden meinen ersten Abend kurz besprechen. »Vielleicht kann sie mir noch ein paar Fragen beantworten oder Verbesserungsvorschläge geben. Zum Beispiel, wie man Gespräche in die Länge zieht«, sage ich.

Katharina findet das gut. »Ja, sie ist ja jetzt auch deine Supervisorin. Ruf sie an, wenn du Tipps brauchst oder Probleme hast, auch falls die Frauen im Büro später mal rumzicken sollten. Kannst du ihr ruhig alles sagen. Sie spricht dann entweder direkt mit denen oder wiederum mit deren Supervisorin. Auf Augenhöhe sozusagen.«

Ich glaube, Katharina steigt gerade in den Bus. Sie spricht jetzt leiser. »Chris ist übrigens auch dafür verantwortlich, dass die ihr zugeteilten Frauen einen guten Umsatz machen. Die Supervisorin, deren OPs den höchsten Umsatz machen, erhält ab und zu kleinere Prämien.« Konditionen wie auf dem Kiez.

Gut, dass ich bald schon im Büro arbeiten werde, aufsteigen in die Kaste zwischen einfacher OP und Supervisorin. Wer kommt in der Hierarchie eigentlich über der Supervisorin? Ich stehe auf, gehe ans Fenster und schiebe Vorhänge und Pflanzen zur Seite. Von hier aus sehe ich die U-Bahn. Im Sommer, bei offenem Fenster, höre ich die Ansagen, aber nur ganz leise, wie Vogelgezwitscher.

»Eine Frage habe ich noch«, sage ich und suche die Fenster der gegenüberliegenden Gebäudereihe nach Silhouetten ab.

»Schieß los«, sagt Katharina.

»Hast du denn niemanden gehabt, der dich angelernt hat? Also, hast du keine Probegespräche geführt oder so? Ich muss sagen, dass ich mich gerade so ein bisschen unvorbereitet fühle. War das bei dir auch so?«

Die Heizung ist schön warm, und Katharina tut mir leid, weil sie bei dem Wetter noch draußen unterwegs sein muss. Eingeklemmt zwischen Menschen mit nassen Mänteln.

Sie erzählt, dass sie nicht völlig unvorbereitet gewesen war, weil sie so etwas Ähnliches schon einmal gemacht habe. Aber das würde sie mir ein anderes Mal in Ruhe erzählen. »Das kann man schlecht vorbereiten, du musst es einfach ausprobieren. Einfach drauflos, denk gar nicht so viel darüber nach. Und nun los, zurück an die Arbeit.« Sie lacht, und dann betont sie, dass ich sie jederzeit anrufen kann.

Ich bleibe noch einen Moment an der warmen Heizung unter dem Fenster stehen, bevor ich die Telefone wieder austausche. »Zurück an die Arbeit«, hat Katharina gesagt. Mit jemandem zu sprechen, der weiß, wie es ist, hat gutgetan. Ich hoffe nur, dass ich in der Zwischenzeit keinen Anruf verpasst habe.

Ich warte auf die nächste Rückmeldung von Abendrosen-Katja, um ihr zu sagen, dass ich neu bin und dass heute mein erster Abend ist. Hey, warum nicht genau das zum Inhalt meiner ersten Nachricht an die Männer machen, meine Unsicherheit zu meinem Vorteil nutzen? Außerdem merke ich langsam den Alkohol, mein Mut wächst. Der Finger wandert Richtung Taste sechs. Ich räuspere mich kurz. Erst räuspern, dann lächeln, dann sprechen.

»Nachricht aufnehmen«, sagt die Computerstimme, und dann piept es.

Ich spreche meine erste eigene Nachricht auf Band. »Hallo, ich bin das erste Mal hier auf der Line und kenne mich noch nicht so gut aus. Keine Ahnung, was man hier so sucht und findet, bin mal gespannt. Also, wenn du Lust hast, dann meld dich doch mal. Kannst mir auch ruhig erst mal eine Nachricht schicken. Ach ja, woher kommst du eigentlich?«

Ich muss mich ein wenig bemühen, freundlich zu klingen, langsamer zu sprechen. Aber ansonsten bin ich zufrieden. Gespannt warte ich auf irgendeine Antwort von irgendwem. Ich bin ein geduldiger Mensch, kann Situationen lange aushalten. Und ich kann gut zuhören, wenn die Story interessant ist. Also her damit!

Meine erste Männernachricht auf der Hotline bekomme ich von »Hallo, ich bin der Maik. Und du so?«, dem Dreißigjährigen aus Mainz. Es ist, als hätte man eine Nachricht auf der Handy-Mailbox.

Maik sagt: »Hallo, Marie, du hast aber eine nette Stimme. Was suchst du und woher kommst du?«

Danke, aber dasselbe habe ich ihn doch eben auch gefragt!? Na, egal. Ich muss versuchen, meine Nachricht auf eine Minute auszudehnen. So lange habe ich nämlich Zeit, nicht länger. Hört jetzt ein Kunde meine Nachricht ab, verdiene ich daran pro Minute 0,33 Cent. Im Live-Gespräch gibt es weniger, nur 0,28 Cent pro »Aktivminute«, wie es im Vertrag so schön heißt. Inklusive neunzehn Prozent Mehrwertsteuer. Ich beginne also, ganz viele unnötige Pausen in meine Antwort einzubauen.

»Hallo, Maik ... ist das dein richtiger Name? Also ich ... ich komme aus der Nähe von Frankfurt am Main ... wäre ja ein totaler Zufall, wenn du auch von hier wärst ... Ich bin nämlich noch auf der Suche ... nach einem Treffen und ... eventuell mehr ... Beschreib dich doch mal für mich, wenn du magst ... du hast mich sehr neugierig gemacht. Also, ich habe ganz lange blonde Haare ... mit leichten Locken ... habe ein nettes Lächeln ... und bin total sportbegeistert. Mhh ... Ich bin bestimmt noch ein Weilchen hier ... schick mir doch noch eine Nachricht ... Maik.« Und schon habe ich meine Minute voll. Das ging überraschend gut.

Aber würde ich mich auch trauen, direkt mit Maik zu sprechen? Vielleicht wäre er gar kein schlechter Einstieg. Ich erzähle ihm einfach, dass ich immer nur an den Wochenenden zu Hause bin und dass wir uns ja vielleicht irgendwann mal treffen könnten, dass ich ihn aber vorher noch besser kennenlernen möchte. Und dann würde ich ein neues Telefon-Date für morgen oder übermorgen ausmachen. So einfach wäre das. Falls er mich auf meine Nachricht hin anruft, beschließe ich abzuheben. Maik scheint zwar generell nicht uninteressiert an mir zu sein, aber auch keine große Lust auf ein Live-Gespräch zu haben. Lieber verschickt er Nachrichten. Eine nach der anderen.

»Das ist ja ein Zufall, ich komme nämlich aus Mainz«, sagt er in seiner Antwort. »Was hältst du davon, wenn wir uns gleich dieses Wochenende mal treffen? Ich habe ein Auto.« Und dann: »Pass auf, ich gebe dir meine Handynummer, dann wird es nicht so teuer und du kannst mir ein Foto von dir schicken.« Und schon fängt er an, mir seine Mobilnummer um die Ohren zu hauen. Der Typ traut sich nicht zu telefonieren, will sich aber dafür sofort mit einer Wildfremden für das nächste Wochenende treffen?

Ich überlege kurz, wie ich darauf reagieren soll. Im ersten Moment will ich mit italienischem Akzent antworten (»Ich abe garr keine Andy«), merke aber schnell, dass die Situation gar nicht lustig ist und ich mittlerweile betrunken bin. Bin schon beim dritten Bier.

Also sage ich: »Hallo, Maik. Mensch, du hast es aber eilig, was? Ich kann mit meinem Handy, glaub ich, gar keine Fotos schicken, aber natürlich bin ich total daran interessiert, dich kennenzulernen. Deine Stimme ist so … männlich und … gleichzeitig ein bisschen verletzlich … Das finde ich tierisch … gut.«

Oh, mein Gott. Was rede ich da? Ich sollte mich besser auch den anderen Männern zuwenden. Es werden im Verlauf des Abends immer mehr Intros, das höre ich in den Pausen zwischen den Nachrichten mit Maik. Sie werden auch immer eindeutiger. »Wer will ficken in Berlin?«, »Suche geile Schlampe« und »Bin der geile Macker, mach's mir, schnell!« sind neu.

»Jetzt stell dich mal nicht so an«, höre ich mich laut sagen. Ich beschließe, heute Abend, jetzt gleich, mein erstes Telefonat zu führen. Egal, welcher Art.

Ich drücke mich mit den Tasten durch die Intros bis zu »Hallo, ich bin der Maik. Und du so?«. Dann rufe ich ihn an. Mein Puls steigt unnötigerweise, denn Maik drückt mich einfach weg. Das war dann wohl ein Korb. Dann eben nicht, dann ist es eben der Nächste.

Amadeus – wie als hätte er meine Gedanken lesen können, ruft er an. Die Computerstimme sagt es mir. Wieder Herzklopfen, diesmal deutlich heftiger. Mein erster richtiger Kunde will mich sprechen. Ich atme tief durch, um das aufsteigende Kribbeln zurück in den Magen zu drücken. Ich habe nicht auf den Klang seiner Stimme geachtet, als ich sein Intro vorhin abgehört habe. Mir ist klar, dass ich mich jetzt auf alles einstellen muss. Es kann alles passieren oder nichts. Ich muss zugeben, ein bisschen hoffe ich darauf, dass eher gar nichts passiert. Schnell drücke ich die Eins und nehme den Anruf von Amadeus an. Ich stehe auf und gehe im Zimmer hin und her. »Sie werden verbunden«, sagt die Computerstimme. Ich würde bald einen Namen für sie erfinden müssen, sie klingt schon ganz vertraut, denke ich noch. Dann bin ich im Live-Gespräch.

»Hallo?« Mir zittern die Hände, meine Stimme klingt etwas brüchig. Ich bin in der Mitte des Zimmers stehen geblieben, direkt unter der Deckenlampe. Spotlight auf mich.

»Hallo«, sagt Amadeus und fragt im gleichen Atemzug, »wie alt bist du und was machst du gerade?«

Ich merke an seiner gepressten, angestrengten Stimme sofort, dass er schon sehr geil ist. Jetzt ganz cool bleiben, denke ich. Ich erzähle ihm, dass ich Anfang zwanzig sei und dass ich mir gerade ein Bad einlassen wollte, bevor ich schlafen gehe. Dann frage ich ihn noch, was er denn so auf der Hotline sucht.

Er reagiert nicht, fragt stattdessen:

»Und was hast du an?«

Ich schaue an mir hinunter: Jogginghose, dicke Socken, zwei Jahre altes T-Shirt, Strickjacke. »Ich habe mich gerade umgezogen«, sage ich. »Und trage nun meinen Bademantel.« Die Worte klingen fremd aus meinem Mund, der sich ganz heiß und trocken anfühlt. Ich gehe die drei Schritte bis zu meinem Bett und setze mich.

Amadeus lässt die Bademantelgeschichte links liegen, geht nicht weiter auf mich ein. Vielmehr lenkt er den Fokus jetzt auf sich. »Ich habe da ein Problem«, eröffnet er mir.

Das glaube ich ihm sofort. Mit den Augen verfolge ich das Muster meiner Bettwäsche.

Seine Stimme ist fleischig, als hätte er aufgedunsene Stimmbänder, und er schmatzt leicht, wenn er den Mund öffnet. Amadeus wohnt ganz oben, in einer kleinen Dachgeschosswohnung. »Mein Taubenschlag«, sagt er, »mit drei kleinen Luken zum Herausschauen.« Er könne direkt auf das Grundstück seiner Nachbarin gucken. Seine Stimme wird fast heiser, als er beginnt, mir von ihr zu erzählen. Jeden Tag beobachte er sie durch sein Fenster.

Aha, ein Voyeur, denke ich, einer der lieber im Verborgenen bleibt.

Am liebsten schaue er ihr im Sommer zu, denn da spiele sie oft im Bikini im Garten, sagt er.

Und ich will schon weitersprechen, da halte ich inne. Moment, habe ich mich verhört? »Spielt?«, frage ich.

»Ja«, sagt er. Im Bikini raube die Kleine ihm den Verstand. Besonders jetzt, in der warmen Jahreszeit, falle es ihm immer schwerer, nicht hinüber in den Nachbargarten zu gehen. Er lacht leise und flüstert: »Vielleicht werde ich das eines Tages einfach tun müssen.«

Ich frage nicht, was er meint. Ich kann nichts sagen. Tue so, als hätte ich das überhört. Es fühlt sich an, als wäre meine Zunge kurzzeitig in Ohnmacht gefallen, und das nicht nur vom Alkohol. Jetzt das Gespräch auf ein anderes Thema lenken. Aber wie?

Ob das denn irgendwie schlimm sei, möchte Amadeus wissen. Also, wenn er das eines Tages täte. Es klingt herausfordernd, wie er das sagt. Seine Stimme hallt in meinem Kopf nach.

Dann finde ich meine Sprache wieder. »Wenn du das meinst, was ich denke, dann ja, verdammt, ja, das wäre es.« Unser Gespräch geht in eine komplett falsche Richtung. Meine Stimme hört sich verzerrt an. Was ist hier eigentlich los? Ist das irgendein Test? Ich bin nicht auf ihn vorbereitet. Ich versuche, mich an Emily zu erinnern, wie sie da saß und das Gespräch unter Kontrolle hatte, es nach ihren Bedingungen geführt hat. Aber momentan ist in meinem Kopf kein Gedanke, nach dem ich greifen könnte. Nur das Gefühl, dass mir das Gespräch entgleitet.

»Kannst du nicht für mich ganz jung sein?«, bittet er mich.

»Ich kann achtzehn sein«, sage ich mit Nachdruck und beginne, mich schrecklich zu ekeln. Mit voller Wucht. Ich stelle mir vor, dass er nach gebügeltem Schweiß riecht. Seine ganze Wohnung. Mein Herz klopft blaue Flecken von innen gegen meine Rippen. Aber was hatte ich denn erwartet? Vielleicht, dass man sich erst mal nur kennenlernt? Das zu denken war naiv gewesen, und mir wird bewusst, dass ich mit einem realen Mann spreche, der mir komplett fremd ist. Ich habe Angst vor dem, was er als Nächstes sagen würde, und stehe auf und bleibe dann so stehen und höre genauso regungslos weiter zu. Ich kann nicht anders, als passiv zu sein.

Er gibt sich geschlagen und sagt: »Gut, dann eben achtzehn.« Vielleicht, weil sein Atem mittlerweile schon ganz schnell geht.

Ich sage nichts. Höre ihm zu, wie er angestrengt hechelt. Es ist intim und abstrakt zugleich, das zu hören.

Und dann spuckt er die Worte aus, wie ein Maschinengewehr. So hart, so plötzlich, so brutal. Sie dringen in mein Ohr, werden durch meinen Gehörgang gequetscht, bis sie sich eine gefühlte Ewigkeit später in meinem Kopf einnisten. Er sagt, dass ihr kleiner Kinderkörper ihn so anmache, spricht aus der Enge seiner dunklen Wohnung: »Sie spielt für mich.«

In mir steigt leise Panik auf. Ich sage ihm, dass ich jetzt auflegen werde. Etwas anderes fällt mir nicht ein. Bloß weg, bloß raus aus seinem kleinen Verschlag mit den unauffälligen Luken, hinter denen er bei gutem Wetter kommt. Wie in diesem Augenblick.

Er kann gerade noch stammeln, dass er mir jetzt auf meine Kindertitten spritzt, bevor er auflegt. Das ist das Wort, das bleibt: Kindertitten. Abgeschossen aus seinem Mund, voll hinein in meine Erinnerung. Wie eine leere Patronenhülse liegt es in meinem Kopf, starrt mich an und zeugt von dem, was war.

»Schade, er hat aufgelegt. Uuund … weiter geht's«, plärrt die Audiostimme. Ich höre einen kurzen Musik-Jingle vom Band, und dann ziehen die Intros der Männer wieder an meinem Ohr vorbei wie vor dem Gespräch.

Aber es ist nicht wie vorher. Ich stehe noch immer vor meinem Bett und halte den Hörer in der Hand, schaue ein paar Momente einfach nur geradeaus auf die weiße Wand. Ich zähle zwei Risse in der Tapete, weil ich total durcheinander bin und unfähig, etwas anderes zu bewegen als meine Pupillen. Ich bin überfordert von den Worten, die noch weh tun, als schon eine unbändige Wut in mir aufsteigt. Auf ihn, auf mich, auf die Line. Darauf, dass ich gerade k. o. geschlagen worden bin, dass ich mich nicht gewehrt habe, nicht nein gesagt habe. Darüber, dass er das letzte Wort gehabt hat.

Erst jetzt lege ich auf, schmeiße das Telefon mit voller

Wucht auf mein Bett und verlasse das Zimmer. Bloß raus hier, ohne Ziel. Durch den Flur, in die Küche, wieder zurück in den Flur. Durch alle Türen, die es in unserer Wohnung gibt. An den Gesichtern von Saras Familie vorbei. Um meine Stimme wiederzufinden, muss ich sprechen. Laut und deutlich, als wäre dies eine Sprecherziehungsübung. Ich beschimpfe ihn laut und übel, beleg ihn mit allen Flüchen, die mir einfallen, während ich auf Strümpfen orientierungslos durch den Altbau tigere. Ganz langsam reiße ich die Worte in einzelne Silben, koste sie voll aus. Beleidige ihn, so laut ich kann. Vor dem großen Ankleidespiegel neben der Flurgarderobe bleibe ich schließlich kurz stehen. Ich sehe so etwas wie einen Erzengel. Ich fühle nicht, dass ich es bin. Mein Mund schnappt auf und zu wie ein Fisch auf dem Trockenen. Die Augen sind aufgerissen.

Dann ist mein Anfall so plötzlich vorbei, wie er gekommen ist. Ich finde die Kontrolle über mich wieder. Die Gestalt im Spiegel ähnelt nun wieder einer jungen Frau, der es nicht so gutgeht. Die wieder zurück in ihr Zimmer möchte, zu ihrem Bett gehen und sich fallen lassen. Die hofft, dass die Worte einfach wieder aus ihrem Kopf herausfließen und in den Kissen versickern.

Ich fühle mich erschöpft von eigentlich gar nichts. Gedanken drehen durch, lassen sich nicht ordnen. Morgen sollte ich Chris anrufen und ihr sagen, dass der Job nichts für mich ist und ich aufhören werde, bevor ich richtig angefangen habe.

Ich führe an diesem Abend kein Gespräch mehr, weder privat noch auf der Line, obwohl es wahrscheinlich das Beste gewesen wäre, anderen Worten die Chance zu geben, sich in die Windungen meiner Erinnerung einzugraben. Zumindest hätte ich der Service-OP im Büro, in diesem Fall Katja, von Amadeus erzählen sollen. Vielleicht hätte sie es geschafft, mich zu beruhigen. Vielleicht hätte sie gesagt, wie ich mit der

Situation umgehen soll. Dass es einfach nur Pech gewesen sei und ich es abhaken solle. Dass ich die paar Wochen bis zur Versetzung ins Büro einfach irgendwie durchziehen müsse, mich von einem einzelnen, perversen Spinner nicht schockieren und entmutigen lassen und möglichst professionell mit der Situation umgehen solle. Das müsse ich eben aushalten. Aber Moment, das sind ja gar nicht Katjas Ratschläge. Das sind meine eigenen Gedanken, nur frisch geordnet.

Ich weiß nicht, ob ich Chris morgen von diesem Gespräch erzähle. Es ist merkwürdig – obwohl unsere erste Begegnung eigentlich ganz nett war, habe ich kein Vertrauen zu ihr.

Akquise

Ich habe niemandem von Amadeus erzählt. Nicht Chris, nicht Katharina oder Emily, nicht meinem Freund. Ich habe es still und leise für mich abgehakt. Wenn die Gedanken daran zurückkommen, würge ich sie ab. Ich lasse sie nicht zu.

Am Tag danach habe ich mich direkt für zwei weitere Abende eintragen lassen, diesmal als feste Schichten. Wie zum Trotz. Chris hat sich sichtlich gefreut. Sie sagte, dass ich mich auch neben den Stunden, die ich fest bei ihr abgegeben hätte, einwählen könne, wann und sooft ich will. Sie ist daran interessiert, dass ich viel telefoniere, viel Umsatz mache. Schon klar.

In den drei Wochen, in denen ich auf meine Versetzung ins Büro warte, telefoniere ich fast jeden Abend in meinem WG-Zimmer. Außerhalb des Jobs geht mein Leben seinen gewohnten Gang. Ich verschicke Bewerbungen und warte auf Antwort, schreibe meine paar Textbrocken für das Internetportal und arbeite mich Seite für Seite durch einen Damenoberbekleidungskatalog, den ich übersetzen soll.

Letzte Woche habe ich einen kleineren Job als Ankleidehilfe bei einer Modenschau in einem Autohaus angenommen. Da musste man den Models beim An- und Ausziehen zwischen ihren Gängen auf dem Catwalk helfen. Das Model, das mir zugeteilt worden war, war nett und natürlich viel zu dünn und fragte, ob ich Gras dabeihätte, für später. Ich kam mir monströs vor neben ihr. Sogar ihr Gesicht war kindlich. Sie trug einen Parfümflakon bei sich. Wenn sie sich unbeobachtet fühlte, hielt sie ihn schnell an ihre vollen Lippen und zerstäubte den Wodka in ihrem Mund. Fast habe ich zärtliche Gefühle für sie entwickelt, weil sie so fragil war. Als ich ihr das erste Kleid anzog, beklagte sie sich darüber, dass sie fett geworden sei. Und ich lachte es zärtlich aus, mein knochiges Küken.

Wir rauchten nach der Show noch eine Zigarette. Sie war noch ganz aufgedreht, und ich musste sie die ganze Zeit angucken, weil sie so schön und in Wirklichkeit traurig war. Und so kindlich. Und für eine Sekunde war wieder Amadeus in meinem Kopf, in mir. Ich schüttelte den Kopf, um die Erinnerung loszuwerden, und sie fragte, ob alles okay sei. Ich nickte und rang mir ein Lächeln ab. So, wie sie es tat.

Außer Sara und meinem Freund erzähle ich anfangs erst mal niemandem von meinem Job. Mein Freund und ich halten uns an der Oberfläche des Themas. Er fragt, wie es war. Ich antworte nie zu präzise, das erscheint mir unnötig. Er sagt selber, er müsse nicht alles wissen, und ich bin einverstanden. Nie arbeite ich länger als drei Stunden am Stück und nicht mehr als sechs innerhalb von vierundzwanzig Stunden. Den größten Umsatz mache ich abends und nachts. Dann erreicht allerdings auch mein Kaffee- und Zigarettenkonsum neue Höchstmarken. Sara bekommt nichts mit, wenn sie abends nebenan sitzt und für die Uni lernt. Ich habe sie mehr als einmal gefragt, mich mehrfach rückversichert, weil mir das ziemlich unangenehm wäre. Aber wenn wir uns während meiner Schichten kurz in der Küche über den Weg laufen, lasse ich sie einige harmlose Gesprächsfetzen aufschnappen oder drücke ihr den Hörer ans Ohr, damit sie die Männer-Intros hört. Sie geht dann kopfschüttelnd, aber mit einem Grinsen an ihre Hausarbeit zurück.

Es gelingt mir in den ersten Tagen tatsächlich noch ziemlich gut, die heißen Gespräche zu umgehen (»Ich habe keine Ahnung, was du meinst. Ich bin jedenfalls eher auf der Suche nach einer Beziehung oder einem netten Flirt«). Ich merke aber ganz schnell, dass ich noch lockerer werden muss. Ich spreche zwar mit vielen Männern, kann sie aber nicht länger als fünf Minuten halten. Mein Durchschnitt muss besser werden. Das geht anscheinend nur mit Telefonsex.

Ich kann mich nicht erinnern, mit wem ich den ersten offiziellen Telefonsex hatte, weder an den Namen des Mannes noch an seine Stimme. Ob es geplant war oder nicht, weiß ich auch nicht mehr. Nur, dass es unspektakulär und unpersönlich war und trotzdem nicht lange gedauert hat. Wir laberten ein bisschen, und er sagte, dass er geil wäre und es ihn tierisch anmachen würde, wenn ich ihm seinen Schwanz wichsen würde und ich tat so, als würde ich das auch geil finden, und dann stöhnte ich ein bisschen und dann kam er auch schon und legte auf. Danach fühlte ich mich nur kurz ein bisschen leer, aber nicht schlimm. Und dann ekelte ich mich davor, dass ich mich kurz ein bisschen leer gefühlt hatte. Das war's, mehr nicht. Ich machte dann einfach weiter.

Nach dieser ersten Erfahrung biete ich erotische Gespräche, wenn man sie so nennen will, zwar immer noch nicht aktiv an, lehne sie aber auch nicht kategorisch ab, sondern befolge letztlich nur die Vorgaben aus dem Vertrag. Ich habe verstanden. Es geht für die Männer nur um die Aussicht auf mehr, um das Spiel zwischen können, wollen, dürfen und müssen. Um die Verlängerung eines Moments mit der Hoffnung auf Genugtuung, auf einen möglichen Höhepunkt, auf ein egoistisches Happy End.

Ich finde das alles wirklich weder besonders schlimm noch besonders spektakulär, die Gespräche und die Männer. Sie hören sich an wie verletzte Tiere, wimmern und betteln, manchmal bekomme ich fast ein wenig Mitleid mit ihnen. Sie öffnen sich, degradieren sich. Ich glaube, vielen ist es peinlich. Einige sind stolz, wenn sie kommen. Und ich bestätige sie.

Sobald ein Kunde auflegt, habe ich das Gespräch meistens sogar schon wieder vergessen. Weggewischt, wie Tafelkreide mit einem feuchten Schwamm.

Wir sind Ware, ich genauso wie die Männer. Ich habe bisher keine Routine entwickelt, jedes Gespräch ist noch neu, und manchmal kann ich das Pochen unter meinen Rippen noch nicht kontrollieren.

Ich bilde mir dann ein, dass man mir meine Unsicherheit an der Stimme anhören kann. Aber geilen Männern ist die Stimme egal, vielen gefällt es sogar, dass ich noch unerfahren wirke. Schon bald würde ich in den ersten Sekunden eines Gesprächs den weiteren Verlauf absehen können, die Kunden und ihre Worte für mich immer vorhersehbarer werden.

Mein Problem ist noch immer, trotz Telefonsex, dass es mir einfach nicht gelingt, Gespräche zu führen, die länger als fünf Minuten dauern. Das nervt mich zunehmend. Mit Quickies verdient man kein Geld. Die Männer sind meistens schon so aufgegeilt, dass sie sofort zur Sache kommen. Gibt es einen Trick, eine geheime Strategie, einen Schlüssel zum langen Gespräch? Wie, zum Teufel, stellt man es an, mit einem geilen Mann länger als zehn Minuten zu telefonieren? Wie schaffen die anderen das?

Ich treffe mich am nächsten Samstag mit Katharina in einem Altonaer Café. Wir haben uns seit der Zugfahrt nicht mehr gesehen, nur zweimal telefoniert. Draußen weht ein kalter Wind. Auf den Holztischen stehen Teelichter in weißen Butterbrotpapiertüten. Die Leute murmeln zur Hintergrundmusik leise in die Rollkragen ihrer dicken Pullover. Ich sitze am Fenster, sehe Katharina aber trotzdem erst, als sie zur Tür hereinkommt. Ich freue mich und winke, damit ihre Augen nicht weiter fremde Gesichter absuchen müssen. Lächelnd kommt sie auf mich zu. Wir küssen uns auf die Wange. Ihre Haut ist kalt und riecht gut. Wir begrüßen uns. Ihre Augen hat sie wieder schwarz umrandet. Sie trägt eine Zeitungsjungenmütze und dazu große Kreolen, zwei dünne, silberne Kreise.

»Und?« Sie stützt sich mit den Ellbogen auf dem Tisch ab und lehnt sich erwartungsvoll zu mir herüber.

»Geht schon.« Ich zwinkere ihr zu. »Wenn man die erste Woche überstanden hat, schockt einen so schnell nichts mehr. Denkt man zumindest.«

Katharina nickt zustimmend. Wir bestellen bei dem studentischen Kellner, der in diesem Moment an unseren Tisch tritt, zwei Milchkaffees.

Ich nehme Katharina die Chance, sich konkret nach meinem ersten Abend zu erkundigen, indem ich mein Problem mit der Haltezeit anspreche. Ich achte bereits darauf, leise genug zu sprechen, so dass die Leute an den Nachbartischen nichts verstehen können. Aber jetzt flüstere ich kaum hörbar: »Die sind immer schon so geil, wenn sie anrufen.«

Katharina lacht.

Ich glaube, ich mache gerade einen ziemlich ernsten Gesichtsausdruck, muss auch ein wenig lächeln, dränge aber auf eine Antwort. Deswegen frage ich sie noch einmal. »Wie führt man lange Gespräche?« Das muss nicht geflüstert werden.

Katharina zuckt mit den Schultern: »Bei den TS-Kunden ist das schwierig. Details beschreiben, langsam reden, naiv tun, ab und zu eine Gegenfrage stellen.« Sie macht eine wegwerfende Handbewegung, und ihre Stimme wird wieder leiser. Sie lacht. »Am schlimmsten ist es, wenn die schon im Intro sagen, dass sie gleich kommen.«

Stimmt, diese Kunden lohnen sich nicht. Sie wollen nur jemanden dabeihaben, das macht sie an. Zu wissen, dass jemand zuhört, wenn sie abspritzen. Aber dann gibt Katharina mir doch noch einen guten Tipp und schaut dabei eindringlich.

»Du musst dich mit den Einsamen unterhalten. Du musst dich auf die Opfer stürzen, auf die, die auf der Suche nach einer richtigen Beziehung und echten Gefühlen sind. Die, die blind vertrauen, sich schamlos ausnehmen lassen, die einem fast ein schlechtes Gewissen verursachen, weil sie ernsthaft glauben, über eine Telefon-Hotline die Frau fürs Leben finden zu können. Die sind leichte Beute.« Ihre Zahnlücke blitzt. Macht Sinn, was sie sagt.

Ich rücke noch näher an sie heran. Ein bisschen wie neulich im Zug. »Woran erkenne ich die?«, frage ich.

Katharina nimmt ihre Mütze ab. Die vielen Menschen und Kerzen um uns herum verbreiten eine ziemliche Wärme. Katharinas fast weißblonde Haare schimmern und quellen bereitwillig unter der Mütze hervor, als wollten sie sich auf ihren Schultern ausruhen. Stattdessen schüttelt sie sie kurz und lässt sie über den Rücken fließen. Dabei sagt sie, dass das ein bisschen schwierig sei.

»Aber die meisten haben den richtigen Namen im Intro, also diese typischen Ralfs und Daniels. Oder es sind ältere Männer. Das hört man manchmal an der Stimme. Herberts, Wolframs, Manfreds. Wenn du Glück hast, gibt's im Intro den Wohnort schon gratis dazu.«

Der Kellner kommt und bringt unsere Becher. Auf dem Milchschaum ein Herz aus Kakaopulver. Er guckt Katharina an, lächelt und geht wieder. Sie ignoriert das, schaut lieber mir in die Augen und wartet, bis er weg ist.

»Schüchtern, verzweifelt, gedemütigt.« Sie klatscht die Worte hin. Bäm, bäm, bäm. »Im besten Fall sind sie gerade verlassen worden oder haben andere schlimme Probleme. Nach Verständnis und Aufmerksamkeit lechzend und mit an Sicherheit grenzender Wahrscheinlichkeit nicht gerade hübsch anzuschauen, sind sie für uns wahre Glücksfälle. Sie sind noch so ... hoffnungsvoll.« Katharina legt den Kopf schief.

Was ich verspüre, während ich ihr zuhöre, ist nicht Abneigung, sondern Gleichgültigkeit den Männern gegenüber. Als würde sie über Dinge reden, nicht über Menschen. So, wie Männer manchmal über Frauen reden.

»Und dann …« Katharina macht eine kurze Pause, um sicherzugehen, dass sie meine volle Aufmerksamkeit hat. Die hat sie. Die Leute um uns herum nehme ich nur verschwommen wahr, als Punkte auf einem Lichterteppich. »… dann baust du eine Beziehung zu ihnen auf. Lockst sie immer wieder auf die Line, versprichst ihnen das Blaue vom Himmel. Es sind die Stammkunden, an denen du verdienst.« Sie lehnt sich ein wenig zurück.

Ich verstehe und nicke. Jetzt redet sie Klartext.

»Das sind doch alles Idioten. Du glaubst nicht, wie dumm die Leute sein können, mit denen du telefonierst.« Katharina wischt sich Milchschaum vom Mund.

Ich krempele die Ärmel meines karierten Flanellhemds hoch, schiebe die Kerze ein wenig von mir weg und frage: »Aber was mache ich, wenn er mich kennenlernen will? Wenn er mich konkret fragt, woher ich komme?« Ich wünschte, man dürfte hier im Café rauchen.

»Du musst ausweichen und umlenken. Sag, dass du zwischen Berlin und München pendelst, beruflich aber auch oft in Frankfurt unterwegs bist. Oder dass du an den Wochenenden total flexibel bist und ein Auto hast. So was halt.« Katharina grinst und beißt in ihren Keks.

Das muss ich mir merken. Einfach nicht festlegen. Auf gar nichts. Seine eigenen Regeln aufstellen, die Männer zu Marionetten machen.

Katharina kaut nachdenklich und guckt wie durch mich hindurch, als sie sich plötzlich die Hand vor den Mund hält, weil sie lachen muss. »Letzten Monat hatte ich so einen Typen, der wollte sich, noch während wir telefonierten, ins Auto setzen, um durch halb Deutschland zu mir zu fahren.« Sie tut dramatisch und legt die Oberfläche ihrer Hand gegen ihre

Stirn. »Nur um der fleischgewordenen Illusion, die meine Stimme bei ihm ausgelöst hat, noch in derselben Nacht leibhaftig gegenüberzustehen.«

Aus dem rechten Augenwinkel kann ich erkennen, dass das Mädchen am anderen Tisch in seine Zeitschrift grinst. »Und was hast du gemacht?«, will ich wissen.

»Da habe ich die Flucht nach vorn angetreten und aufgelegt. Nicht, dass der wegen mir noch einen Unfall baut.«

Ich lächle nur mit der rechten Gesichtshälfte. Katharina trinkt ihren letzten Schluck Kaffee und schiebt dann den Becher zur Seite. Die Kerze flackert beunruhigend. Ihr Gesichtsausdruck wird wieder ernst.

»Was aber wirklich oft vorkommt, ist, dass die Frauen ihre Kunden zu falschen Verabredungen schicken. Sie sagen den Männern, dass sie sich verliebt hätten und sie ihnen vertrauen könnten, dass sie auch tatsächlich da sein werden.« Sie seufzt und stützt ihr Kinn auf der Hand ab. »Tja, und dann stehen die Männer da, an Bahnsteigen und auf Rastplätzen, mit ihren einfallslosen Erkennungsmerkmalen, den roten Nelken und der unter den Arm geklemmten *Financial Times*, und sind voller Zuversicht, dass es diesmal klappen wird mit dem Treffen.«

Ich schüttele den Kopf. »Wahnsinn! Und die Frauen machen das, weil sie sich nicht mehr rausreden können aus einer Nummer.« Die Frauen? Ich rede, als wäre ich keine von ihnen.

Katharina nickt. »Man kann persönlichen Fragen ja nicht ewig ausweichen, wenn man öfter oder länger miteinander spricht.« Ihr linkes Auge verschwindet hinter dem aufsteigenden Rauch des gerade erloschenen Teelichts. »Wir bekommen nicht alles mit im Büro. Von den Gesprächen quasi gar nichts.«

Ich schaue mich im Café um. Es ist leerer geworden. Durch das Fenster in Katharinas Rücken sehe ich, dass es schon dämmrig ist. Wir beschließen zu gehen. Das Stück zum Bahnhof laufen wir zusammen. Die letzten Wochenendeinkäufer huschen an uns vorbei durch die Fußgängerzone. Der Straßenmusiker, der vorhin schon vor dem Supermarkt stand, packt gerade seinen Verstärker ein.

Ich bringe Katharina noch runter zur S-Bahn, verabschiede mich im zugigen Tunnel mit guten Wünschen für die Prüfungen, dann fahre ich mit dem Bus die Max-Brauer-Allee hinunter nach Hause und denke über die Wolframs und die Manfreds nach.

Joachim

Mit jedem Gespräch werde ich sicherer. Ich versuche, Katharinas Vorschläge umzusetzen, und meine Haltezeit verbessert sich tatsächlich. Seit meinem ersten Telefonat verhalten sich die Männer, mit denen ich spreche, einigermaßen normal, einmal abgesehen von einem Typen, der will, dass ich ihm dabei zuhöre, wie er sein Fahrrad fickt.

Ich telefoniere in der dritten Woche fast jeden Tag, meistens zwei Stunden nachmittags und zwei Stunden am späten Abend. Alles plätschert irgendwie so dahin, die Tage gehen schnell rum, und ich tausche immer seltener meine Jogginghose gegen ordentliche Klamotten. Mein Zimmer wird zu einem warmen Kokon, einer Blase, aus der ich die Außenwelt beobachte. Ich habe eine Entschuldigung, sie nicht verlassen zu müssen. Schließlich arbeite ich ja.

Mein Freund fragt ab und zu, wie die Gespräche laufen, aber auch nicht mehr. Wenn etwas Lustiges passiert, erzähle ich es ihm, wie zum Beispiel die Geschichte mit dem Fahrrad. Darüber können wir gemeinsam lachen. Aber vom Sex, auch wenn es in meinen Augen keiner ist, erzähle ich ihm nicht. Ich vermeide es, ihn direkt nach einem Gespräch anzurufen. Seine Stimme soll sich nicht vermischen mit denen der Kunden. Ich möchte ihm in die Augen sehen können, wenn ich mit ihm spreche.

Ich gehe selten aus. Als ich es einmal doch tue, bringe ich ein komisches Gefühl mit nach Hause. Wie ein Haustier an der Leine führe ich es in die Wohnung, wo es sich still und leise in eine Ecke legt und mich nicht mehr aus den Augen lässt.

Ich war bei meiner guten Freundin Janna, wir haben Platten gehört und gekocht. Irgendwie scheint sie mit meinem Job mehr Probleme zu haben als ich. Wir saßen in der kleinen Küche ihrer Zweizimmerwohnung, und sie wollte unbedingt darüber reden, wie es mit mir weitergehen solle, obwohl ich finde, dass es noch gar nicht angefangen hat.

»Muss ich mir Sorgen machen?«, hat sie mich beim Essen gefragt und mich mit ihren großen braunen Augen angeguckt. Sie sieht immer so ein bisschen aus wie Audrey Hepburn in Jeans und Turnschuhen. Ich war fast ein wenig gerührt, dass sie sich so viele Gedanken macht, und habe sie beruhigt und ihr gesagt, dass sie sich überhaupt keine Sorgen machen muss, ich täte es schließlich auch nicht.

»Alles ist cool, das sind wirklich in den meisten Fällen harmlose Kerle, die nichts wollen oder brauchen außer ein bisschen Aufmerksamkeit.«

Vielleicht habe ich gar nicht gemerkt, dass ich da gerade meine Kunden in Schutz nehme. Ich habe Janna jedenfalls eingeladen, mich einmal im Büro zu besuchen. »Du wirst sehen, zu zweit kann es sogar richtig Spaß machen.«

Janna wollte sich damit aber nicht zufriedengeben, hat spöttisch ihr hübsches Gesicht verzogen. »Zu zweit vielleicht. Und alleine? Du kannst mir doch nicht erzählen, dass es alleine Spaß macht?« Schon war ich genervt von ihren Fragen.

»Pass auf, das ist wirklich alles nicht so schlimm, sonst würde ich es kaum machen, oder?« Meine Worte klangen schärfer als beabsichtigt. Schon tat es mir leid, aber ich habe mich nicht entschuldigt.

Janna hat dann wortlos den Tisch abgeräumt und auch später im Zimmer keine weiteren Fragen zu diesem Thema mehr gestellt. Unsere Umarmung zum Abschied fiel dann auch nicht ganz so herzlich aus wie bei der Begrüßung.

Wieder zu Hause fühle ich mich plötzlich sehr allein und

schicke meinem Freund noch schnell eine SMS, bevor ich mich für zwei weitere Stunden, die ich bei Chris angemeldet bin, an die Arbeit mache.

»Wollte mich nur kurz melden, bevor ich anfange. Ich vermisse dich. Freue mich auf morgen. Kuss.«

Dann wähle ich die sechzehnstellige Telefonnummer, inzwischen auswendig. Ich überlege mir erst in diesen zehn Sekunden mein Intro für die nächsten zwei Stunden und entscheide mich für den Namen Munja. So hieß mein erstes Kaninchen. Etwas Besseres fällt mir nicht ein, und es ist mir auch egal. Ich versuche, jedes Mal einen anderen Namen zu nehmen.

Mein Handy blinkt. Eine neue Nachricht von meinem Freund. »Das tue ich auch. Ich denke an dich. Viel Erfolg.« Nur kurz schmerzt die Sehnsucht, nur kurz stolpere ich über sein letztes Wort.

Piep. Ich bin drin. Ich navigiere mich mit den einzelnen Tasten sicher durch den Dschungel aus Männerstimmen. Es ist nicht viel los heute Abend. Ich schätze, wir haben einen hohen Frauenüberschuss, viel Konkurrenz also.

Dann schicke ich ein paar Sechser-Nachrichten raus, in denen ich erzähle, dass ich neu bin und nicht schlafen kann und selber nicht genau weiß, was ich suche. »Vielleicht ein nettes Gespräch, aber vielleicht auch mehr.« Nur nicht festlegen und mit allem rechnen.

Keine zwei Minuten später bekomme ich einen Anruf von Joachim. Ich nehme an, weil sich sein Intro kreativ von den anderen abhebt. »Isch bin der Joachim und isch bin mini-klee.« Was ist das denn für ein Typ? Noch dazu flüstert er, in tiefster Mundart. Man versteht ihn kaum.

»Dai Stimm gfällt ma, ei däs is schäh!«, sagt er, und das hört sich ein bisschen an wie ein Maskottchen, irgendwie niedlich und harmlos. Joachim sagt, er sei winzig, einen Meter sechzig bloß, auch im richtigen Leben. Er möge große Frauen mit langen Haaren. Damit will er mir wohl sagen, dass er anruft, um seinen Haar-Fetischismus auszuleben.

Um sicherzugehen, dass er auch das bekommt, was er braucht, sind seine Einstiegsfragen ausschließlich rhetorisch und gelten dem Objekt seiner Begierde: meinen Haaren.

»Ei gehn die Hoar ach bis üwwer de Bobbes?« Ich muss mich wirklich anstrengen, ihn zu verstehen. Ob die Haare denn auch so lang seien, dass sie mir bis über den Po gehen?

Ich sage, was er hören will, und senke meine Stimme: »Mhhh, sooo meegaa laaang ... fast bis zum Booden.« Mit Übertreibungen und Superlativen mache ich hier nichts verkehrt. Und Joachim zahlt viel Geld für adjektivgeschwängerte Minuten.

»Ohhh«, sagt er mit zärtlicher Bewunderung. »Un, bischt du ach so rischtisch schee groß?«

»Einen Meter und achtzig bin ich«, sage ich, »aber ich trage immer Pumps oder Stiefel mit hooohen Absätzen.«

Joachim freut sich und betont noch einmal, wie mini-klein er sei. Er möchte, dass ich das Wort ausspreche.

Also tue ich ihm den Gefallen. »Ich bin quasi ein langhaariger Riese, und du bist ein mini-kleiner Zwerg«, resümiere ich amüsiert.

Mit diesem Satz scheine ich bei Joachim ins Schwarze getroffen zu haben. Er wird ganz aufgeregt. »Genau des bin isch, mini-klee!«

Ich denke wirklich kurz, dass er mich verarscht, und es fällt mir wirklich zunehmend schwerer, ernst zu bleiben. Ich atme tief ein und forme mit den Lippen das Wort »Brot«. Ich habe mal im Fernsehen gesehen, dass Schauspieler das genauso machen, wenn sich ein Lachkrampf anbahnt.

Aber Joachim meint es wirklich ernst. »Unn, darf isch emol unner dei lange Hor kriesche, um misch do zu verstecke?«

Was für ein Freak! Als Nächstes bittet er mich, ins Badezimmer zu gehen und mir die Haare zu waschen. Er möchte dabei zuhören, wie ich sie ausgiebig schamponiere, kämme und föhne. Und das bitte auf den höchsten Schuhen, die ich besitze.

Ja, warum auch nicht. Damit es möglichst authentisch wirkt, ziehe ich mir Schuhe an, die zwar nicht hoch sind, aber laut klappern. »Die sind aber richtig hoch, jetzt bin ich unglaublich groß!«, sage ich. »Hör mal, wie ich rüber ins Bad gehe.«

Joachim ist voller Vorfreude und schnauft ein wenig. Den Hörer lege ich auf die Waschbeckenablage. Dann drehe ich das Wasser auf und nehme mir für alles sehr viel Zeit. Hurra, leicht verdientes Geld. Ab und zu rufe ich, wie nass es ist und wie schön das ist.

Ich rechne damit, dass Joachim irgendwann genug hat und auflegen wird. Aber er hört mir dann auch noch beim Föhnen zu. Danach soll ich noch mit meinen frisch gewaschenen Haaren über seinen mini-kleinen Körper streichen und ihn in der ganzen Haarpracht einhüllen, ihn völlig verschwinden lassen.

Dort, in seinem haarigen Versteck, stöhnt er wohlig. »Schäh. Ei, is däs schäh!« Joachim will gar nicht wieder weg da und gedenkt, vorerst noch etwas unter meinen Haaren zu verweilen.

Schade, dass Sara nebenan lernt. Das ist dann immer so, als wenn sie gar nicht zu Hause wäre. Ich überlege, ob ich an ihre Tür klopfen soll, um sie mithören zu lassen, will sie aber doch lieber nicht stören.

Und so erwidert leider niemand meinen irritierten, aber belustigten Blick. Ich habe absolut nichts dagegen, mit dem kauzigen Joachim zu telefonieren. Außerdem bin ich dabei, meine persönliche Bestmarke zu erreichen. Schon vierzig Minuten. Es sind anscheinend jene Freaks, denen niemand sonst zuhört, die einem den größten Umsatz bescheren.

Leider gehen mir so langsam die Ideen aus. Ich habe mir

einen Pferdeschwanz gebunden und ihn damit eingewickelt. Er durfte sich ein Zelt aus meinen Haaren bauen und darin onanieren. Wir haben gemeinsam meine Haare gekämmt und geflochten und Lockenwickler eingedreht. Jetzt könnte ich sie nur noch färben!

Ich beschließe, die Stunde noch vollzumachen. Danach fliegt Joachim sowieso automatisch aus der Hotline. Die Computerstimme wird ihn dann auffordern, sich erneut einzuwählen.

»Damit hinterher keine Klagen kommen«, hat Katharina damals im Zug gesagt. Die Line schützt sich so vor ihren eigenen Kunden. Sie hat aber gelacht und eingeräumt: »Niemand, der klagt, hat bisher gewonnen.« Scheint also schon öfter vorgekommen zu sein.

Ich laufe beim Telefonieren mit Joachim wieder ein bisschen in der Wohnung herum, weil ich besser reden kann, wenn ich in Bewegung bin. Vom Bad gehe ich in die Küche, wo ich mir das Telefon zwischen Kinn und Schulter klemme und ein Brot schmiere. Dann laufe ich zurück in mein Zimmer und checke nebenbei am Computer meine E-Mails. Joachims starken Akzent hat mein Ohr anscheinend inzwischen akzeptiert, ich muss mich nicht mehr so sehr anstrengen, ihn zu verstehen.

Wenn ich nicht bald im Büro arbeiten, sondern wie die anderen Frauen ausschließlich von zu Hause telefonieren würde, würde ich es machen wie sie und mir ein Headset zulegen, um die Hände frei zu haben. Nebenbei könnte ich meine Wohnung putzen, mir die Nägel lackieren oder Wäsche aufhängen. Und somit dem üblichen Klischee entsprechen.

Ich habe die Uhr im Blick. Kurz bevor die sechzig Minuten rum sind, sage ich Joachim, dass ich nun leider wegmuss, mich aber vielleicht später wieder einwähle und ich mich freuen würde, dann noch einmal mit ihm zu telefonieren. »Es gibt so viel, was wir noch nicht ausprobiert haben.« Dabei habe ich keine Ahnung, was ich mit ihm noch anstellen soll.

Dann wird das Gespräch vom Audiocomputer automatisch getrennt. Einen Moment herrscht Ruhe, bis ich die Warteschleife wieder höre. Ich warte darauf, dass sich die Service-OP aus dem Büro meldet, damit ich ihr von Joachim berichten kann. Ich bin mir nämlich sicher, dass er sich gleich wieder einwählen wird, für die nächste Stunde. Von mir aus können sich jetzt die anderen OPs mit ihm beschäftigen, ich habe in der letzten Stunde mehr als fünfzehn Euro verdient, die Hotline wohl mehr als das Sechsfache davon. Je nachdem, über welche der Anbieternummern sich Joachim eingewählt hat, auch noch mehr.

Doch die Service-OP lässt sich Zeit mit ihrer Rückmeldung. Ich warte zehn, fünfzehn Minuten, dann zwanzig. Und jetzt merke ich, wie wichtig die regelmäßigen Rückmeldungen sind, wie angenehm es ist, ab und zu zwischen all den Männern eine weibliche Stimme zu hören. Die klingt dann gleich doppelt so weich, doppelt so vertraut. Eine kleine Portion Normalität, die heute Abend auf den Namen »Wanja« alias »Ich hole dir heute Nacht die Sterne vom Himmel« hört. Diese Service-OP kenne ich noch nicht.

»So die Damen, es ist nun gleich kurz vor halb elf. Ich bleibe noch die ganze Nacht bei euch, bis fünf. Habt ihr gerade noch Infos über diesen Joachim für mich, der ist schon seit einer Stunde besetzt? Ich habe selber noch nie mit ihm gesprochen.«

Ha, das war ich, denke ich ein bisschen stolz.

Aber Wanja hat Infos über einen ihrer Kunden: »Dafür kann ich euch sagen, dass sich der Typ, der sich hinter dem Computernamen »Rocky Balboa« versteckt, gerne Kerzen und andere Gegenstände in den Anus einführen lässt. Damit habe ich nämlich die letzte halbe Stunde verbracht. Deswegen auch meine verspätete Rückmeldung.«

Ich schlucke. Da habe ich es ja noch gut getroffen mit Joachim.

Wanja fährt fort: »So, und dann habe ich noch eine Info bekommen von einer OP, die eben mit Danny gesprochen hat, bei dem müsst ihr ein bisschen aufpassen. Ich kenne den, das ist ein Stammkunde irgendwo aus Nordrhein-Westfalen. Meistens sucht der stinknormalen Telefonsex. Aber manchmal dreht er ein bisschen durch und versucht, seine Tierliebe auszuleben. Wenn er mit Hunden und Pferden anfängt, bitte sofort auflegen und mir Bescheid sagen. Er weiß, dass er dann gesperrt wird, wäre nicht das erste Mal.«

Ich verziehe das Gesicht. Okay, das mit den Tieren finde ich jetzt echt ein bisschen zu eklig. Was macht der Typ dann hier? Namen merken! Warum rufen die nicht bei diesen brutalen Hardcore-Nummern an, wenn sie schon unbedingt ihre Phantasien verbreiten müssen?

Wanja schafft es, die Minute auszunutzen, ohne dass sie sich gehetzt anhört. Respekt! »Ja, und dann haben wir noch Manni auf der Line. Er kommt aus der Hauptstadt und sucht für heute Abend noch ein Date. Also, wer sich in Berlin auskennt, sollte bei ihm gute Karten haben. Macht bitte genau weiter wie bisher, eure Haltezeiten sind heute Abend hervorragend. Danke!«

Ich beantworte ihre Rückmeldung, indem ich die Eins drücke. Beim Sprechen achte ich darauf zu lächeln. Das klingt besser. »Hallo, Wanja! Zur Info: Joachim, ist mini-klein. Sein Fetisch sind sehr große Frauen mit sehr langen Haaren. Eigentlich harmlos, aber hartnäckig ist er und anstrengend. Falls zufällig Frisörinnen unter meinen Kolleginnen sind, wäre es ein gefundenes Fressen. Mein Fundus an Haarexperimenten ist erschöpft. Was für ein Typ!«

Und siehe da! Joachim bekommt auf einmal sehr viele Anrufe von extrem großen Frauen mit langen Haaren bis über den Bobbes, da er zwar hartnäckig, aber kein unangenehmer Kunde ist und gerne lange spricht. Von der Aufmerksamkeit, die er bekommt, ist er hin und weg.

Ich höre Joachims skurriles Intro an den folgenden Abenden immer wieder. Fast habe ich den Eindruck, als sei er nicht immer wieder, sondern eher immer noch auf der Line. Am ersten Abend ist er ständig im Live-Gespräch, wie mir die Computerstimme mitteilt, als ich es noch einmal bei ihm versuche. Am zweiten Abend ruft er mich zweimal an, am zweiten Abend viermal, am Ende der Woche bis zu zehnmal an einem Abend.

Ich weiß nicht, ob er sich meine Stimme gemerkt hat oder ob er jede Frau so penetrant anruft. Wäre ich im Büro, könnte ich Joachims Aktionen am Bildschirm nachverfolgen. Für mich ist es, als wäre ich ganz allein mit ihm. Ich bin inzwischen genervt von ihm, seinem Akzent, seinen immer gleichen Forderungen. Er selbst strengt sich nicht an, redet kaum, möchte bedient werden. Darf ich ihm sagen, dass er mich in Ruhe lassen soll? Die Hotline will natürlich, dass man als OP jedes Gespräch annimmt.

Als ich Emily danach fragte, hatte sie nur spöttisch gelacht. »Ich rede bestimmt nicht mit jedem. Und wenn ich jemanden total ätzend finde, lege ich halt wieder auf. Es kann einen ja niemand zwingen.«

Emily und Katharina haben eine beneidenswert selbstbewusste Einstellung. Sie lassen sich auf kein Gespräch ein, auf das sie keine Lust haben. Es macht ihnen Spaß, die Männer zu verarschen. Aber sie arbeiten auch entspannt im Büro, da muss man nicht so viel telefonieren wie zu Hause.

»Wenn es geht, dann versuche, deine fünfzehn Minuten in der Stunde zu sprechen, oder schick halt einfach fünfzehn Nachrichten raus, das kommt ja aufs selbe raus«, hat Katharina mal gesagt. Dass sie manchmal einfach leere Nachrichten rausschickt, wenn sie keine Lust hat, zu telefonieren. Anstatt aufs Band zu sprechen, kratzt sie eine Minute am Telefonhörer. »Hört sich dann an wie eine Störung in der Leitung, aber ich war offiziell aktiv. Du wirst sehen, wenn du im Büro arbeitest, hast du mehr Freiheiten, und es gibt noch ein paar Tricks, um den Gesprächen zu entgehen.«

Ich habe nicht weiter nachgefragt, weil sie das gesagt hat, als wir im Zug saßen und ihre Erzählungen auf mich zu diesem Zeitpunkt sowieso noch ziemlich abstrakt wirkten. Aber ich muss sie unbedingt noch einmal nach diesen Tricks fragen, bevor ich meine erste Schicht im Büro antrete.

Würde Joachim eingentlich irgendwann mit dem Anrufen aufhören, wenn niemand mehr Lust hat, mit ihm zu sprechen? Wenn mich niemand haben will, dann würde ich doch auch irgendwann von allein auflegen? Oder würde es immer irgendeine Frau geben, die sich der Übriggebliebenen annimmt?

Als ich Joachim das nächste Mal in der Leitung habe, bitte ich ihn sogar darum, sich auch mit den anderen Frauen zu unterhalten. Gerne möchte ich ihn meiner Konkurrenz zuspielen und warte die nächste Rückmeldung ab, um Katja zu fragen, die an diesem späten Nachmittag Dienst hat. Ich sitze gerade rauchend auf dem Bett, habe den Fernseher leise geschaltet und schaue nebenbei Cartoons.

»Hallo, Katja. Sag mal, dieser Joachim, der Minikleine? Will niemand mehr mit ihm reden? Ruft der nur mich die ganze Zeit an oder alle anderen auch? Würde mich freuen, wenn du mir kurz Bescheid geben könntest.«

Das macht sie auch umgehend. »Ja, sieht ganz so aus. Mich nervt der Typ auch, um ehrlich zu sein. Die anderen drücken ihn auch schon weg. Ich kann ihn aber eigentlich nicht einfach sperren, er macht ja nichts, was gegen den Verhaltenskodex verstößt. Aber es bringt uns auch nichts, wenn er zwar oft anruft, aber jedes Mal nur kurz in der Leitung bleibt. Ich werde das beobachten. Wenn er den Durchschnitt weiterhin so runterzieht, dann muss er halt gehen.«

Die Service-OP hat im Büro die Möglichkeit, Kunden zu sperren, um die Frauen zu schützen. Wenn jemand schon im Intro ankündigt, dass er auf Tiere oder Kinder oder extreme Gewalt steht, kann sie sein Intro unhörbar machen, indem sie die Taste null des Servicetelefons drückt. Dafür darf er allerdings gerade nicht im Gespräch sein. Man muss also gut aufpassen und schnell reagieren. Denn ein paar wenige Frauen, so hatte es Katharina abgeklärt ausgedrückt, nähmen jedes Gespräch an. Wenn man so etwas mitbekäme, müsse man es sofort Chris sagen, damit die OP gefeuert wird. Solche OPs hätten auf der Line nichts zu suchen.

Ich habe mir in dem Moment geschworen, besonders darauf zu achten. Vielleicht, weil ich es neulich schon versäumt habe. Als ich den Kinderfreund Amadeus habe kommen lassen.

Ich pfeife darauf, dass Katja mich nun wahrscheinlich am Monitor beobachtet, um zu sehen, wie ich auf Joachims nächste Anrufe reagiere. Meinen Durchschnitt, den hat er sowieso schon runtergezogen. Die letzten Gespräche mit ihm haben nie länger als vier Minuten gedauert. Aus heiterem Himmel legt er auf, mitten im Gespräch. Um ehrlich zu sein, fällt mir auch nicht mehr viel Neues ein, was ich ihm erzählen könnte. Was will er denn noch von mir hören? Er scheint ja selbst ganz ungeduldig oder unentschlossen zu sein, wenn Katja sagt, dass er von einer Frau zur anderen springt. Inzwischen ist er nicht mehr besetzt, er wird nicht mehr angerufen. Er ist einer der Übriggebliebenen. Unattraktiv.

Die Kunden sind auch irgendwie Freiwild, finde ich, genau wie die Frauen. Jeder darf jeden jagen. Jeder Kunde kann mich anrufen oder mir Nachrichten schicken. Genauso wie jede

Frau das mit jedem beliebigen Kunden machen kann. Es gilt: Wer zuerst kommt, mahlt zuerst. Alle sind ständig auf der Pirsch.

Ich wende meinen Blick von den bunten Bildern auf dem Fernsehschirm ab und überlege mir, wie ich mich am wirkungsvollsten gegen Joachim schützen kann. Persönlich habe ich ja gar nichts gegen ihn, aber er geht mir mittlerweile tierisch auf die Nerven. Er macht mich inzwischen richtig aggressiv. Der nächste wird sein letzter Anruf sein.

Ich muss auch gar nicht lange warten. Dabei liegt unser letztes Gespräch gerade zwanzig Minuten zurück. Ich will ihn nicht fertigmachen, aber er soll mich in Ruhe lassen. Ich sitze also im Schneidersitz auf dem Bett, habe das Telefon am Ohr und verfolge stumpf die leise gestellte Werbung, als Joachim mich wieder mit »Hallo, isch bin mini-kleen« begrüßt. Ganz freundlich, als würde er sich das erste Mal vorstellen.

»Ich weiß das«, unterbreche ich ihn. Das sage ich auch immer, wenn ich mich mit meinem Freund streite. »Pass auf, eine Story habe ich noch für dich.« Gerade läuft ein Spot für ein Anti-Schuppen-Shampoo. »Ich habe beim letzten Mal vergessen, dir von meiner Freundin zu erzählen. Die ist auch ganz groß und hat die längsten Haare der Welt.«

Joachim freut sich auf eine weitere Geschichte. »Ei, däs is schäh!«

Ich balle die rechte Faust. Boah, sag das noch mal! Ich kann ihn nicht mehr ertragen, zu vertraut alles. Ich verstehe inzwischen, dass Emily unfreundlich zu einigen Kunden ist. Nur war meine Grenze bisher anscheinend nicht so schnell erreicht wie ihre. Noch nicht.

»Weißt du, die ist im sechsten Monat schwanger. Die leidet so unter ihrem massiven Haarausfall und Schuppenflechte auf der Kopfhaut. Das hast du noch nie gesehen, sage ich dir. Büschelweise fällt sie aus, die Mähne. Jeden Morgen liegen da

Abermillionen von abgestorbenen Hornpartikeln auf ihrem Kopfkissen.« Im Detail beschreibe ich die daumennagelgroßen Placken, die an den Haarbüscheln haften.

Joachim schweigt erst irritiert. Dann sagt er angewidert: »Iggiddiggid!« Und endlich, endlich, nach über einer Woche, löst sich seine Hand vom Hörer wie die Schuppen von der Kopfhaut meiner imaginären Freundin. Und er legt auf.

Minimum

Es ist jetzt ziemlich genau ein Jahr her, dass ich mein Examen bestanden habe. Dreieinhalb Jahre Modejournalismus an einer Privatschule. Das war damals eine spontane Entscheidung. Schreiben wollte ich schon immer, und der Studiengang war breit gefächert. Neben journalistischen standen auch Kurse wie Kostüm- und Kunstgeschichte, PR und Marketing, Textilkunde oder Visuelle Kommunikation auf dem Lehrplan. Das, was der künstlerische Leiter auf dem Infoabend erzählt hat, hat mich überzeugt und dazu veranlasst, das Geld, das ich gespart hatte, in die ersten Studiengebühren anzulegen. Und ich hatte einen guten Jahrgang erwischt, der nicht nur aus reichen Modepüppchen bestand, sondern eine Menge kreatives Potenzial besaß. Ich habe viel durch praktische Arbeit gelernt. Praktika in Redaktionen, beim Fernsehen und bei der Zeitung, eines davon sogar bezahlt und auf Ibiza. Um diese Erfahrungen machen zu können, musste ich nebenbei viel arbeiten und trotzdem noch Kredite aufnehmen. Leider hat der Übergang von der letzten Prüfung ins Berufsleben dann nicht so richtig geklappt. Alles schon lange her, so kommt es mir jedenfalls vor.

Aber ich erinnere mich noch genau an den Tag der letzten mündlichen Prüfung. Sie fand Ende Dezember in einem der vielen grauen Klassenräume statt. Ich war eines von gut zwanzig aufgedrehten, schnatternden Hühnern. Unsere Versuche, uns gegenseitig zu beruhigen, machten mich nur noch nervöser. Dann ging die Tür auf. Jetzt kam es darauf an, und ich fühlte mich vor den Prüfern wie ein labbriges Stück Weißbrot. Ich hangelte mich von Folie zu Folie durch meine

PowerPoint-Präsentation, die erst in der Nacht zuvor fertig geworden und deren Thema Lebensinhalt meiner letzten drei Monate gewesen war. Und dann die überwältigende Euphorie: Wir hatten es alle geschafft. Wir konnten nun »ganz stolz auf uns sein«.

Um mich herum lachende, hübsche Gesichter, die von Zukunftsplänen und Reisen und Entspannung erzählten. Unsere Dozenten haben sich verabschiedet und noch einmal bekräftigt, dass wir »die besten Chancen« hätten und dass der Markt – sie sprachen immer vom »Markt« – »nur auf uns warten« würde. Ich habe dabei die Schüsseln auf dem Tisch vor dem Prüfzimmer betrachtet, die genauso leer waren wie mein Kopf. Kein Gummibärchen hatte überlebt, sind alle den schnellen Bärentod gestorben.

Ich konnte mich nicht entscheiden, ob ich glücklich oder traurig sein sollte, weil schlagartig alles vorbei war. Irgendwie vorhersehbar und trotzdem plötzlich ganz unvermittelt, nach dem ganzen Prüfungsstress. Ich habe schnell allen frohe Weihnachten und einen guten Rutsch gewünscht und mich in die Kälte verabschiedet, weil ich weg wollte. Und erst in dem Moment, als ich an der S-Bahn-Station Hammerbrook stand und noch drei Minuten hatte, bis der Zug einfuhr, realisierte ich, dass mit meinem Studentenstatus auch mein Nebenjob futsch war. Ich würde mich jetzt irgendwie um eine Krankenversicherung kümmern müssen. Ich realisierte mit einem Mal, dass bisher keine meiner Bewerbungen zurückgekommen war. Dass ich statt Rücklagen Schulden hatte, die ich ab nächstem Monat würde abbezahlen müssen. Dass ich mein Zeugnis erst zur Examensfeier in sechs Wochen erhalten würde.

Ich hatte immer nur bis zur Prüfung gedacht. Erst die Prüfung, dann Weihnachten zu Hause. Nur würde auf Weihnachten schnell das neue Jahr folgen. Mich erfasste eine kurze Panik, als mir klarwurde, dass ich wahrscheinlich nicht einmal mehr genügend Geld hatte, um die nächste Miete für meine dreizehn Quadratmeter in einer mit Comics tapezierten WG bezahlen zu können. Es sei denn, ich wäre sofort zum Arbeitsamt gerannt, um noch rechtzeitig Hartz IV zu beantragen.

Aber, Moment mal. Das hätte ich doch alles schon früher merken müssen, wie blind bin ich eigentlich gewesen? Und nun? Es gab jetzt nicht einmal mehr einen Stundenplan, der meinen Alltag zusammenhielt wie unsichtbare Heftzwecken. Erschüttert über meine fehlende Weitsicht und meine eigene Naivität saß ich in der S-Bahn und rechnete. Und kam nach dem dritten Versuch zu dem Ergebnis, dass ich mit meinem Geld noch maximal vier Wochen hinkommen würde. Gerade so.

Weihnachten, in der Heimat, war dann nur noch wenig übrig vom Stolz. Ich versuchte, den Sozialhilfegedanken wenigstens für drei Tage wegzuschieben und mir meine Unsicherheit nicht anmerken zu lassen. Als die ganze Familie zur Gans ihr Glas auf mich erhob, schämte ich mich fast ein bisschen. Wenn die wüssten …

»Und was machst du jetzt mit deinem Abschluss?« Meine Cousine rief den Satz vom anderen Ende des Tisches zu mir herüber. Sie, ihr Freund, mein Vater, seine Frau, ihre Tochter, meine Oma, meine Tante, mein Onkel und mein Cousin schauten erwartungsvoll in meine Richtung.

Ich stopfte mir vor aller Augen eine dicke Kartoffel in den Mund und presste das Wort »Auszeit« hervor. Das schien ihnen, Gott sei Dank, zu genügen.

Meinem Vater sagte ich die Wahrheit, nämlich dass ich mich jetzt dringend um einen Job kümmern müsste. Mehr auch nicht. Am dritten Tag nach Weihnachten bin ich dann schon zurück in die Stadt gefahren.

Mein Zimmer roch nach Winterheizungsluft und ausgedruckten Lebensläufen, als ich mich auf den Weg zum Arbeitsamt St. Pauli gemacht habe. Die Straßen waren nass von grauem Schneematsch, vermischt mit Müll.

Und jetzt alle mal hersehen! Hier ist sie! Noch nicht mal damit angefangen, den Studienkredit abzubezahlen, und schon Vater Staat auf der Tasche liegen. Das haben wir gern!

Mein Hirn ersann plakative Schlagzeilen. Unter einem Foto, das mich in Abwehrhaltung und mit Sonnenbrille zeigte, war zu lesen: »Ganz unten: Privatschulabsolventin auf dem Weg in die Hartz-IV-Falle«. Unter einem anderen Bild: »Verschuldet, verbannt, vergessen – Der soziale Absturz der Evelin S.* (* Name geändert.)«

Ich ging die Stufen zu dem weißen Gebäude hoch. Wie hübsch, habe ich noch gedacht. Mit Säulen und ganz alt. Als ich eintrat, kam ich mir vor wie auf einem geschäftigen kleinen Bahnhof. Menschen mit ähnlichen Problemen wie ich. Sehr viele Junge liefen da herum, einige sogar im Anzug. Überall Schilder, die mir den Weg weisen wollen, und Glastüren, die vom großen Hauptsaal in die Hinterzimmer führen. Orientierungslos schaute ich mich um. Ein Typ mit drei zotteligen Hunden starrte zurück und hat dann rumgepöbelt, dass seine Tiere nichts zu fressen hätten und er im Übrigen auch nicht.

Schließlich fand ich ein blaues Schild, das über den Bänken an der Wand hing und auf dem »Erstanträge« stand. Dem Schild bin ich gefolgt und auf das Ende der längsten Warteschlange gestoßen. Trotz der frühen Uhrzeit. Ich habe mich hinten angestellt und die vielen Menschen beobachtet. Einige waren mit ihrer ganzen Familie da. Die meisten waren damit beschäftigt, vornübergebeugt, auf den Knien oder gestützt auf irgendwelche Ablagen Formulare auszufüllen. Kein einziges freundliches Gesicht, nur konzentrierte, angestrengte. Der Weihnachtsbaum stand noch hinten in der Ecke am Ende der großen Eingangshalle, lieblos geschmückt. Auf den Rücken des Mannes vor mir fiel Januarlicht. Ich legte meinen Kopf in den Nacken und schaute nach oben. Große, hohe Fenster an allen vier Seiten.

Wo waren die Feen mit den drei Wünschen, wenn man sie braucht? Ich würde mir wünschen, zurück nach Ibiza zu fliegen. Noch rechtzeitig zur Mandelblüte, wenn man die erste Ahnung vom Frühling bekommt. Und Geld, damit ich nicht hier stehen müsste. Den dritten Wunsch würde ich mir aufheben, falls ich einmal ein Kind gebären müsste.

Ich war eine von vielen in einer langen Schlange, Studentin nur noch auf dem Papier und auch das nicht mehr lange. Das erste Mal in meinem Leben habe ich Existenzangst verspürt. Das hat sich schlimm angefühlt. Bodenlos. Tief. Was würde eigentlich passieren, wenn ich gar keinen Anspruch auf Zahlungen hätte? Was wäre, wenn sie mir hier sagten, dass ich mich viel früher hätte kümmern müssen, dass ich selber schuld sei?

Ich stellte mir vor, wie ich eines kalten Februarmorgens bei Regen, mit meinem Kaninchen unter der Jacke, Richtung Ostfriesland trampe, weil ich kein Geld mehr für Tier- und Menschenfutter und Zugtickets habe, und ich dann völlig durchgeweicht an die Tür meines Elternhauses klopfe und erklären muss, dass ich aus meiner Wohnung rausgeschmissen worden bin und wieder zu Hause würde einziehen müssen. Ich hatte mir alle möglichen Szenarien vorgestellt, wie es weitergehen würde mit mir, bis ich endlich an die Reihe kam.

Die kleine, rotgelockte Frau hinter dem Schalter hätte besser im Bett bleiben sollen. Mit fiebrigen Augen und geschwollener Nase blinzelte sie mich durch die Scheibe hindurch an, und ich war froh, den Glasschutz zwischen uns zu haben. Sie händigte mir mit hörbarer Anstrengung das Formular aus. »Ausfüllen und dann durch die Tür. Dritter Stock. Zimmer 309.«

Ich dankte ihr, wünschte ihr gar nichts und folgte den Anweisungen. Mein Arbeitsvermittler eröffnete mir im ersten Gespräch, dass ich »im Prinzip überqualifiziert« sei.

»Wir müssen hier irgendetwas Realistischeres eintragen als Modejournalistin. Also zumindest etwas, das wirklich etwas werden könnte, wie zum Beispiel Verkäuferin in einem Modegeschäft. Das hat ja zumindest ein bisschen mit Ihrem Studium zu tun, nicht wahr?« Oder Bürohilfe, da könne ich wenigstens schreiben. Einen Job als Journalistin würde ich über das Arbeitsamt definitiv nicht finden. Da könne er leider auch nichts weiter machen.

Ich betonte, dass meine Situation definitiv nur vorübergehend so sei und dass ich bereits einige Bewerbungen verschickt hätte und gleich heute weitere verschicken würde. Als wenn ich mich hätte rechtfertigen müssen! Ich verabschiedete mich dann höflich, aber zügig, weil ich da keine Sekunde länger sein wollte.

Ich hatte mich auf weitere Praktika, auf Volontariate, auf freie Mitarbeit, natürlich auch auf feste Anstellungen beworben. Jeden Tag habe ich auf die Post gewartet. Nur drei Bewerbungen kamen mit Absagen zurück (»Vielen Dank für die Zusendung Ihrer Bewerbung und das damit ausgedrückte Interesse an unserem Unternehmen. Aktuell haben wir leider keine Vakanz. Ihr Einverständnis voraussetzend möchten wir Ihre Unterlagen jedoch behalten und auf Sie zurückkommen, sobald sich etwas Neues ergibt. Wir bitten daher noch um ein wenig Geduld und verbleiben mit freundlichen Grüßen.«).

Vom Arbeitsamt hatte ich nach vier Wochen immer noch nichts gehört, ich wurde zunehmend nervöser. Das Geld, das mir mein Studentenjob im vergangenen Jahr eingebracht hatte, war verbraucht. Ich vertröstete meinen verständnisvollen Vermieter (noch mal vielen Dank!) wegen der Februarmiete und musste die Schule um Aufschub der vereinbarten ersten

Rate bitten. Kleinlaut rief ich dort an (»… aus dem letzten Jahrgang … doch, der Abschlussjahrgang … ja, ich weiß! … es ist mir ja auch unangenehm …«).

Bis das Geld vom Arbeitsamt endlich verspätet auf meinem Konto angekommen war, brachte ich Pfandflaschen in Penny-Tüten weg, wovon ich Reis, Nudeln und Toast kaufte, die ich mit Ketchup aß. Meine Freundinnen luden mich zu sich nach Hause zum Abendbrot ein (»Ich habe viel zu viel gekocht, das schaffe ich niemals. Nein, echt nicht.«). Ich hatte wirklich absolut kein Geld mehr und dazu bodenlose Angst.

Besonders oft war ich bei meiner Ex-Kommilitonin Filiz, die in der Kneipe ihres Freundes arbeitete. Sie war in einer ähnlichen Situation wie ich, wusste zwar, in welche Richtung es gehen sollte, hatte aber bisher zu wenig dafür getan. Während der Wind den Regen ans Fenster peitschte, schmiedeten wir Pläne. Eine Bar am Strand usw. Wir beruhigten uns gegenseitig, genau wie vor den Prüfungen. War das wirklich erst ein paar Wochen her? »Eigentlich doch kein Grund zur Panik«, hat Filiz immer gesagt, »wir haben noch nicht einmal unsere Zeugnisse bekommen, mit denen wir uns bewerben könnten. Wir sind doch gerade erst fertig. Das nennt man Bewerbungsphase.«

Es tat so gut, das von ihr zu hören. Gerade weil in ein paar Tagen die Zeugnisvergabe meiner Schule stattfinden würde. Ein letztes Wiedersehen mit den Kommilitonen und Dozenten, die offizielle Verabschiedung des Jahrgangs unter Anwesenheit von Freunden und Verwandten. Fast wie eine Beerdigung.

Auch meine Eltern hatten sich angekündigt. Ich hatte Angst vor ihren Fragen und vor denen der Dozenten nach meinem nächsten Schritt in eine erfolgreiche Zukunft. Vielleicht auch davor, dass jene Kommilitonen in der Überzahl sein würden, die sich in den Monaten vor den Abschlussprüfungen – im

Gegensatz zu mir – damit beschäftigt hatten, wie ihr Leben weitergehen würde. Und dass ich am Ende die Einzige sein könnte, die bereits im ersten Monat nach den Prüfungen Hartz IV bezieht. Aber die Angst vor der Feierstunde stellte sich als unberechtigt heraus. Die Klappstuhlreihen vor der Bühne waren nur halbvoll. Viele Dozenten hatten sich als krank entschuldigen lassen.

Nacheinander wurden wir dann auf die Bühne gerufen, bekamen eine rote Rose und das Zeugnis überreicht. Wer seine Raten noch nicht bezahlt hatte, erhielt nur eine Kopie. Ich war nicht die Einzige. Danach Salzstangen und zwei Platten belegte Brötchen. Das war alles. Die Ersten machten sich schon wieder auf den Weg, und ich war nicht unglücklich, als die aufgereihten Stühle wieder zusammengeklappt und in die Ecke geräumt wurden.

Das, was Filiz »Bewerbungsphase« nannte, hielt noch bis zum März an. Ich nahm in der Zeit kleinere Tagesjobs an, um irgendetwas zu tun, außer Bewerbungen zu schreiben oder auf die Post zu warten. Kleinere Promotion-Jobs, Schokoriegel verteilen für Banken und Discount-Läden.

Anfang April bekam ich dann einen Anruf von Herrn Schumann. Er war Ressortleiter einer bekannten Zeitung und sagte, dass er gerade meine Bewerbung in der Hand halten würde, und ob ich nicht Lust auf ein Praktikum in seiner Redaktion hätte. Ich lag gerade im Bett und hoffte, dass er das Rascheln meiner Bettdecke überhören und keinen Rückzieher machen würde. Ich sagte »Wow!« und war wirklich außer mir vor Freunde, auch wenn das Praktikum zeitlich begrenzt und nicht gut bezahlt war. Egal. Trotzdem ganz geil, denn das Ressort der Zeitung war bekannt für seine innovativen, witzigen Texte und würde sich gut in meinem Lebenslauf machen.

Für ein paar Monate wurde ich Mitglied einer unglaublich netten Redaktion, durfte eigene Texte schreiben, unter denen mein Name stand. Und es war Frühling. Jeden Morgen fuhr ich mit dem Fahrrad über den Kiez zum Verlag und hörte »Sultans of Swing« von den Dire Straits.

Gut, der Übergang ins Berufsleben hat vielleicht nicht nahtlos geklappt, und ich hatte versäumt, mich rechtzeitig auf die Phase nach dem Studium vorzubereiten. Jetzt bin ich mittendrin in der Realität, ohne Netz und ohne doppelten Boden und weiß inzwischen, wie es ist, Angst vor dem Morgen zu haben. Aber dieses Praktikum ist jetzt vielleicht der Anfang. So habe ich vor einem Jahr noch gedacht.

Vom Alles-Schlucker

Den Büroschlüssel händigt man mir aus, nachdem ich etwa einen Monat für die Hotline als OP von zu Hause aus gearbeitet habe. Die Gespräche habe ich so weit unbeschadet überstanden, und der Verrechnungsscheck mit meinem ersten Gehalt kommt pünktlich. Ich habe nun das erste Mal feste Bürozeiten eingetragen und freue mich darüber, endlich wieder einen Weg zur Arbeit zu haben. Das fühlt sich wenigstens ein bisschen nach einem Plan an.

Meine erste Schicht fällt auf eine Montagnacht. Draußen ist es schon dunkel, als ich das Büro aufschließe. Der Raum liegt verlassen vor mir. Nur ein paar Geräte blinken. Mein Schatten zeichnet sich an der Wand ab, bevor ich das Deckenlicht anknipse. Die Luft riecht nach kalter Asche und billigem Raumspray. Könnte vielleicht auch Chris' Parfüm sein.

Normalerweise hätte mich hier eine andere Service-OP begrüßt, die ich nun ablösen sollte. Sie hätte mich vielleicht noch eine halbe Stunde begleiten können. Aber Chris hat mich vorhin angerufen und gesagt, dass die Kollegin krank geworden sei und dass das Büro in Leipzig für vier Stunden den Service übernimmt. Ich solle mich also nicht über ein menschenleeres Büro wundern.

Ich muss zugeben, dass ich nervös bin. Das erste Mal würde ich die ganze Nacht am Stück eingewählt sein. Ich drehe die Heizung an. Die Jalousien lasse ich unten und knipse zusätzlich noch alle Schreibtischlampen an. Je mehr Licht, desto besser. Dann fahre ich den Computer hoch, ein staubig klingendes Surren, und verteile meinen Tascheninhalt auf einem der Schreibtische. Etwas zu essen, etwas zu lesen,

Nagellack und ein Liter Cola. Vor mir liegen sieben lange Stunden.

Eigentlich bin ich überhaupt kein Nachtmensch und brauche mindestens neun Stunden Schlaf, um überhaupt einigermaßen zu funktionieren. Keine Ahnung, wie ich es schaffen will, andere Frauen nachts um vier zu anregenden, langen Gesprächen zu motivieren, wenn ich selbst mit meiner Müdigkeit kämpfe. Ich habe noch nie zuvor nachts gearbeitet. »Hoffentlich wählen sich heute überhaupt ausreichend Frauen ein. Ich habe wenig Lust, dass die Gespräche an mir hängenbleiben«, denke ich, als ich mich vor den Schreibtisch setze. Sobald die Programme hochgefahren sind, ertönt die Warteschleife mit den Intros der eingewählten Kunden. Es ist ein gutes Gefühl, sie wieder nur über Lautsprecher zu hören. Mit mehr Abstand.

Ich bin ziemlich verunsichert darüber, wie die Reaktionen der Frauen ausfallen werden. Was ist, wenn sie mich nicht akzeptieren? Sogar über mein Intro zerbreche ich mir den Kopf und halte ein charmantes, aber zurückhaltendes »Einen wunderschönen guten Abend« schließlich für angemessen. Irgendwie ist es merkwürdig, zum ersten Mal allein vor den Geräten zu sitzen. Ob Katharina und Emily meine Aufregung verstehen könnten, wenn ich sie jetzt anrufen würde?

Ich lege mir Zettel und Stift zurecht und behalte die Uhr im Auge. Ich warte ab, bis ich um zehn Uhr höre, wie eine Frauenstimme sich verabschiedet und ankündigt, dass nun »die Kollegin aus Hamburg übernimmt«. Wohl Leipzig oder Mannheim. Ich warte noch zwei Minuten, in denen ich mir Stichworte notiere und probeweise ein paar Sätze in den Raum spreche. Dann gibt es nichts mehr, was ich vorbereiten könnte. Ich bemühe mich, das Zittern in meiner Stimme zu verbergen und ganz souverän zu klingen.

»Hallo, ihr Lieben, es ist 18.00 Uhr, und hier meldet sich

Marie aus dem Hauptbüro. Wundert euch bitte nicht, ich habe heute meinen ersten Abend als Service-OP. Ich habe mit Emily und Katharina schon ein paarmal hier gesessen und euch zugehört. Also, verzeiht mir bitte mögliche Anfängerfehler und gebt mir gerne Feedback, was ich besser machen kann.« Ich hoffe, ich höre mich nicht zu glatt an. »Und nun benötige ich bitte noch von allen OPs, auch von denen, die schon länger eingewählt sind, eine Rückmeldung mit den letzten drei Ziffern eurer PINs, weil eine neue Schicht angefangen hat. Ich bedanke mich und freue mich auf die nächsten Stunden. Ach ja, Infos nehme ich natürlich auch immer gerne entgegen.« War das in Ordnung? Mir bleibt nichts anderes übrig, als auf die Reaktionen der Frauen zu warten. Immerhin habe ich es geschafft, unter einer Minute zu bleiben.

Gespannt schaue ich auf den Bildschirm. Dort kann ich nun nachverfolgen, ob meine Nachricht von den einzelnen Frauen abgerufen wird. In ihren Ports, also den Balken mit der persönlichen PIN-Nummer der Frauen, werden die Pfeil-Symbole sichtbar, sobald sie meine Rückmeldung abhört. Wenn die drei kleinen Pfeile in ihren Ports nach links weisen (»<<<«), zeigt mir das, dass die Frau mir antwortet und eine Nachricht auf dem Weg zurück zu mir ist. Zusätzlich wird mir am Computer die PIN-Nummer der OP angezeigt, von der ich gerade eine Nachricht abhöre.

Theoretisch ganz einfach, aber jetzt gerade sieht das alles wieder sehr kompliziert aus. Überall sind irgendwelche Zeichen. Ich weiß gar nicht, wohin ich zuerst gucken soll. Unruhig rutsche ich auf meinem Stuhl hin und her. Ich habe den Überblick verloren. Und da rollt die erste Welle an Rückmeldungen an, wie angefordert. Fünfzehn OPs wollen fast gleichzeitig antworten. Die Nachrichten folgen Schlag auf Schlag.

»Hallo, du, schön, dich kennenzulernen. Ich bin Katrin, ich

melde mich mit der 730 zurück und wünsche dir einen guten Start.«

Die nächste, bitte.

»Guten Abend. Schön, mal eine neue Stimme zu hören. Die 629 ist meine PIN, und ich habe mich gerade erst neu eingewählt. Deswegen habe ich leider noch keine Infos für dich. Viel Spaß und bis später.«

Sie hören sich bisher alle ganz nett an. Ich notiere die PIN-Nummern, so wie Emily es mir gezeigt hat, in die dafür vorgesehene Liste. Dann ist es wieder ganz ruhig. Bis auf die Intros der Männer natürlich. Die werde ich jetzt sieben Stunden lang nonstop hören, kann sie nur leiser oder lauter stellen. Aber ich habe vorerst Pause. Es gibt nichts zu tun, bis ich mich entscheide, die nächste Rückmeldung zu versenden.

Na also, war doch bisher gar nicht so schlimm. Ich halte mich einfach stur an die Regeln und lasse immer schön mit vielen neuen Infos zu den Männern oder mit einem aufmunternden Wettbewerb von mir hören. Dabei versuche ich, sachlich und freundlich zu klingen. Denn nichts finde ich schlimmer, als mit den Frauen so zu reden wie mit einem Mann. Das habe ich an vielen Abenden in den letzten Wochen selbst feststellen können.

Nicole ist beispielsweise so eine, die ihre Rückmeldungen ebenso gut an die Männer schicken könnte. Völlig überdreht klingt ihre Stimme, als hätte sie zu viel Zucker gegessen. »Hallo, ihr Süßen. Na, was macht ihr gerade? Liegt ihr einsam in euren Betten und macht euch warme Gedanken oder stellt ihr euch vor, was ihr alles Schlimmes mit den Männern anstellen könntet? Ich jedenfalls weiß das gaaanz genau.« Und dann lacht sie so grell.

Das ist irgendwann enorm anstrengend. Man möchte doch lieber eine klare, feste Stimme hören, eine, die informiert, und keine, die sich selbst anbietet.

Idealerweise sollte es so sein, dass die Stimme der Service-OP einen an die Hand nimmt und durch die Nacht führt. Sie kann als einzige weibliche Stimme weit und breit manchmal wie ein Rettungsanker sein. Man fühlt sich weniger allein, ist ein bisschen beruhigt in dem Wissen, dass da draußen um die Uhrzeit noch jemand ist. Jemand, der einen im Blick hat. Ich weiß jetzt, wie das ist.

Schnell stelle ich fest, dass mit Voranschreiten der Nacht die Pausen, in denen nichts zu tun ist, immer länger werden. Ich könnte natürlich zusätzlich jederzeit mit den Männern in Kontakt treten. Und sie können mich erreichen, wie sie jede andere Frau auch erreichen können.

Das Verhältnis von männlichen Kunden zu eingewählten Frauen ist an diesem Abend bisher ausgeglichen. Ich kriege alles ganz gut hin, habe viel zu tun, ohne mich zu sehr zu stressen, und komme gar nicht in die Verlegenheit, mit den Männern telefonieren zu müssen. Ich darf Katharina heute Nacht jederzeit auf dem Handy anrufen. Das hat sie mir angeboten, falls ich Fragen habe oder es Probleme gibt. Sieht aber gerade nicht danach aus. Die Männer sind friedlich, und die Frauen brav und emsig wie Bienen. Und ich bin ihre Königin. Ich gönne mir eine erste Zigarettenpause, rauche aber lieber am offenen Fenster statt drüben im Bad. Ich puste den warmen Rauch an der Jalousie vorbei in die Nacht. Die Straßen sind nass und nur schwach beleuchtet. Auch sie haben endlich ihre Ruhe, weil niemand mehr auf ihnen herumläuft.

Mit jeder Rückmeldung an die Frauen werde ich sicherer. Ich lerne anhand der Nachrichten einige OPs besser kennen. Je später es wird, desto mehr erfahre ich. Svenja zum Beispiel, die sich die Nächte um die Ohren schlägt, um ihren Freund nach dessen Firmenpleite finanziell zu unterstützen. Oder Michaela aus Berlin. Tagsüber arbeitet sie in einem Möbelhaus und legt das bisschen Geld, das sie viermal die Woche immer eine Stunde vor und eine Stunde nach dem Abendessen verdient, in einem Sparbuch für ihre Enkel an.

Viele der OPs, die ich ab heute kennenlernen werde, halten der Hotline seit vielen, vielen Monaten oder sogar schon seit Jahren die Treue. Das hatte ich nicht erwartet. Es bestätigt aber auch Emilys Behauptung, die Hotline sei früher harmloser gewesen als heute. Denn niemand würde es so lange auf einer Hardcore-Line aushalten, da bin ich mir sicher.

Bis ein, zwei Uhr bin ich vollkommen wach und aufmerksam. Alarmbereit wie ein Erdmännchen hocke ich vor meinem Bildschirm, beobachte Aktionen und Reaktionen, deute Balken und Zahlen, trage immer wieder den Beginn einer neuen Stunde ein, notiere Informationen über die Männer, die mir die Frauen zutragen, und gebe sie weiter. Ich bin im ständigen Austausch mit den Frauen. Bisher macht es sogar richtig Spaß. Ist wirklich ein bisschen wie im Radio auf Sendung. Ich bin froh, dass ich durch meine Hauptaufgabe, nämlich die Frauen zu unterstützen, weniger mit den Männern telefoniere. Ich muss sogar darauf achten, dass die Gespräche nicht ausschweifen. Wenn ich mich länger als eine halbe Stunde nicht bei den OPs zurückmelde, fällt ihnen das auf. Außerdem möchte ich nicht, dass die Frauen denken, ich würde ihnen die Arbeit wegnehmen. Ich weiß, dass sie dringender auf die Gespräche angewiesen sind als ich mit meinem Grundgehalt.

Gegen halb zwei wird es dann ruhiger. Weniger Frauen, weniger Männer und mehr Übersicht. Weniger Rückmeldungen. Mehr Pausen. Ich sollte mir noch meine Cola holen, denn ich merke, dass die zu erwartenden Müdigkeitsanfälle langsam zunehmend schwieriger abzuwehren sind. Ich wende meinen Blick immer öfter vom Bildschirm und hole meine Zeitschrift raus. Aber das Lesen und das monotone Geräusch beim Umblättern der Seiten machen mich noch schläfriger. Ich schaue alle fünf Minuten auf die Uhr.

Als ich die nächste Rückmeldung durchgeben muss, stelle ich beunruhigt fest, dass wir nur noch vier und kurz darauf sogar nur noch drei Frauen sind, mich mitgerechnet. Ich kann kaum noch auf den Bildschirm schauen, die Zahlen flirren vor meinen Augen, und die Balken verrutschen immer mehr. Dazu die einschläfernde Dauerschleife mit den Intros der Männer, die ohne Pause rotiert. Ein Fließband mit Namen. Es ist wie Schäfchenzählen im Kreisverkehr, macht einfach müde. Deswegen stelle ich die Männer lauter, fast zu laut, und stehe dabei abrupt auf, wie um mich selbst zu wecken. Ich laufe ein bisschen im Zimmer umher, schalte zusätzlich noch das Radio leise ein und gehe in die Teeküche, zum Kühlschrank. Die Tür rechts von mir steht offen, so dass ich einen Teil des dunklen Flurs erkennen kann. Ich habe die vordere Tür abgeschlossen, sonst würde ich mich jetzt nicht sicher fühlen. Schließlich bin ich ja gerade der einzige Mensch im ganzen Gebäude. Und da draußen sieht jeder, dass hier oben noch Licht brennt. Ich glaube, ich würde einen Herzinfarkt bekommen, wenn plötzlich jemand an der gläsernen Eingangstür rüttelte. Ich lausche. Hier oben im sechsten Stock hört sich der Wind besonders laut an. Er spielt sich gerade auf, als wäre er ein Orkan, aber das glaube ich ihm nicht. Schnell zurück in die Bürohöhle.

»Ladys, lasst hören« ruft mich an, und der Wind lässt jetzt sogar die Telefonleitung ächzen. Ich ignoriere beides, den Anrufer und das Knacken in der Leitung, auch wenn ich heute noch kein einziges Kundengespräch geführt habe. Mein Durchschnitt wird morgen nicht gerade besonders gut aussehen, falls Chris ihn überhaupt kontrolliert. Mal tut sie es, mal tut sie es nicht. Das weiß ich von Katharina. Außerdem ist heute mein erster Abend. Ich gehe mit meinem Becher zurück vor den Computer und versuche, mich für die letzten Stunden bis zum Schichtende zu motivieren. Ich lasse Deckenlicht und Radio an, um mich wach zu halten.

Als ich mich wieder dem Monitor zuwende, erkenne ich anhand der PIN-Codes und der wenigen roten Balken, dass außer mir nur noch eine einzige OP eingewählt ist, die zudem gerade im Gespräch mit »Ladys, lasst hören« ist, dem Typen, den ich eben ignoriert habe. Der nächste Kunde, der sich einwählt, würde also definitiv meiner sein. Ich nehme einen kräftigen Schluck Cola und beobachte an der Flasche vorbei den Monitor. Da tut sich etwas in dem grünen Balken oben links. Ich schaue auf die Uhr. Was sind das wohl für Männer, die sich nachts um vier einwählen?

Ich warte ab, bis ich sein Intro in der Warteschleife hören kann. Es jagt mir eine Gänsehaut über den Arm. Automatisch setze ich mich aufrecht hin, um selbstbewusst zu klingen. Keine halbe Minute später ruft mich »Alles-Schlucker« an.

Mit seiner hellen Stimme erinnert er mich an Mr. Pommeroy aus *Dinner for One*. Ganz höflich erkundigt er sich, ob ich einen schönen Abend habe. Er klingt vorsichtig und ganz wach.

»Ja, bisher schon«, sage ich. Zum ersten Mal stelle ich mir die Frage, ob man als Kunde vielleicht genauso Angst davor haben kann, mit einer fremden Frau zu sprechen, wie es andersherum manchmal der Fall ist.

»Alles-Schlucker« will mir seinen richtigen Namen nicht verraten, tut ja eigentlich auch nichts zur Sache, und tastet sich dann behutsam, Schritt für Schritt, zum Grund seines Anrufs vor. Die Worte spricht er mit Bedacht aus. Er testet mich. Ganz vorsichtig fragt er, ob ich bereit wäre, ihn zu füttern.

Mir schwant Ekliges, und ich sage: »Na ja, das kommt darauf an, womit du gefüttert werden willst.« Hey, das klang sogar ganz lässig. Angespannt drücke ich den Hörer an mein Ohr und warte auf seine Antwort.

»Ich habe so einen Heißhunger. Vielleicht könnten Sie mal nachschauen, ob Sie etwas für mich haben, was Sie sonst wegschmeißen würden.«

Mir gefällt es, dass er mich siezt. Ich stufe ihn für mich als harmlos ein. Wenn ich ihn richtig verstanden habe, möchte er jetzt, dass ich ihn mit Müll füttere. Ist das wirklich sein Ernst? Das ist es. Und ich beschließe, mich auf ihn einzulassen. Meine Angst und meine Müdigkeit sind wie weggeblasen. Mein Blick schweift suchend durchs Büro und bleibt am Mülleimer haften. »Ich habe vorhin gebratene Nudeln gegessen und nicht alles geschafft«, schlage ich etwas ratlos vor. »Der Rest liegt im Küchenmüll. Hunger?«

Das ist das richtige Stichwort. Er freut sich, weil ich offensichtlich wirklich schnell erkannt habe, was er sucht. Ich befehle ihm also, den Mülleimer zu durchwühlen, während ich mich Stück für Stück tiefer in seine Phantasien hineingrabe.

Erst tut er nur so, als wenn er schnuppert, und beschreibt die Gerüche. Dann beginnt er, quasi am Müll zu lecken. Und ehe ich mich's versehe, landet alles – schwupps – in seinem Mund. Als Appetizer gibt es gammelige Essensreste.

Ich kann mir die Frage »Wie bist du denn drauf?« nicht verkneifen. Aber mein Ekel steigert seine Gier.

Als Hauptgang möchte er, dass ich ihm Müll aus dem Badezimmer serviere. Ich kredenze gebrauchte Binden und Tampons, weggeworfene Taschentücher und alte Pflaster, gerne blutig oder eitrig.

Er macht schmatzende Geräusche und sagt: »Mhh, lecker, mehr davon bitte, mhhh, ich kann gar nicht genug bekommen.« Ich fühle so eine merkwürdige Mischung aus Ekel, Belustigung und Erstaunen. Aber ich breche nicht ab, das wäre jetzt unfair. Er ist noch nicht satt und meine Grenze noch nicht überschritten.

Den Abschluss unseres Drei-Gänge-Menüs bildet das Toilettendessert. Er möchte mein vollgeschissenes Klo mit seinem Schwanz und seiner Zunge gründlich säubern. Wenn ich jetzt kotzen würde, wäre das für ihn wahrscheinlich der ultimative Kick. Aber es geht, wenn man sich darauf einlässt, ohne sich zu viele Gedanken zu machen. Vielleicht funktionieren solche Gespräche auch nur nachts. Ein bisschen erstaunt bin ich schon über mich. Die Worte kommen einfach so aus mir heraus, wie ganz von selbst. Ich sage Dinge, die ich zuvor noch nicht einmal gedacht hätte, von denen ich gar nicht wusste, dass es sie gibt.

Es dauert eine knappe Dreiviertelstunde, bis »Alles-Schlucker« offensichtlich kugelrund und zufrieden ist und sich höflich bei mir bedankt. »Na, dann mal gute Nacht. Vielen Dank und vielleicht bis bald.«

Es scheint sich mit den skurrileren Kunden wie mit Zombies zu verhalten: Sie kommen erst bei Nacht heraus. Das Gespräch hinterlässt mich verwirrt, fast als hätte ich es nur geträumt. Und ich bin froh, als die Morgendämmerung einsetzt und sich durch den Stoff der Jalousien hindurch der neue Tag erahnen lässt. Wie in Trance packe ich meine Sachen zusammen, trinke noch einen Schluck Cola und setze mich auf die Fensterbank, wo ich die zwanzig Minuten abwarte, bis es Punkt fünf Uhr ist. Unten auf der Straße huscht der erste Mensch durch die Kälte zur Arbeit, und ich fühle mich nicht mehr allein. Kein einziger Mann ist mehr eingewählt, die einzige verbleibende OP und ich hören den Italo-Beat, der auch beim Einwählen ertönt, kurz bevor einen die Computerstimme auffordert, die PIN einzugeben.

Dann stehe ich auf, schalte das Licht aus und öffne die Fenster. Zeitgleich ergreift eine Mischung aus Morgenkälte, Müdigkeit und ein bisschen Hunger von mir Besitz.

Um kurz nach fünf steige ich endlich in die erste U-Bahn, die mich fast bis vor die Haustür fährt. Für die nächsten Stunden ist die Hotline ohne Aufsicht. Zwischen fünf und sechs Uhr findet kein Service auf der Hotline statt, weil um diese Zeit nicht viele Männer anrufen. Die Frauen sind dann ganz auf sich gestellt. Es gibt keine Regeln. Die Logik verstehe ich nicht ganz und finde, dass der Service eigentlich auch bis drei Uhr ausreichen würde.

Als ich gegen zwanzig vor sechs endlich ins Bett falle, bin ich todmüde. Es piept in meinen Ohren, und mir brennen die Augen. Die Stille in meinem Zimmer tut gut. Ich versuche abzuschalten und verkrieche mich unter meiner Decke. Die Dunkelheit umschließt mich gnädig. Wie Feuer lodern die Bilder vor meinen geschlossenen Augen: überdimensionale Comic-Müllcontainer mit riesigen Mündern und Schnurrbärten, die meine Klamotten essen wollen. Stück für Stück ziehe ich mich im Traum aus und werfe die Kleidungsstücke zwischen die spitzen Zähne, die sie augenblicklich zerfetzen. Auch meine Haut wollen sie. Und ich renne und renne.

Als ich nachmittags gegen zwei Uhr aufwache, fühle ich mich, als hätte ich keine Sekunde geschlafen. Meine Schlafsachen sind so durchgeschwitzt, dass ich sie auswringen könnte, und die Haut an meinen Fingern ist ganz schrumpelig. Sogar unter den Nägeln, so fühlt es sich zumindest an. Ich beschließe, heute erst einmal eine Pause zu machen und zu versuchen, an gar nichts zu denken.

Sara sitzt am Küchentisch, als ich durch die Tür schlurfe, und schaut mich amüsiert über den Rand ihres Laptops an.

»Na, lange Nacht?« Sie beobachtet mich, wie ich mit wilden Haaren zielstrebig auf die Kaffeemaschine zusteuere.

Ich ringe mir ein müdes Lächeln ab, nehme einen Becher aus dem Regal über der Spüle und fülle ihn mit dem Rest Kaffee, den Sara mir übrig gelassen hat. »Erste Nachtschicht«, antworte ich in ihre Richtung, hole Milch aus dem Kühlschrank und setze mich dann zu ihr. Sie schiebt ihre Arbeit zur Seite und schaut mich neugierig an.

Ich erzähle ihr kurz von »Alles-Schlucker« und füge schnell hinzu, dass es aber okay gewesen sei. Nur der Rhythmus sei eben ungewohnt, an die Nachtschichten müsse ich mich wohl erst noch gewöhnen. Ich schaue Sara ins Gesicht. Bilde ich mir das ein oder sehe ich da etwa Mitleid?

Sie sagt, dass sie unbedingt einmal mithören möchte und mich ja vielleicht besuchen kommen könnte im Büro. Ich sage ihr, dass mich das freuen würde.

Ich beschließe, meinen Kaffee in der Badewanne weiterzutrinken, und ziehe um. Während ich genüsslich in der *Gala* blättere, höre ich, wie Sara nebenan mit ihrer Mutter telefoniert. Ich trage eine Gesichtsmaske auf und massiere mir eine Kur ins Haar, dann tauche ich unter.

Ich frühstücke ausgiebig im Bademantel und telefoniere kurz mit meinem Freund, um mich mit ihm für später zu verabreden. Zwischen uns gibt es mittlerweile eine unausgesprochene Abmachung: Er stellt mir kaum Fragen, damit ich nur wenige Antworten geben muss. Ich weiß nicht, wie ich das finden soll. Fast ist mir seine riesengroße Toleranz ein bisschen unheimlich.

Dann ziehe ich mein graues Kleid und meine beigefarbenen Stiefel an und mache mich auf den kurzen Weg in die Werbeagentur, für die ich zwar sehr unregelmäßig, aber dafür extrem gerne arbeite. Die Agentur ist ein Überbleibsel aus der Yuppie-Ära, und eigentlich gehört sie nicht in dieses Viertel, genauso wenig wie das neue Möwenpick-Hotel und die geplante McDonald's-Filiale. Es entstehen immer mehr und immer teurere Gebäude aus Glas und Stahl, und immer weniger Anwohner können es sich leisten, hier zu bleiben, obwohl ihr Herz an St. Pauli hängt.

Die Menschen in der Kreativabteilung, also die Leute, mit denen ich zu tun habe, sind alle nett und entspannt. Ihre Arbeit scheint ihnen Spaß zu machen, und meistens sehen sie dabei auch noch sexy aus. Ich habe schon einmal nachgefragt, wie es mit freier Mitarbeit ausschaut oder mit einem Praktikum. Der Chef ist Mitte fünfzig, und man sieht ihm an, dass er viel lacht. Über den Rand seiner Gleitsichtbrille hinweg hat er mich angeschaut.

»Du weißt, dass wir dich sofort für ein Praktikum einstellen würden, wir kennen uns ja nun auch schon seit über einem Jahr. Du bist immer mal wieder hier. Das Problem ist, dass wir dir kaum Geld dafür zahlen können, das ist nicht vorgesehen. Höchstens das Essensgeld.«

Ich fand das zum Schreien ungerecht, habe mir die Frage aber verkniffen, wie ich bitte meine Miete bezahlen soll, wenn ich im Monat zweihundert Euro verdiene. Ich kann es mir nicht leisten, so wenig zu verdienen. Das Arbeitsamt würde außerdem selbst von diesem Hungerlohn noch einen Teil einbehalten. Leider ruft mich die Agentur nur unregelmäßig an, so etwa dreimal im Monat.

Alles ist hier ganz modern eingerichtet, überall schwarze Ledermöbel und Apple-Laptops. Claire, die Projektleiterin, holt mich heute am Empfang ab.

»Schön, dich zu sehen. Wie geht es dir, was machst du? Schon was gefunden oder genießt du die Auszeit?« Sie ist klein und hat ganz lange, gepflegte schwarze Haare, die immer glänzen. Meistens trägt sie sie, wie heute, zum Zopf geflochten. Der schwingt gegen ihren Rücken, als sie vor mir hergeht. Wenn sie wüsste, dass ich gestern Nacht noch mit dem »Alles-Schlucker« telefoniert habe.

Ich sage: »Ich schaue mich gerade um. Kann ich nicht hier anfangen?« Und lache eine Spur zu laut, während wir über den gläsernen Flur laufen. Wir gehen vorbei an Auszeichnungen für Verpackungen und Namen, die in Vitrinen und auf weißen Sockeln stehen. Von irgendwoher dringt das Geräusch einer Kaffeemühle zu uns, eine dieser teuren Dinger, die auch in Cafés stehen. Die Agentur ist erfolgreich. Man kennt die Designs und Namen der Produkte, die sie im Auftrag von

Großkunden erstellt, aus der Werbung. Marmelade, Staubsauger, Kekse, Kopfschmerztabletten.

Claire dreht sich zu mir um und fragt, ob ich mir vorstellen könne, ein weiteres Praktikum zu machen. Sie kann nicht ahnen, dass ich in diesem Moment schreien könnte.

Wie gerne würde ich ihr antworten: »Das kann ich mir nicht leisten. Ich bin fertig, ich will anfangen. Ihr seid doch der Markt!« Aber der Markt braucht mich nicht. Nur ab und zu mal, für zehn Euro die Stunde.

Wir betreten das kleine Büro mit den schwarzen Ledermöbeln. An dem großen Tisch, natürlich auch aus Glas, sitzen schon vier andere Leute, die ich bereits von anderen Sitzungen her kenne. Sie lächeln und grüßen, und fast ist es, als hätte man sich mit Bekannten zum Kaffeetrinken verabredet. Wie toll wäre es, in so einem kreativen Büro zu arbeiten? Wo vorne die Flipcharts stehen und auf den Tischen Schokokekse und Latte-macchiato-Gläser.

Was nun folgt, ist eine Art zweistündiges Brainstorming. Das nennt sich Naming und dient der Entwicklung von Produktnamen. Heute geht es um einen Cappuccino.

»Der Auftraggeber hat eine neue Geschmacksrichtung entwickelt und braucht nun noch einen schneidigen Namen. Was fällt euch zum Thema Italien ein. Was fühlt ihr, wenn ihr an Italien denkt?« Claire kommt kaum hinterher mit dem Mitschreiben an ihrer Tafel. Amor-Chino, Crema Bellissima, Latte italiano. Egal, wie albern sich die Kreationen anfangs anhören, irgendwann kennt sie fast jeder aus der Werbung.

Nach zwei Stunden habe ich zwanzig Euro verdient. Für die Agentur ein Schnäppchen, für mich gerade genug, um einmal den Kühlschrank zu füllen. Von dem Geld, das ich in meinem ersten Monat auf der Hotline verdient habe, gut fünfhundert Euro, ist fast nichts mehr übrig. Aber bald würde es mehr werden. Wenn ich in Zukunft insgesamt mit allen Jobs auf achthundert Euro monatlich komme, bin ich schon zufrieden.

Am Abend backen wir Pizza. Mein Freund kommt öfter zu mir als ich zu ihm, weil seine Wohnung nicht so gemütlich ist und sie dort außerdem zu dritt wohnen. Wir sind erst seit anderthalb Jahren zusammen, noch wie frisch verliebt. Ich spüre, dass es mit ihm etwas ganz Großes ist.

Er erkundigt sich nach der letzten Nacht und danach, wie es so war allein im Büro. Er wendet dabei nicht den Blick vom Kochtopf ab, rührt weiter in den Tomatenstückchen. Ich spüre, dass das seine einzige Frage zum Thema Nachtschicht bleiben würde, und glaube, dass er auch die nur aus Höflichkeit stellt. Eine ausführliche Reportage scheint er nicht zu erwarten. Dabei war es doch für mich das erste Mal.

Ich sitze am Küchentisch und kämpfe gegen meine Zwiebeltränen, lege das Messer zur Seite und schaue auf seinen Rücken. Hellblauer Adidas-Pullover. Soll ich ihm wirklich vom »Alles-Schlucker« erzählen? Ich beschließe, nur anzureißen, was Inhalt unseres Gesprächs gewesen war. Ich will seine Reaktion bloß kurz testen, wissen, ob mehr Nachfragen kommen.

Er sagt: »Was für ein kranker Typ.« Er rührt weiter. Und fragt dann, ob ich es bis fünf Uhr gut durchgehalten habe. Dreht sich erst um, als ich merke, dass er mein Nicken nicht hören kann.

Es ist merkwürdig, aber fast möchte ich »Alles-Schlucker« in Schutz nehmen, möchte sagen, dass er nett und höflich war und dass es bestimmt nicht leicht ist, mit solchen Phantasien zu leben. Stattdessen lasse ich nur durchblicken, dass der Kampf gegen die Müdigkeit anstrengender war als das Gespräch selbst.

Später liegen wir aneinandergekuschelt in meinem Bett und schauen uns eine Musikdokumentation auf Arte an. Obwohl ich es eigentlich nicht vorhatte, muss ich das Thema Hotline noch einmal ansprechen. Es wurmt mich, dass der Mann, der mich liebt, kein Problem damit hat, dass ich mit fremden Männern telefoniere. Vielleicht auch, dass so wenige Fragen kommen wie heute. Also frage ich ihn, wie er das macht.

Er richtet sich neben mir auf. Mein Kopf, den er eben noch gekrault hat, rollt von seinem Bauch. »Soll ich etwa auf diese Art von Männern eifersüchtig sein? Schatz, ich bitte dich.«

Fast lacht er mich aus, und ich komme mir blöd vor, weil er wahrscheinlich recht hat. Wenn er mich »Schatz« nennt, ist er nicht einer Meinung mit mir. Er benutzt das Wort immer nur, um mich auf etwas aufmerksam zu machen. Wie wenn Eltern ihr Kind beim vollen Namen rufen, wenn es etwas falsch gemacht hat. Aber warum reden wir dann so selten? Warum stellt er nicht mehr Fragen? Würde das nicht jeder so machen?

Er legt meinen Kopf zurück auf seinen warmen Bauch, als er schon etwas sanfter hinterherschiebt: »Ich bin wirklich nicht eifersüchtig. Ich möchte mir nur selbst die Freiheit lassen, nicht alles erfahren zu müssen. Ich habe eben nicht das Bedürfnis, möglichst viele Details über diesen Job zu hören.«

Ich finde, dass sich das schon etwas anders anhört und dass mir diese Erklärung erst einmal reichen muss, wenn ich nicht anfangen will, ihn zu nerven und die Stimmung zu verderben. Ich nehme an, die wenigsten Partner würden so einen Job überhaupt tolerieren.

Zur nächsten Schicht möchte er mich begleiten, sagt er. »Ich bring dich hin, wenn du willst.« Ich weiche seinem Vorschlag aus, indem ich ihn darauf hinweise, dass Männer keinen Zutritt zum Büro haben.

Unten vor der Glastür zum Hausflur würde er zurückbleiben müssen und sich von mir verabschieden. Er würde mir noch viel Spaß wünschen und mich dann abgeben an die anderen.

Das denke ich, als ich seinen Atem an meinem Hals spüre. Am Treppenhausfenster im ersten Stock würde ich stehen bleiben und ihm und der Welt da draußen hinterherschauen, und das würde mir das Herz brechen. Dass er wirklich kein Problem mit dem Job hat und auch nicht eifersüchtig ist, sondern einfach Angst um mich haben könnte, auf den Gedanken komme ich nicht. Er geht davon aus, dass ich weiß, was ich tue. Weil ich es ihm so gesagt habe.

Albrecht

An die Nachtschichten kann ich mich wirklich nur schwer gewöhnen. Mehr als zwei, höchstens drei pro Woche schaffe ich nicht. Zweimal bin ich bisher schon im Büro mit dem Kopf auf dem Schreibtisch eingeschlafen. Ich habe das Gefühl, jede Nacht, in der ich arbeite, bringt mich für zwei Tage völlig aus dem Rhythmus.

Aber dafür habe ich jetzt meinen ersten Stammkunden. Hurra! Schon bevor ich das erste Mal mit ihm spreche, kenne ich seinen richtigen Namen, sein Alter, seinen Beruf und weiß, aus welcher Stadt er kommt. Ich kenne ihn nicht, aber ich weiß, wer er ist. Albrecht gehört nämlich schon seit Jahren praktisch zum Inventar der Hotline. Ein treuer Kunde, in guten wie in schlechten Zeiten. Sein Name ist schon ganz früh gefallen, Emily hat ihn einmal erwähnt. Sie hat mich gleich an unserem ersten gemeinsamen Abend regelrecht vor Albrecht gewarnt. Er ist nämlich früher ihr Stammkunde gewesen.

»Sei bei ihm bloß vorsichtig mit allem, was du über dich erzählst. Der merkt sich alles, jedes noch so kleine Detail.« Sie vermutet sogar, dass er zu Hause Karteikarten mit Informationen über die OPs anlegt, die ihn am meisten interessieren. »Er lernt seine Frauen auswendig«, hat Emily gesagt, und mir hat der Satz ein bisschen Angst gemacht. Ein richtiger Profiler also, ein Mann mit System. »Aber wenn er dich interessant findet, kann er penetrant werden. Genau deshalb hatte ich irgendwann keine Lust mehr auf ihn. Er hat mir aufgelauert und wollte sich unbedingt mit mir treffen. Verrat ihm bloß nichts über dich, was wahr ist. Nachher steht er bei dir vor der Tür.«

Als sie von ihm erzählte, hat sie an dieser Stelle eine kurze Pause gemacht, so als müsse sie überlegen, wie sie den Satz beenden sollte.

»Aber im Grunde ist er ein ganz netter Typ. Ach ja, und er hat eine wahnsinnig schöne, tiefe Stimme. Frag mal Doris, falls du sie kennst. Die ist öfter eingewählt, und Albrecht war auch mal einer ihrer Stammkunden. Ziemlich lange sogar.«

Tatsächlich ist Emily bei weitem nicht die Einzige, die schon ihre persönlichen Erfahrungen mit Albrecht gemacht hat. Fast jede Frau, mit der sich durch regelmäßigen Nachrichtenaustausch eine Art stockendes Gespräch entwickelt und die ich auf ihn anspreche, füttert mein Bild von ihm mit immer neuen Details. Es scheint, als könnte man ihn entweder nur lieben oder hassen.

»Ach, weißt du, bei uns war das so …« Die Geschichten über ihn fangen immer gleich an und klingen immer sehr persönlich, als würden die Frauen von der Beziehung zu ihrem Ex-Mann sprechen. Mir ist es unbegreiflich, wie ein Kunde über Jahre hinweg nicht kapiert, dass er nach Strich und Faden belogen wird, wie er von »Beziehung« und »Liebe« und »gebrochenem Herzen« sprechen kann. Man merkt doch spätestens nach ein paar Tagen, dass da etwas nicht stimmt und es sich hier nicht um wirklich interessierte Frauen handelt, mit denen man spricht. Wird man denn nicht stutzig, wenn die Traumfrau sich weigert, privat zu telefonieren, anstatt sich Tag für Tag auf der Hotline zu verabreden? Wird man nicht spätestens dann misstrauisch, wenn das geplante Treffen zum dritten Mal aus nur schwer verständlichen Gründen verschoben werden muss?

Anscheinend nicht, nicht im Fall von Albrecht. Vielleicht lässt er sich ja auch bewusst das Geld aus der Tasche ziehen, nur um weniger allein zu sein, um sich einer Illusion hinzugeben und mit der Vergänglichkeit des Augenblicks zufrieden zu sein. Seine längste »Beziehung« zu einer OP hielt über ein Jahr. Wie die Frau es geschafft hat, ihn so lange hinzuhalten, möchte ich gerne wissen. Mit Unterstellungen muss man vorsichtig sein, aber ich kann mir vorstellen, dass es Frauen gibt, die sich eine Zeitlang sogar privat mit den Kunden treffen. Für mich hat jeder Kunde ein Verfallsdatum.

Nach jeder weiteren »Trennung« meidet Albrecht die Hotline nicht etwa. Nein, vielmehr versucht er, seinen Schmerz durch Gespräche mit anderen Frauen, alten Bekannten oder neuen Opfern, zu verarbeiten. Bis er sich wieder verliebt. Ein schwer vorstellbarer Teufelskreis.

Ich befolge Emilys Rat und frage Doris, die sich Bella nennt. Ein paar freundliche Nachrichten hatten wir an einem der Abende bereits ausgetauscht. Sie war sogar die Erste, die auf eine Rückmeldung von mir richtig persönlich geantwortet hat. Ihr Intro klingt, als würde sie beim Sprechen an einem Sahnebonbon lutschen (»Mmmeld dich bitte, Bella.«). Ich glaube, wenn ich ein Mann wäre, würde ich sie anrufen. Ihre private Stimme ist im Gespräch genauso sinnlich wie im Intro. Ihr gelingt das Kunststück, trotzdem natürlich zu wirken. Eine Stimme zum Verlieben. Eine, für die man zahlt.

Wenn ich sage, dass ich mich mit den OPs unterhalte, meine ich damit keine richtigen Telefonate, sondern einen regen Austausch über Voicemail. Doris kann ja, wie jede andere OP auch, auf meine Rückmeldungen antworten, und ich kann dann wiederum auf ihre reagieren – ein Hin und Her wie beim Pingpongspielen. Während ich eine solche Voicemail aufspreche oder abhöre, kann ich übrigens nicht von einem Kunden zum Live-Gespräch aufgefordert werden. Je mehr Nachrichten Doris und ich also austauschen, desto schlechter sind wir aber auch für die Männer erreichbar.

Bekomme ich auf einmal keine Nachricht mehr von Doris, weiß ich, dass sie wahrscheinlich in einem Live-Gespräch ist.

Schon früh berichtet sie mir von Albrecht. Ich weiß nicht mehr, ob ich sie direkt nach ihm gefragt habe oder ob sie von selbst angefangen hat zu erzählen, als wir es gerade ganz allgemein von Stammkunden hatten. In ihren kurzen, einminütigen Nachrichten-Portionen lässt Doris durchblicken, dass Albrecht zwar ein wichtiger Stammkunde von ihr gewesen sei, dass sie inzwischen aber nicht mehr mit ihm spreche, sondern versuche, ihm aus dem Weg zu gehen. Deshalb wähle sie sich jetzt auch bevorzugt nachts ein, da sei er nicht aktiv.

Was für ein Umstand! Hat er sie wirklich so genervt?

»Länger als ein halbes Jahr ging das mit uns«, seufzt sie, und ich weiß nicht, wie ich das deuten soll.

Ich frage nach: »War das keine gute Zeit? War er verliebt und hat irgendwann genervt?« Während ich auf ihre Antwort warte, überlege ich, ob sich möglicherweise eine der Frauen schon einmal in die Stimme eines Mannes verliebt hat. Ob auch OPs süchtig werden können nach der Line.

Doris kommt in ihrer nächsten Nachricht richtig ins Schwärmen über Albrecht. »Er ist ein wirklich netter, gebildeter Mann. Anders als die anderen. Und ich konnte ihn monatelang halten. Ganz im Vertrauen, mich plagt noch immer ein schlechtes Gewissen, wenn ich an ihn und unsere Beziehung zurückdenke.«

Ich finde ja, auf der Hotline klingt die Formulierung »im Vertrauen« äußerst merkwürdig. Doris redet doch hier von einer rein beruflichen Beziehung. Oder nicht? Da sollten Gefühle – zumindest von ihrer Seite – außen vor bleiben. Sie sagt aber auch, dass Albrecht selbst schuld sei. So gebildet kann er auch wieder nicht sein. Ich meine, Doris spricht hier von sechs Monaten und täglichen Gesprächen. Ich überschlage noch Zahlen in meinem Kopf, als Doris sich wieder zurückmeldet.

»Albrecht verdient gut. Aber er hat schon mehr als einen

Kredit aufgenommen, um die Gespräche über die Line bezahlen zu können. Einen davon in Höhe von zwanzigtausend Euro. Aber nicht wegen mir! Wirklich! Er hatte ja noch längere Beziehungen, die teilweise sogar parallel liefen.«

Ich kann kaum glauben, was ich da höre. Albrecht muss jemand sein, der im richtigen Leben, wie viele unserer Kunden, gar nicht dazu in der Lage ist, eine normale Beziehung zu einer Frau aufzubauen. Ich speichere also Emilys Warnungen und Doris' Erzählungen ab und bin auf der Hut.

Was ich zu diesem Zeitpunkt noch nicht weiß, ist, dass Albrecht mich schon längst entdeckt hat. Ich habe sein Intro bisher nie gehört, weil er bei der Aufzeichnung keinen Namen nennt. Man hört als OP dann anstelle eines Intros nur ein kurzes Knacken wie bei einem Anruf ohne Nachricht auf der Mailbox. Albrecht möchte offensichtlich unerkannt bleiben. Er ist ein stiller Beobachter. Als er sicher ist, dass ich regelmäßig auf der Hotline bin, weil mein Intro immer wiederkehrt, schlägt er zu.

Ich bin gerade ausnahmsweise zu Hause eingewählt, und Katharina hat mir vorhin eine SMS geschickt: »Schau gerne vorbei, mir ist langweilig und ich werde noch bis fünf hier sitzen. Würde mich freuen, kurz von dir zu hören, falls du zu Hause bist.«

Wenn ich, so wie jetzt, keine festen Stunden angegeben habe, sondern spontan telefoniere, ist meine Stimme viel entspannter. Hier bin ich in vetrauter Umgebung. Mehr bei mir. Ich höre an Katharinas überraschter Stimme, dass sie nicht so bald mit meinem Rückruf gerechnet hat.

»Das ist ja toll, dass du dich gleich meldest«, freut sie sich. Offensichtlich hat sie Zeit und Lust auf einen Nachrichtenaustausch unter Freundinnen.

Ich mache es mir auf dem Bett bequem mit ganz vielen Kissen und einer Klatschzeitschrift, die ich zwischen unseren

Nachrichtenpausen durchblättere. Ich liege auf der Seite, den Telefonhörer zwischen Ohr und Kissen. Gerade überlege ich noch, ob ich ein Gespräch annehmen soll, weil ich ein paar Minuten nichts von Katharina gehört habe, da werde ich angerufen. Von dem Intro ohne Namen. »Anruf von …« Nix. Anonym. Ich zucke mit den Schultern, bleibe gemütlich liegen und nehme an.

Als ich das erste Mal sein »Hallo« höre, weiß ich gleich, dass er es ist. Diese Stimme! Ein wunderbarer Bariton. Augenblicklich werde ich nervös, vermutlich weil ich schon viel zu viel über ihn weiß. Ich habe das Gefühl, gar nicht mehr mit ihm reden zu müssen, um einen Eindruck von ihm zu bekommen.

Er zeigt sich interessiert und fragt: »Ich habe dich hier noch nie gehört, wie ist dein Name?«

Ich zögere, wie hatte ich mich doch gleich in meinem heutigen Intro genannt? Marie? Anna?

»Entschuldige, ich konnte es nur nicht genau verstehen, war es Marie oder Maria?«, hilft er mir auf die Sprünge. Ganz der Profi.

»Marie«, säusele ich.

»Sag das noch mal, das war schön.«

Ich sage noch mal »Marie«, und er lacht, ganz tief aus der Brust.

»Schön.« Seine Worte klingen, als hätte er sie zuvor extra für mich angewärmt. Wir verstehen uns auf Anhieb gut. Er sei Ende fünfzig, sagt er und fragt, ob ich überhaupt mit ihm sprechen wolle, weil ich mich noch so jung anhöre. Er erzählt mir dann Dinge über sich, die ich schon weiß. Und er fragt mich ganz viel zu mir.

Aufpassen, denke ich. Und trotzdem kann ich mich nicht dagegen wehren, ihn sympathisch zu finden. Dass ich mich für Ende zwanzig ausgegeben habe, blond sei und natürlich Single, notiere ich mir später vorsichtshalber auf einem Zettel.

Darüber schreibe ich seinen Namen, Albrecht. Damit ich mir nicht selbst widerspreche, falls wir in Zukunft öfter telefonieren würden. Ich erzähle ihm, dass ich früher Kunstgeschichte studiert hätte. Ein Fehler, wie ich sofort merke.

»Welche Epoche hat es dir am meisten angetan?« Er überprüft meine Aussagen sofort.

Erst telefonieren wir nur sporadisch und immer nur dann, wenn ich sowieso arbeiten muss. Ich wähle mich nicht extra für ihn ein. Hört er mein Intro, ruft er mich an. Höre ich sein Knacken, rufe ich ihn an.

Die Gespräche sind nett und unkompliziert, und er beschert mir immer besser werdende Haltezeiten. Er bedrängt mich nicht, redet nie von Telefonsex, sagt lieber: »Schön, dich zu hören, Kleines, ich wollte mich nur kurz einwählen. Ich habe gar nicht damit gerechnet, dich zu treffen. Dann bleib ich noch ein halbes Stündchen.«

Dass er schon seit einer Stunde auf mich wartet, verschweigt er. Er fragt nicht nach meiner privaten Telefonnummer, schlägt aber bald vor, sich gezielt um eine bestimmte Uhrzeit auf der Line zu verabreden, »damit wir uns nicht mehr verpassen«. Jetzt wird er konkreter: »Sagen wir morgen, gleiche Zeit?«

Ich schaue auf meinen Arbeitsplan und tue so, als wenn ich überlegen würde. »Also, übermorgen und dann auch etwas später würde mir besser passen.«

Die Gespräche werden erst immer öfter, dann immer länger. Da ich meistens im Büro sitze, wenn ich mit ihm telefoniere, er aber davon ausgeht, dass ich zu Hause bin, komme ich zunehmend in Bedrängnis. Ich darf die OPs nicht so lange vernachlässigen und muss die Gespräche mit ihm deshalb immer wieder unterbrechen, um eine schnelle Rückmeldung an die Frauen rauszuschicken.

»Albrecht? Wartest du bitte nur ganz kurz? Ich muss nur

schnell eben auf die Toilette. Ich bin gleich wieder da.« Auf lange Sicht würde ich die Gespräche mit Albrecht wohl nur von zu Hause aus führen können.

Ich lerne Albrecht als einen sehr besonnenen und freundlichen Menschen kennen, der komplett in sich selbst zu ruhen scheint. Dabei muss ich zugeben, dass ich mein anfängliches Bild von ihm korrigieren muss. Er erscheint mir überhaupt nicht dumm, ganz im Gegenteil. Seine Allgemeinbildung ist überdurchschnittlich und klassische Musik seine Passion. Sein Wissen über Geschichte, Geographie und Architektur hat er sich auf seinen vielen Reisen angeeignet. Statt über Erotik sprechen wir über Burgruinen im niederschlesischen Oberlausitzkreis. Er gibt mir das Gefühl, als nähme er sich alle Zeit der Welt. Nur für mich. Wie ein Geschenk. Ich würde nie so weit gehen, in seinem Fall von einer Freundschaft zu sprechen. Eher ist es eine Art Zuneigung, die aber nichts fordert. Noch reicht ihm das aus.

Ich beginne auch außerhalb der Hotline über ihn nachzudenken. Ich frage mich zum Beispiel, ob er den Kampf um seine Sucht verloren hat. Denn es gibt für mich keine andere Erklärung, warum ein so kluger, kultivierter Mann sein Vermögen auf einer Flirtline verprassen sollte. Ich habe aber absolut kein schlechtes Gewissen deswegen und beschließe, diese Kuh gnadenlos zu melken.

In den letzten zwei Wochen haben wir täglich miteinander gesprochen. Wenn ich mich im Büro einwähle, ist er entweder immer schon da und wartet oder stößt im Laufe meiner Schicht dazu. Mein Intro ist eines von vielen, aber er pickt es sicher und gezielt heraus. Einmal mache ich den Test und spreche mein Intro mit verstellter Stimme auf. Bevor er mich anruft, schickt er mir eine Nachricht. »Marie, das bist doch du, oder? Bist du erkältet?«

Ich muss wirklich höllisch aufpassen, was ich ihm erzähle.

Er merkt sich jedes Wort. Entdeckt er einen Widerspruch, hakt er gleich ein (»Ich dachte, du wolltest gestern ins Kino?«).

Ganz genau soll ich ihm meine Umgebung beschreiben, mein Leben, meinen Alltag. »Was siehst du, wenn du aus dem Fenster guckst?« »Wie sieht dein Zimmer aus?« Das sind typische Albrecht-Fragen. Gezielt schießt er sie ab und irritiert mich damit manchmal ganz schön.

Ob auch er sich meine Antworten irgendwo notiert? Ob er mich auf einer Karteikarte unter »m« führt? Dabei ist das, was ich ihm erzähle, größtenteils gelogen. Darauf lege ich Wert. Nur ab und zu rutscht mir eine kleine Wahrheit heraus.

Allmählich wird es immer anstrengender mit Albrecht. Dadurch, dass wir so häufig reden, verrenne ich mich immer mehr in meinen ausgedachten Geschichten. Was habe ich behauptet und was nicht? Und was müsste ich von ihm wissen? Ich merke, dass ich kaum mehr durchblicke, ein Dschungel aus Informationen und Notizen. Mich beschleicht das Gefühl, dass er mehr weiß, als mir recht ist. Und das ist nicht gut.

In letzter Zeit bekommen seine Bemerkungen eine andere Richtung. Er deutet zum Beispiel an, dass es ja nicht auf den Altersunterschied ankomme und dass er sich gar nicht mehr vorstellen könne, ohne meine Stimme zu leben.

Und ich denke nur: »Oje, bitte verlieb dich nicht schon wieder, alter Mann.« Vielleicht sollte ich die Notbremse ziehen, um ihn vor sich selbst zu schützen, gerade weil er mir doch nicht mal unsympathisch ist? Andererseits ist mein Umsatz momentan phänomenal gut.

Ich beschließe, ihn noch ein bisschen hinzuhalten. Dafür – und das finde ich irgendwie fair von mir – stelle ich klar, dass ich keine Lust auf Telefonsex mit ihm habe. Nicht heute und nicht irgendwann. Ich hoffe, dass sich das Thema »Beziehung« damit schon von alleine erledigt. Meine Ausrede ist zwar schlecht, aber er merkt es nicht.

»Weißt du, Albrecht«, sage ich, »das würde unsere besondere Beziehung in meinen Augen irreparabel zerstören.« Ich drücke noch ein bisschen mehr auf die Tränendrüse. »Ich habe lange nach einem Menschen wie dir gesucht. Ich glaube, ich hätte ganz schön daran zu knabbern, wenn es bei uns an Telefonsex scheitern sollte. Lass uns alles ganz langsam angehen, ich will dich besser kennenlernen, bis ich in deine Seele schauen kann.«

Ganz schön heuchlerisch, meine Worte. Aber bei Albrecht renne ich damit offene Türen ein. Er zeigt sich von meinem verbalen Gefühlsausbruch schwer beeindruckt und hat volles Verständnis. Mehr noch. Er spricht von einer »neuen Ebene« und einer »anderen Qualität« unserer »Beziehung«.

Meinetwegen, mir doch egal. Die Hauptsache ist, dass er zahlt. Außerdem bewahren mich die Gespräche mit Albrecht vor Telefonsex mit anderen Männern. Beflügelt durch meine Worte und seine Illusion von unserer »Beziehung«, ruft Albrecht mich weiterhin an, für gewöhnlich nach Dienstschluss. Telefonsex erwartet er von mir nicht. Dafür sind andere Frauen auf der Hotline zuständig.

Wenn ich im Büro sitze, kann ich am Bildschirm beobachten, wie er sich nach unseren Gesprächen noch kurz mit anderen OPs unterhält. Ich stelle mir dann vor, seine sonore Stimme nicht sprechen, sondern stöhnen zu hören. Würde es sich auch so tief anhören, würde er mich auch »Kleines« nennen, während er kommt? Sofort schiebe ich den Gedanken zur Seite, sonst wird mir schlecht.

Im Büro kann ich auf dem Monitor auch sehen, dass er sich mit unterschiedlichen Handyvorwahlen einwählt. Er scheint eine ganze Menge Telefone zu besitzen. Vielleicht damit er uns auch dann anrufen kann, wenn wieder einmal eines von ihnen gesperrt wird?

Einmal ruft er von einer Familienfeier an. Im Hintergrund

höre ich typische Restaurantgeräusche: Geschirr und Lachen und Kinder.

»Ich bin vor das Restaurant gegangen. Ich habe den anderen gesagt, dass ich mich kurz bei meiner Freundin melden muss. Die Wahrheit ist: Ich vermisse dich, Kleines.«

Ich erwische mich in letzter Zeit immer öfter dabei, dass ich mich regelrecht zu einem Lächeln zwingen muss, um am Telefon freundlich zu klingen. Vielleicht, weil Albrecht mich, ohne dass ich es möchte, zu einem immer wichtigeren, festeren Bestandteil seines Lebens macht. Es kommt mir vor, als würde er seinen Alltag nach unseren Gesprächen ausrichten. Es sollte andersherum sein.

Mich stört diese Intimität zwischen uns, die für ihn selbstverständlich zu sein scheint und die immer weiter zunimmt. Aber bin ich nicht selbst dafür mitverantwortlich? Ich lasse sie zu und baue sie sogar noch aus. Durch die viele Zeit, die ich mit ihm am Telefon verbringe, räume ich ihm und unseren Gesprächen doch einen ähnlich hohen Stellenwert in meinem Leben ein wie er. Da gibt es keinen großartigen Unterschied, außer dass ich dafür nicht bezahle, sondern Geld herausbekomme.

Trotzdem. Dafür, dass er ein Fremder ist, ist mir seine Stimme inzwischen eindeutig zu vertraut. Es macht mich wahnsinnig, dass ich andauernd seine Stimme im Kopf habe. Und ich überlege, wie ich langsam auf Abstand gehen kann, ohne ihn als zahlenden Stammkunden zu verlieren.

Schließlich erzähle ich ihm, dass ich jemanden kennengelernt hätte. Einen echten Mann, keine Stimme am Telefon. Und dass ich allmählich sowohl ihm, Albrecht, als auch meinem neuen Freund gegenüber ein schlechtes Gewissen bekommen würde. Ich spreche sogar davon, dass es sich anfühle wie in einer Dreiecksbeziehung. Alles gelogen, alles totaler Quatsch, aber es schmeichelt ihm. Ich spiele die Naive.

»Du musst mich verstehen, Albrecht. Ich bin schon ganz

durcheinander. Es ist anstrengend, an zwei Männer zu denken. Wir können in Zukunft nicht mehr so viel Zeit miteinander verbringen wie vorher.« Ich schlage ihm vor, erst in drei Tagen wieder zu telefonieren, und versuche, dabei bereits ein bisschen distanziert zu klingen.

Er willigt zunächst ein, legt auf und ruft fünf Sekunden später wieder an. Er habe Angst, mich zu verlieren, das müsse er mir sagen. Er schlägt vor, mich »in Kiel« zu besuchen, jetzt gleich, sofort.

»Ich muss dich sehen, es spricht nichts dagegen. Ich komme zu dir, wir treffen uns in der Stadt und gehen einen Kaffee trinken. Du kannst jederzeit gehen, und wenn du mich total abstoßend findest, müssen wir auch nie wieder miteinander reden. Aber ich möchte dich doch wenigstens einmal gesehen haben, Marie.«

Jetzt weiß ich, dass ich einen Schlussstrich ziehen muss. Dringend. Ich habe es zu weit getrieben. Es ist mir egal, dass ich dadurch meinen besten Kunden verliere. Ich werde ihm einfach die Wahrheit sagen, die er doch eigentlich kennen müsste, du meine Güte, er ist doch nicht dumm. Er kann mir doch nicht erzählen, dass er das Spiel nicht durchschaut hat. Glaubt er denn wirklich, ich wähle mich wegen ihm oder aus Langeweile ein? Oder weil die Line für Frauen kostenlos ist? Ich verspreche ihm, ihn morgen anzurufen, und lege dann ganz schnell auf. Bevor ich Hass auf ihn entwickle.

Muss ich es wirklich aussprechen? Muss er von mir hören, dass keine der Frauen sich jemals wirklich für ihn interessiert hat? Dass auch nie irgendjemand in ihn verliebt gewesen und er nur verarscht worden ist? Dass er sein Geld besser woanders investieren sollte? Ob ihm das nicht alles schon seit Jahren klar gewesen ist? Ja, so werde ich es ihm sagen. Vielleicht noch ein paar falsche Tränen dazu. Aufklärungsarbeit.

Aber Albrecht macht mir einen Strich durch die Rechnung.

Er ist weniger beeindruckt von meiner Offenbarung, als ich gehofft hatte.

»Natürlich kann ich eins und eins zusammenzählen«, antwortet er wie selbstverständlich. Ich kann hören, wie sein Atem ganz ruhig geht. Gibt es denn nichts, was ihn aus der Fassung bringt? Ich meine, ich habe ihm eben gesagt, dass die anderen Frauen und ich nie etwas für ihn empfunden und immer nur ans Geld gedacht hätten. Die ganze grausame Wahrheit eben.

Er fährt völlig unbeeindruckt fort. »Bei dir war ich mir, ehrlich gesagt, nie ganz sicher. Ich meine, ich habe nicht geglaubt, dass du dich ernsthaft in mich verlieben würdest. Aber manchmal, Marie, manchmal wollte ich es gerne glauben. Du hast schöne Sachen gesagt. Und du hast meine Tage wirklich bereichert. Ich habe mich immer auf unsere Gespräche gefreut. Dank dir, Kleines.« Seine Stimme kommt mir noch tiefer vor als sonst.

Mit so einer Reaktion habe ich nicht gerechnet. Er ist nicht böse, nicht verletzt. Im Gegenteil, irgendwie scheint ihn die Tatsache, dass ich nur des Geldes wegen mit ihm telefoniert habe, in gewisser Weise zu berühren.

Jetzt hat er das Ruder in der Hand und lenkt unser Gespräch in eine andere Richtung. Er macht aus unserer Geschichte eine »Armes-Mädchen-muss-in-der-Nacht-mit-Telefonsex-Geld-verdienen«-Nummer und bietet am Ende des Gesprächs sogar allen Ernstes an, mir per Post Geld zu schicken. »Eine kleine Unterstützung« nennt er das. Spätestens jetzt habe ich wohl irgendwelche Vaterinstinkte in ihm geweckt.

Ich lache über den Vorschlag und versuche, trotz des verlockenden Angebots standhaft zu bleiben. Er sagt, es sei nicht das erste Mal, dass er einer Frau Geld schicken würde. Ganz ohne Gegenleistung, versteht sich.

»Aha«, sage ich, »der barmherzige Samariter oder was?«

Und denke dabei: »Du dummer, netter Mann! Wenn ich dich bitten würde, du würdest mir das Geld doch sofort schicken.«

Ich bin mir sicher, dass ich ihn auch nach einer zweiten und dritten »kleinen Unterstützung« fragen könnte. Einen plausiblen Grund dafür würde ich immer finden. Und schon hätte ich dreihundert Euro mehr in der Tasche. Aber ich tue es nicht. Das wäre gegen die Regeln, spielte sich außerhalb der Line ab. Vielleicht will ich es auch nicht, weil es Albrecht ist. Und weil ich weiß, dass auch die nächste Frau nicht nein sagen würde und ich ihn am liebsten davor schützen möchte.

Plötzlich kommt mir ein Gedanke: Vielleicht hat er auch Doris Geld angeboten, und sie hat es angenommen? Vielleicht hat Albrecht den Kredit gar nicht für sich, sondern für eine Frau aufgenommen? Ich beschließe, mir keinen Kopf zu machen und auf das Geld zu verzichten. Vielleicht bin ich aber momentan auch einfach noch zu anständig. Wenn er mich ein halbes Jahr später gefragt hätte, hätte ich wahrscheinlich ja gesagt.

Eigentlich sollte dies unser letztes Telefonat gewesen sein. Aber den kalten Entzug schaffe er nicht, hatte Albrecht zugegeben. Also schnorrt er sich in den nächsten Tagen noch ein paar weitere Stunden zusammen. Sagt, dass er mich nicht aufgeben könne. Diese letzten Versuche sind aber keine guten Gespräche mehr. Mit enormer Anstrengung presse ich vorgetäuschte Gefühle aus mir heraus wie aus einer eingetrockneten Zitrone, die kaum noch Saft hat. Er weiß es, spielt aber wie immer mit, weil er nicht anders kann. Weil er ein verdammtes Opfer seiner Gewohnheiten geworden ist.

Wahrscheinlich endet unsere Telefonbeziehung nur deshalb so leise und unspektakulär, weil wir beide genau wissen, dass wir theoretisch jederzeit wieder miteinander sprechen könnten. Wenn ich wollte. Aber ich will nicht mehr.

Theoretisch habe ich jetzt zwei Möglichkeiten: Entweder könnte ich seine Anrufe in Zukunft konsequent ablehnen und meine Haltezeit auf diese Weise wohl langsam, aber sicher gen null senken oder aber, und diese Variante gefällt mir besser, ich könnte mir eine Stimme leihen. Gleich morgen könnte ich Sara fragen, ob sie mir einen kurzen Satz auf mein Handy spricht. Sobald mich dann die Audiostimme der Line das nächste Mal bittet, mein Intro aufzusprechen, würde ich am Handy einfach auf »Play« drücken und mich hinter Saras Stimme verstecken. Ich habe Skrupel.

Eigentlich ist es aus. Ich bin meinen wichtigsten Kunden los. Ich gönne mir einen ganz kurzen Moment stiller Wehmut, bevor sich in meinem Innern die Erleichterung ausbreitet. Süße, kleine Freiheit. Albrechts letzte Worte sind »Wir hören voneinander«.

Abseits

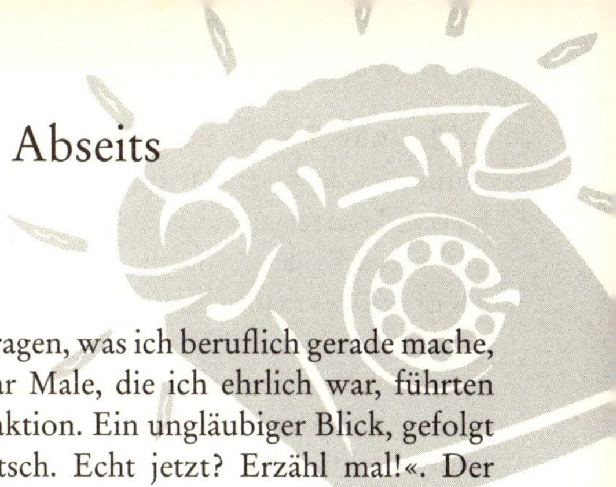

Wenn mich Leute fragen, was ich beruflich gerade mache, lüge ich. Die paar Male, die ich ehrlich war, führten immer zu derselben Reaktion. Ein ungläubiger Blick, gefolgt von einem »Ach, Quatsch. Echt jetzt? Erzähl mal!«. Der Letzte, dem ich die Wahrheit erzählt hatte, lechzte nach pikanten Details, verzog dann den Mund und sagte: »Na ja, solange du nicht einen Schritt weitergehst, ins Milieu.«

Ich habe in dem Moment versucht, mir nicht anmerken zu lassen, wie sehr mich das eine Wort getroffen hat. Milieu. Seitdem erzähle ich nichts mehr und warte lieber ab, bis ich wieder etwas Seriöses von meinem Berufsalltag erzählen kann. Bis ich nicht mehr mitleidig mit einem Blick angesehen werde, der besagt: »Wohl abgestürzt?« Ist es das, was die anderen denken, wenn ich von meiner aktuellen Tätigkeit erzähle? Dabei ist Mitleid das Letzte, was ich will. Schließlich habe ich es mir doch selbst so ausgesucht. Klar, dies ist kein 08/15-Job, aber auf die Idee, ihn oder mich mit einem Wort wie Milieu oder gar Prostitution in Verbindung zu bringen, wäre ich wirklich nicht gekommen. Sehe ich meinen Job zu locker oder sind die anderen verkrampft? Obwohl es mir eigentlich egal sein sollte, lassen mir diese Überlegungen keine Ruhe mehr.

Ich muss Janna anrufen. Seit dem Abendessen bei ihr haben wir nur ein einziges Mal telefoniert. Sie freut sich über meinen Anruf und sagt mir das auch.

»Ich wollte dich schon am Wochenende anrufen und habe es dann nicht mehr geschafft. Wie läuft's?«

Ich sage, dass es ganz gut läuft, aber auch dass ich aber noch lange über ihre Worte nachgedacht habe. Und auch dass ich zu schätzen weiß, dass sie sich Sorgen macht. Ich bitte sie dann, ehrlich zu antworten, als ich sie frage, was sie über mich denkt. Sie zögert tatsächlich und sagt dann: »Ich verurteile dich nicht, wirklich nicht …«, und ich warte auf das Aber.

»Aber ich mache mir langsam Sorgen um dich. Du bist ja nicht gerade unsensibel. Ich glaube, dass du dir die ganze Sache schönredest. Vielleicht merkst du es nicht, aber ich glaube, du gibst nur vor, über den Dingen zu stehen. Du willst meine ehrliche Meinung hören? Das ist nicht normal. Der Job kann also nicht spurlos an dir vorübergehen. Such dir doch lieber irgendetwas anderes, ist doch erst mal egal, bis du dich orientiert hast.«

Das hat sie schön gesagt, das mit dem Orientieren. Mein großer Traum, Teil einer kreativen Redaktion zu sein, treibt wie ein Stück morsches Holz unerreichbar vor mir her und scheint in immer weitere Ferne zu rücken. Allerdings tue ich gerade auch nicht viel, damit dieser Traum Wirklichkeit wird, und halte deswegen lieber meinen Mund.

Janna meint es nicht böse, als sie mir vorschlägt, noch einmal bei LoLa nachzufragen, dem Klamottenladen, in dem ich ein Jahr während meines Studiums gearbeitet habe. Aber habe ich mich denn beschwert? Es zwingt mich doch niemand, diesen Telefonjob zu machen. Anscheinend kann das bloß niemand glauben.

Ich merke, dass ich schon wieder bockig werde, weil sie irgendwie doch ein bisschen recht hat. Weil sie weiß, dass ich mich mehr um eine Anstellung bemühen müsste, dazu aber gerade keine Energie mehr habe. Janna kennt mich gut.

Es ist ein Dreivierteljahr vergangen seit dem Frühling, in dem ich mein redaktionelles Praktikum in der Redaktion von Herrn Schumann gemacht habe. Ein Einstieg sollte es damals werden. Es sah auch alles gut aus. Ich durfte eigene Ideen einbringen und umsetzen, mein Kürzel daruntersetzen. Es hat mich glücklich gemacht zu sehen, dass man mich und meine Ideen ernst nimmt. Von den Kollegen habe ich sogar eine Empfehlung bekommen, für ein Lifestyle-Magazin. Dort war ich dann zum Vorstellungsgespräch für ein Volontariat. Ich hatte Hoffnung, habe Themenvorschläge abgegeben für die nächsten Ausgaben. Die sind auch tatsächlich aufgegriffen worden, allerdings nicht von mir. Ein, zwei Monate habe ich gewartet und dann angerufen.

»Ach ja, du warst das. Hat man dir nicht gesagt, dass das gesamte Heft und die Redaktion gerelauncht werden? Ein Volo gibt es nicht mehr. Und mit freier Mitarbeit sieht es eh gerade ganz schlecht aus.« Nein, hat man nicht. Ich dachte kurz, ich wäre vielleicht ganz nahe dran gewesen.

Im Herbst kam ein Angebot, in der Online-Redaktion eines bekannten Wochenmagazins ein Praktikum zu machen. Zweihundertfünfzig Euro im Monat. Ich redete mit meinem Arbeitsvermittler. »Können Sie machen«, sagte der, »aber Sie wissen, dass Sie nur einen bestimmten Betrag verdienen dürfen, den Rest müssen wir leider abziehen.«

»Ist gut«, habe ich gesagt. Ich fand die Welt mal wieder ungerecht und sagte das Praktikum trotzdem zu. Ich habe mich richtig gefreut, erzählte meinem Freund von den neuen Plänen.

Zwei Wochen vor Praktikumsbeginn rief mich der Ressortleiter an, um mir zu sagen, dass es ihm sehr leidtue, aber das Ressort, das er betreut habe, sei mit einem anderen zusammengelegt worden, die Praktikumsstelle sei gestrichen worden.

»Ist nicht wahr«, habe ich gesagt, »aber da kann man wohl nichts machen. Falls Sie irgendwelche anderen Vakanzen …«

»Leider nicht, es sieht wirklich schlecht aus momentan.«

Da hatte er allerdings recht. Zwei Zeitschriften, bei denen ich mich beworben hatte, waren komplett eingestampft worden, noch bevor man mir hatte antworten können. Ich hatte während meines Praktikums im Frühling miterlebt, wie Verlagsmitarbeitern kurz vor der Mittagspause »mal eben« mitgeteilt wurde, dass sie gerade am letzten Heft arbeiten. Wie kopflose Hühner sind die Redakteure und Grafiker durch die Kantine gelaufen. Fassungslos und wütend. Einige haben sogar geweint. Die müssen ja auch alle erst einmal irgendwo untergebracht werden. Da ist für Neue kein Platz.

Also bin ich wieder zum Arbeitsamt gegangen. »Ich hätte da eigentlich was gehabt, aber nun sieht es so aus ...« Verständnis auf der anderen Seite. Zumindest das.

»Ich merke ja, dass Sie sich anstrengen«, hat mich mein Arbeitsvermittler gelobt. Wahrscheinlich hat er schon mit ganz anderen Fällen zu tun gehabt.

Ich saß ihm in seinem schmalen, braunen Büro gegenüber, in dem er so gerne rauchen würde.

»Vielleicht sollten wir doch nach etwas Realistischerem Ausschau halten?«, schlug er vor. Er sagt »wir« statt »Sie«, und ich danke ihm still dafür.

Mich beschlich die Befürchtung, dass das Arbeitsamt mir unmögliche Jobs vorschlagen würde, die ich dann ab einem gewissen Punkt einfach würde annehmen müssen. Irgendwo hatte ich gehört, dass man sich dem dritten Vermittlungsversuch beugen muss, oder nicht? Ich kam mir hilflos und abhängig vor, wie ein Kind von der Milch einer strengen Amme.

Ohne Aussicht auf eine Festanstellung und ohne Geld hielt ich mich nach dem Redaktionspraktikum mit gelegentlichen Textjobs, Assistenzen bei Fotostrecken, Marktforschungsstudien, Promotion-Jobs und den Namings in der Werbeagentur über Wasser. Das brachte eindeutig zu wenig und vor allem zu unregelmäßig Geld, um auf die Unterstützung des Arbeitsamtes vollständig verzichten zu können. Hätte ich mich doch nur eher um alles, was nach dem Studium kommt, gekümmert, müsste ich jetzt vielleicht auch nicht an pseudomotivierenden Maßnahmen des Jobcenters teilnehmen, die so positiv klingende Namen haben wie »Chance aktiv«.

Ich fühlte mich endgültig als Versagerin. Ich überlegte sogar, noch einmal etwas völlig anderes zu studieren, mich ganz neu zu orientieren, verwaiste Orang-Utan-Babys zu retten oder Strände von Öl zu säubern. Etwas Sinnvolleres zu machen als Mode.

Im Dezember fuhr ich zusammen mit Sara nach Hause, nach Ostfriesland, um in einem Weihnachtstheaterstück für Kinder mitzuspielen. Ich stand als Schaf auf der Bühne, Sara spielte meinen Freund, den Leuchtturm. Wir machten das jetzt schon im dritten Jahr, weil es etwas fürs Herz ist. Die Vorstellungen sind immer ausverkauft, allen macht es Spaß. Den Kindern, den Schauspielern, der Band, die fest dazugehört. Jeden Tag gab es zwei bis drei Aufführungen, den halben Dezember lang. Insgesamt habe ich das Stück mehr als einhundert Mal gespielt. Zudem wurde die Schauspielerei auch noch bezahlt. Von einem Teil der Gage konnte ich die Schulden begleichen, die ich übers Jahr bei Janna angehäuft hatte, etwa zweihundertfünfzig Euro. Ein Monatsgehalt als Praktikantin. Sie ist sogar zur letzten Aufführung gekommen. Mit verlaufener Schminke im Gesicht habe ich sie angelächelt und ihr die Scheine hingehalten. Habe mich tausendmal entschuldigt und bedankt, für ihr Geld und ihr Vertrauen und ihre Unterstützung.

Am liebsten würde sie es nicht nehmen, hat sie gesagt. »Ich wünschte, ich könnte es dir lassen. Du hast es doch verdient.«

Der Rest der Gage ging an die Krankenkasse. In mein Tagebuch schrieb ich »Sturzgefahr? Ich streune durch das Gänge-Viertel, anstatt über den Prachtboulevard zu flanieren, immer dabei: eine kleine Überdosis Realität.« Alle sagten zu dieser Zeit, es könne nur besser werden. Dass ich einen Plan brauche. Aber wenn man Pläne macht, lacht Gott sich kaputt. Keine Woche später traf ich dann Katharina. Die Aussicht auf einen Job, mit dem ich sofort beginnen konnte, muss sich damals unglaublich verlockend angehört haben. Ein vorläufiges Ende meiner Planlosigkeit.

Aber jetzt wird es Zeit, dass ich mir selbst in den Hintern trete. Ich kann nicht erwarten, dass Janna es für mich tut. Sie meint es gut mit mir, kennt mich.

»Pass einfach nur auf, dass die Grenze zwischen Realität und Hotline nicht irgendwo in deinem Gehirn verschwimmt«, sagt sie. Und ich verspreche es ihr und mir in diesem Moment.

Natürlich kann ich noch klar unterscheiden. Ich kann dieses merkwürdige, in sich geschlossene Universum der Hotline betreten und auch wieder verlassen, wann immer ich will, kann problemlos hin und her switchen. Und natürlich werde ich mich bemühen, von dort keine Souvenirs mitzubringen.

»Ich werde die Gespräche nicht an mich herankommen lassen, ganz einfach. Das ist sowieso alles nur Fake, nichts auf der Line ist echt. Kein Wort, kein Gefühl, keine Minute. Und die Spielregeln kenne ich ja mittlerweile.« Versuche ich jetzt, mich zu beruhigen oder eher Janna?

Ich kann meine Gespräche an diesem Abend kaum führen, ohne mir währenddessen andauernd selbst Fragen zu stellen. Kann ich wirklich kontrollieren, ob oder welche Worte bei mir Spuren hinterlassen? Bin ich wirklich so abgehärtet, wie ich es meinen Freunden gegenüber gerne vorgebe? Und rechtfertige ich mich nicht immer öfter vor mir selbst? Ich muss zugeben, dass ich über die Gespräche, die ich mit einigen Männern führe, mehr nachdenken muss, als mir lieb ist. Manches bleibt eben doch hängen. Das ist halt so. Aber das sage ich Janna nicht, sonst hat sie recht.

Ralf und Ändy

Um Janna und vielleicht mir selbst zu beweisen, dass mein Job weniger mit den Vorstellungen zu tun hat, die sie sich davon macht, lade ich sie ein, einen Abend mit mir im Büro zu verbringen. Sie sagt zu. Wir haben uns im Vorfeld einfach darauf geeinigt, dass sie keine Ahnung hat von meinem Job und ich ihn vielleicht ein bisschen zu sehr herunterspiele. Ein Kompromiss, mit dem beide leben können. Wie an meinem ersten Abend, den ich mit Emily im Büro verbracht habe, besorge ich eine Flasche Sekt und freue mich auf ein paar Gespräche, die wir vielleicht zu zweit führen können. Ich arbeite nun seit dreieinhalb Monaten im Büro. Die Krokusse fangen an zu blühen. Ich habe Janna für Viertel nach zehn bestellt, dann bin ich gerade mit der ersten Rückmelderunde durch.

Heute ist Samstag und wie immer viel los auf der Hotline. Während ich mit geübten Bewegungen meiner Routine nachgehe, die Frauen begrüße, die Infos und den Haltewert notiere, die Vorwahlen der Männer abgleiche, Knöpfe und Tasten drücke, denke ich darüber nach, dass es das erste Mal ist, dass ich jemanden mitbringe. Dass Janna unsicher sein wird, nicht ahnen kann, was sie erwartet. Wie wird sie auf die Intros reagieren? Wie darauf, wenn ein Kunde wirklich Telefonsex verlangt? Würde ich vor ihr überhaupt telefonieren können?

Sie ruft mich an, als sie unten steht. Die Klingel ist noch immer nicht repariert worden. Ich beeile mich, gehe durch das Büro, die Küche und den langen Flur, über die Treppe in den fünften Stock, rein in den Fahrstuhl, der mich ins Erdgeschoss bringt. Mein Herz klopft, als ich sie vor der Glastür stehen sehe. Ich erinnere mich an meinen ersten Abend, als ich hier unten stand und auf Emily gewartet habe. Habe ich mich verändert? Nur ganz kurz kommt mir diese Frage in den Sinn, so kurz, dass ich sie schon wieder vergessen habe, als ich aufschließe.

Erst jetzt sieht sie mich, und der Blick unter den dunklen Fransen ihres Ponys erhellt sich sofort. »Marie!«, sagt sie und lacht. Ganz weiße Zähne hat sie. Ich bitte sie einzutreten, lenke ihren Weg in den Fahrstuhl. Sie hat ganz rosa Wangen, vom Fahrradfahren. Janna erledigt alles mit ihrem Rennrad, bei jedem Wetter.

»Na, wie lange hast du gebraucht?« Ich betrachte sie lächelnd. Ihre dunklen kurzen Haare stehen an einer Seite zerzaust ab.

Sie ist noch immer ein wenig außer Atem, als sie sagt: »Viertelstunde. Neuer Rekord.« Sie zieht die Nase geräuschvoll hoch und lächelt stolz.

Der Fahrstuhl ruckelt nach oben, wir sind auf der halben Strecke, und ich würde gerne wissen, was sie gerade denkt. Ich würde mich gerne mit einer passenden Formulierung auf ihre Seite schlagen, uns beide zu Verbündeten machen. So etwas sagen wie »Na, dann wollen wir mal sehen, was uns beide heute erwartet«. Es einfach klingen lassen wie ein gemeinsames Abenteuer.

Aber Janna kommt mir zuvor und sagt: »Jetzt bin ich mal gespannt, wie du so arbeitest.«

Ich nicke bloß und sage nichts, weil der Fahrstuhl schon oben angekommen ist. Ich gehe vor, die letzte Treppe hoch, schaue kurz über die Schulter, wie um sicherzugehen, dass Janna mir auch folgt und nicht wieder mit dem Fahrstuhl nach unten fährt. Ich schließe die zweite Glastür auf und schleuse Janna mit dem Hinweis, dass der Sekt schon kalt gestellt ist, durch den dunklen Flur. Hier hört man die Intros der Männer noch nicht. Janna folgt mir, sagt nichts, auch wenn sie weiß, dass wir allein sind, bis wir im hell erleuchteten Büro stehen. Ich beobachte sie dabei, wie sie sich genau umschaut.

»Hier arbeitest du also«, stellt sie fest. Ihre Jacke hat Janna noch anbehalten, als hätte sie sich noch nicht ganz entschieden, ob sie hierbleiben oder lieber wieder gehen möchte. Ihr Blick streift die Schrankwand. »Hübsch«, sagt sie trocken. Dafür lobt sie die Aussicht über die Stadt, als sie vor der Fensterfront steht. Als ich sie auffordere, ihre Jacke endlich auszuziehen, guckt sie plötzlich ganz erschrocken.

»Was denn?«, frage ich.

»Was sind das für Stimmen?«, fragt sie und schaut in Richtung Telefon.

Ich muss lachen. Sie hat die Stimmen genauso spät bemerkt wie ich an meinem ersten Abend. Ich erkläre ihr, dass das die Kunden seien.

Sie verzieht ihr Gesicht. »Geiler Hengst sucht … – Waaas?«, wiederholt sie mit einer Mischung aus Ekel und Belustigung. Sie rümpft die Nase.

»Nasse Muschi« ist wohl eine der blödesten Antworten, die ich je in meinem Leben gegeben habe. Schnell biete ich Janna ein Glas Sekt an und gehe zum Kühlschrank. Ich lasse mir Zeit. Sie soll sich erst mal kurz an die Männerstimmen und den ganzen Kram gewöhnen.

Als ich wiederkomme, sehe ich, wie sie sich auf die Unterlippe beißt. Die zittert amüsiert. Das ist gut. In aller Kürze versuche ich, ihr das Prinzip der Hotline zu erklären. Gebannt schaut sie auf die Balken und kichert jedes Mal, wenn die Warteschleife das Intro vom geilen Hengst ansagt.

Ich habe keine Ahnung, ob es am Alkohol liegt, aber sie wird erstaunlich schnell erstaunlich locker. Nach meiner ersten Rückmeldung an die Frauen fragt Janna mich schon, ob wir nicht einmal jemanden anrufen könnten.

Erst zögere ich, willige dann aber ein. »Na klar. Mal sehen, wen wir so im Angebot haben. Der geile Hengst ist im Live-Gespräch. Die Computerstimme fügt dann ein ›besetzt‹ hinter das Intro, hörst du?« Janna nickt eifrig.

Ich will mich gerade weiter mit der Taste eins durch die Kunden-Intros klicken, als wir den ersten Anruf bekommen.

»Krass, das ging ja schnell«, wundert sich Janna und fordert mich auf, den Anruf von »Muskelmann« anzunehmen. Wir werden automatisch verbunden, hören aber dann statt einer Begrüßung zwei brüllende Kinderstimmen.

»Ficken, bumsen, bla...« Sie legen schneller auf, als sie »blasen« sagen können.

»Wohl eine harmlose Mutprobe«, sage ich zu Janna, weil sie so irritiert guckt. »Wenn die jetzt nicht aufgelegt hätten, würde ich sie sperren. Das geht aber nur mit der Service-PIN. Sobald ich das Intro wieder höre, also in diesem Fall ›Muskelmann‹, drücke ich die Taste null, und die beiden fliegen automatisch von der Line.«

»Das ist gut so«, sagt Janna. »Dann ist das also einer der Hauptgründe, warum das Büro immer mit einer Service-OP besetzt ist.«

Ich nicke. »Jedenfalls in den Stoßzeiten.« Meine Wortwahl bringt uns zum Kichern, so albern sind wir. »Tagsüber und nachts. Zwischen fünf und sechs Uhr morgens nicht. Ich weiß ehrlich gesagt gar nicht genau, warum nicht. Entweder macht dann jemand aus dem Mannheimer Büro den Service und ich hab's noch nicht mitbekommen, oder es sind wirklich in dieser Zeit so wenige Kunden aktiv, dass es sich für die Line nicht lohnt, den Service zu besetzen.«

Janna wählt sich jetzt konzentriert durch die Intros der Männer, guckt mich gar nicht an. Ihr Mund ist leicht geöffnet. Ich habe den Eindruck, dass sie unbedingt telefonieren möchte. Ihre Augen und Lippen glänzen, vielleicht ist sie auch schon ein bisschen betrunken. Ich zünde mir eine Zigarette an, lege die Schachtel vor mich auf den Tisch und atme den Rauch aus. Ich würde später lüften oder sprayen.

»Hör mal«, sagt sie plötzlich und wird ganz aufgeregt. »Die hier sind neu und zu zweit.«

Ralf und Andreas? Ich schicke ein kleines Stoßgebet zum Hotline-Gott und hoffe, dass alles glattläuft. Ralf und Andreas sind ein Zwillingspaar aus einem kleinen Dorf bei Görlitz. Dabei ist es nur Ralf, mit dem ich spreche.

»Der Ändy ist noch nicht zu Hause.« Er erzählt, dass sie zusammen in dem Haus wohnen, das sie nach dem Tod ihrer Eltern geerbt hätten (»einer oben, einer unten, wie beim Bumsen« – bumsen mit weichem »s«). Ralf habe es sich nun zur Aufgabe gemacht, die Frau fürs Leben zu finden, für beide, für sich und Andreas. Deswegen rufe er an. »Und Platz ist jetzt genug«, wiederholt er mehrfach. Es sei ihm wichtig, dass andere Leute wissen, wie groß seine Hütte ist.

Janna macht Geräusche, als hätte sie sich gerade verschluckt.

Ich erzähle ihm schnell, dass ich und meine Freundin ebenfalls auf der Suche nach der großen Liebe seien, und bringe dann noch das Schicksal ins Spiel, weil ich annehme, dass er an so etwas glaubt. Ich wittere eine einfache Konversation. »Sie ist sogar gerade hier bei mir«, versuche ich ihn zu begeistern.

Janna zwitschert aus dem Hintergrund: »Hallo, lieber Ralf.« Sie hat sich beruhigt und ist gerade damit beschäftigt, sich auf einer Deutschlandkarte mit dem Görlitzer Umland vertraut zu machen. Sie grinst über beide Ohren.

Ralf spricht sehr langsam und scheint auch nicht immer alles sofort zu verstehen. Und wenn er vor lauter Anstrengung eine Pause macht, durchbricht immer wieder ein Fiepen die Stille. Das irritiert mich zunächst, dann stört es mich, Ralf schaut schon die ganze Zeit nebenbei auf seinen Fernsehbildschirm.

Plötzlich fragt er, ob wir ihm mal winken könnten. Ich schaue Janna fragend an, die mir mit einem dämlichen Gesichtsausdruck zuwinkt. Er kann das doch gar nicht sehen, warum sollte ich ihm zuwinken? Egal.

Etwas verunsichert sage ich: »So, dann winke ich jetzt mal schön«, und warte seine Reaktion ab. Es dauert ein bisschen.

Dann donnert Ralfs Stimme aus dem Hörer: »Nein, tust du nicht! Welche bist du denn überhaupt?«

Ich verziehe mein Gesicht. Hä? Oh, Gott, was redet er da bloß? Der Arme. Ich wiederhole seine Frage. »Wie, welche bin ich denn überhaupt?« Ich versuche sanft und mütterlich zu klingen.

Ralf wird ungeduldig. Ich kapiere gar nichts. »Na, bist du die Blonde, die Dunkelhaarige oder die andere? Nun wink doch mal. Hallo!« Ralfs Stimme nimmt einen quengeligen Ton an.

Schlagartig wird mir klar, dass bei ihm gerade eine dieser Werbesendungen für Hotlines im Satelliten-Fernsehen läuft. Wahrscheinlich hopsen auf seinem Bildschirm gerade drei Frauen auf einem Bett herum oder plantschen in einer Badewanne und winken in die Kamera. Und er glaubt, mit einer der drei Frauen live am Telefon zu sprechen.

Ich versuche, ihn wie ein kleines Kind vom Fernseher wegzulocken, indem ich ganz viele Fragen stelle. »Ralf, du hast gesagt, du suchst eine Freundin. Wie lange ist denn deine letzte Beziehung her? Was sind denn deine Hobbys? Erzähl doch mal ein bisschen von dir, wir würden dich gerne besser kennenlernen.«

»Genau«, ruft Janna aus dem Hintergrund.

Er erzählt, dass er erst eine richtige Freundin hatte, die aber weggezogen und inzwischen verheiratet ist. Außerdem schieße er gerne auf Tontauben, genau wie sein Bruder. Ändy und er seien seit ihrer Kindheit Mitglied im Schützenverein ihres

Heimatdorfs und lieferten sich jedes Jahr ein Duell um den Titel des Schützenkönigs.

Ich gebe mich schwer beeindruckt. »Wooow, suuuper, Schützenkönige. Hast du gehört, das sind echte Schützenkönige!« Ich erinnere mich an Punkt eins der Arbeitsanweisung, die ich bei Vertragsunterzeichnung erhalten habe: Gib ihm das Gefühl, er sei der tollste Mann auf der ganzen Welt.

»Nur die Frau im Haus, die fehlt noch«, unterbricht mich Ralf in meinen Gedanken. Außerdem würden beide gerne noch Kinder bekommen, »bevor es zu spät ist«. Er erkundigt sich zielstrebig, ob ich und »die Dunkelhaarige« noch im gebärfähigen Alter seien und wie es um unsere Gesundheit stehe.

Janna beißt sich auf die Hand.

Ich versichere ihm, dass wir beide topfit sind, nicht rauchen und regelmäßig Sport treiben. Und drücke meine Zigarette aus. Dann frage ich nach Ändy.

»Dem würde die Dunkelhaarige gut gefallen«, meint Ralf. »Die wird er schon nehmen.«

»Die Dunkelhaarige« ruft daraufhin laut »Juhu« und muss nun auch noch ran.

»Gib sie mir halt mal«, fordert Ralf, und ich bin froh, den Telefonhörer weiterreichen zu können.

An Jannas Antworten erkenne ich, dass er ihr genau dieselben Fragen stellt wie zuvor mir. Sie schüttelt ungläubig ihren Kopf, und ich schenke ihr Sekt nach. Wir sprechen nun schon eine Dreiviertelstunde.

Ralf findet, dass es nun an der Zeit sei, »Nägel und Köpfe« zu machen, wie er sagt. Das möchte er aber lieber mit mir besprechen. »Hör zu«, befiehlt er. »Am nächsten Wochenende kommt ihr zwei zu uns. Wenn es euch gefällt, könnt ihr meinetwegen auch gleich schon einziehen. Platz ist ja, wie gesagt, genug.«

»Oooch, nö. Ihr könnt ja auch zu uns kommen. Hier ist es auch schön.« Das muss für ihn als Begründung reichen, finde ich.

Aber Ralf kontert wie aus der Pistole geschossen: »Wir haben kein Auto, und mit dem Zug fahren wir generell nicht. Ihr müsst zu uns kommen. Basta.« Basta sagt er! Ungefragt gibt er uns dann noch seine komplette Anschrift mit Telefonnummer, Festnetz und Handy. »Falls ihr unterwegs eine Panne habt.« Er scheint zufrieden mit sich und seiner Leistung. »Na, da war mein Anruf ja ein richtiger Glücksgriff«, sagt er zum Abschluss. »Ein Anruf. Und schon zwei gute Frauen.« Sein erstes Kompliment!

Ich schaue auf die Uhr. Die Stunde ist bald um, und ich weise ihn darauf hin, dass er gleich zur Wiedereinwahl aufgefordert werden würde und dass wir ganz sicher nicht zu Besuch kommen werden, wenn wir vorher nicht noch einmal auf der Line telefonieren, und zwar zu viert. Inklusive Ändy.

Ralf überhört mich einfach. Ich dringe nicht zu ihm durch. Er plant lieber noch schnell das bevorstehende gemeinsame Wochenende (Schützenfest und Aufnahme in die Dorfgemeinschaft) und die kommenden neun Monate (ein Junge und ein Mädchen). Es ist wie in einer dieser schlechten Kuppelshows vom Land. Ich bin sprachlos. Auch Jannas Mund steht offen.

Ralf merkt jetzt, dass seine Zeit knapp wird, und bittet uns ganz hektisch, ihn später noch einmal anzurufen, dann aber bitte schön auf seiner Privatnummer.

Endlich komme ich für einen kurzen Moment zu Wort: »Ach, Mist«, sage ich erschrocken, »ich dachte, die hätte ich mir irgendwo notiert.« Ich mische meiner Stimme einen Hauch Panik bei. »Oder hast du die? Ich dachte, du hättest sie aufgeschrieben?«, frage ich in Jannas Richtung.

Wir hören noch, wie Ralf »Macht keinen Scheiß!« und

»Also, dann bis nachher, ihr zwei« sagt. Dann verstummt er. Schon ist sein Gruß im Telefonhörer versickert wie dreckiges Badewasser im Abfluss.

Janna kann nicht fassen, was sie da eben gehört hat. Ihre Augen glänzen feucht. »Wie lange geht deine Schicht noch mal?«, erkundigt sie sich, während sie den Rest Sekt in unsere Gläser gießt.

»Bis fünf Uhr morgen früh«, antworte ich.

»Okay, ein Gespräch noch«, sagt sie, als würde sie eine Zigarette meinen, »und dann geh ich wieder.«

Luna-Fleur

Es gibt solche und solche Frauen auf der Hotline. Die einen halten keine zwei Minuten durch, weil sie nicht wissen, was sie sagen sollen, oder sich von einem schwer zu verstehenden Akzent abschrecken lassen (»Sühses, gleines Grabbelgäwerle sucht … disch«). Und dann gibt es die Zugpferdchen, die den Laden am Laufen halten. Diese Frauen wählen sich verlässlich ein und sind ständig besetzt, weil sie jedes Gespräch annehmen und es nicht unter einer halben Stunde beenden. Damit sorgen sie für einen guten Durchschnitt, für eine gute Haltezeit. Dieser wird jede Stunde vom Computer ausgerechnet und der Service-OP am Bildschirm angezeigt, in einem eigenen Fenster. Meistens liegt er zwischen sieben und zehn, dann ist alles im grünen Bereich. Die Ziffern stehen für die Minuten, die ein Gespräch zwischen Kunde und OP im Schnitt aktuell dauert. Fällt der Schnitt auch nur leicht, ist es meine Aufgabe, die Frauen zu längeren Gesprächen zu motivieren. Und unter diesen Zugpferdchen gibt es dann noch die Alpha-Weibchen, insgesamt vielleicht fünf. Sie sind die besten, werden mit jedem Kunden fertig. Bei ihnen dauert kein Gespräch weniger als eine Stunde, egal, worum es geht und mit wem sie sprechen. Sie arbeiten mindestens vierzig Stunden pro Woche. Fließbandarbeit. Ich weiß nicht, wie sie das machen. Ich frage mich, was ihr Geheimnis ist. Die 031 und die 189 sind zwei von ihnen. Hinter der 031 verbirgt sich Luna-Fleur, die Frau mit dem etwas ungewöhnlichen Namen. Weil sie ein Mädchen aus dem Osten ist, spricht sie es »Lüno-Flöhr« aus. Am Stil ihrer Nachrichten meine ich ein etwas schlichtes, aber fröhliches Gemüt ablesen zu können.

»Hallo, du Liebe, ich bin so froh, dich zu hören, wirklich, richtig froh bin ich, und hoff total, dass es dir gutgeht. Es geht dir doch gut, meine Liebe, oder? Ich hoff's mal. Ich bin jedenfalls voll dankbar, dass ich heute mit dir zusammenarbeiten darf, meine Liebe, wirklich, ich freu mich richtig. Und auch voll auf deine nächste Nachricht. Danke! Danke und bis gleich, ja? Danke!«

Ich musste sie gar nicht lange beobachten, um festzustellen, dass sie ihren astronomischen Umsatz nicht mit unterschiedlichen Kunden macht, sondern all die vielen Stunden immer mit ein und demselben Stammkunden verbringt. Ihr Sponsor heißt Marco, ist ein erfolgreicher Jungdealer und im Pott zu Hause. Er sei ihr vom Wesen her sehr ähnlich, sagt Luna-Fleur, und auch genauso gesprächig wie sie. Die beiden haben sich gesucht und gefunden, es war wohl Liebe auf die erste Silbe. Jeden Tag ruft er sie an. Jede Stunde wählt er sich neu ein. Sein Intro wird zum Soundtrack meiner Schichten. Luna-Fleur wartet auf ihn. Mindestens fünf Stunden am Tag ist sie für ihn da, ist exklusiv für ihn reserviert, hält sich frei. Er spricht kaum noch mit anderen OPs. Und wenn, dann nur kurz. Schon bald ändert Marco sein Intro in »Ich such nur dich, Luna-Fleur«.

Bei allen Gemeinsamkeiten, die die beiden offenkundig haben, ist ihre Motivation zu einem derartig intensiven Austausch doch nicht ganz dieselbe – zumindest gehe ich einmal davon aus. Vermutlich denkt er an Liebe. Sie denkt an das Geld, das er ihr beschert. Einmal erwische ich Luna-Fleur mit einer Rückmeldung zwischen zwei Gesprächen und frage sie, wie sie es schafft, dermaßen lange Gespräche zu führen. Und worüber. Sie sagt, dass sie sich bei Marco gar nicht anzustrengen brauchte, um mit ihm den ganz normalen gemeinsamen Alltag eines Pärchens zu leben. »Bloß halt am Telefon.«

Wie? Eine Fernbeziehung ohne Anfassen also? »Will er

dich denn nicht sehen?«, frage ich sie. Ich kapiere das nicht. Luna-Fleur beginnt, mir die ganze Geschichte zu erzählen.

»Na ja, also seinen ersten Anruf bekomme ich gleich morgens nach dem Aufstehen«, erklärt sie mir geduldig, als würde sie mit einem Kind sprechen. Dabei ist es ihre Stimme, die sich kindlich und sanft anhört.

»Und dann reden wir meistens noch darüber, was wir geträumt haben und wie sehr wir uns vermissen. Und dann frühstücken wir quasi gemeinsam. Dann gucken wir ein bisschen fern oder reden oder kuscheln oder spielen mit der Kleinen. Und dann fange ich schon mit dem Mittagessen an. Na ja, und so geht das manchmal den lieben langen Tag. Manchmal auch die ganze Nacht, weißte ja. Wir sind halt wie ein altes Ehepaar.« Sie lacht. Es klingt wie ein kaputter Keilriemen.

Dann holt sie weiter aus. Seit sie ihrem zweijährigen Kind beigebracht habe, Marco am Telefon »Papa« zu nennen, spreche er von Liebe und Familie. Natürlich möchte er Frau und Kind jetzt so schnell wie möglich kennenlernen und sie am liebsten sofort besuchen kommen, in ihrem »Dorf bei Erfurt«.

Das habe sie natürlich in Bedrängnis gebracht, erzählt sie. Sie musste Ausreden erfinden, eine nach der anderen. Zuerst war es das kranke Kind, dann musste ihre Mutter herhalten. Dann gab sie vor, mit dem Auto, das sie extra ausgeliehen hatte, um zu ihm zu fahren, in einen Unfall verwickelt gewesen zu sein: »Ich bin gerade losgefahren zu dir, wie abgemacht, und dann, als ich gerade auf die Autobahn fuhr, hat's rums gemacht. Aber uns geht es gut. Gott sei Dank.«

Marco habe sich furchtbar erschreckt und sei froh darüber gewesen, dass weiter nichts passiert war. Das Schicksal scheine wirklich etwas dagegen zu haben, dass sie sich treffen, schloss er für sich.

Aber dann habe sie eine gute Idee gehabt, erzählt Luna-

Fleur weiter. »Wie wäre es denn, mein Schatz, wenn du mir einfach das Geld für die Zugfahrt überweist? Du weißt ja, meine Geldbörse wurde gestohlen. Und dann suchen wir zusammen ein Datum aus, an dem die Kleine und ich dich besuchen kommen.«

Sie habe ihm die Kontonummer einer Freundin gegeben. Dann sei ihr eine neue Idee gekommen, schließlich sei sie auch mit der Miete im Rückstand gewesen, und die Kleine hätte schon lange neue Klamotten gebraucht. Also habe sie zu Marco gesagt: »Du gehörst ja jetzt zur Familie, und da musst du auch ein bisschen für uns sorgen.« Er habe daraufhin nicht nur das Geld für die Zugfahrt überwiesen … Viel länger könne sie ihn jetzt allerdings nicht mehr hinhalten.

Endlich, aber viel zu spät, habe Marco Verdacht geschöpft, als er erkannte, dass 0190 keine Ortsvorwahl in Thüringen ist. Er sei sehr böse geworden und habe gedroht, sie zu Hause aufzusuchen, um sie zu verprügeln. Nur habe er leider nicht so genau gewusst, wohin er dazu eigentlich fahren muss.

Damit Marco sie auf der Hotline nicht findet, versteckt sich Luna-Fleur jetzt, indem sie auf ihr Intro verzichtet. Man hört nur ein Rauschen und dann ein Knacken statt ihrer Stimme, genau wie bei Albrecht. Jedes Mal, wenn sie sich bei mir zurückmeldet, fragt sie: »War er denn heute schon hier?«, bevor sie in ein möglichst langes Gespräch flüchtet. Das »er« flüstert sie dabei.

Ich muss ihr allerdings leider verbieten, ohne Intro zu telefonieren. Die Hotline gibt vor, dass die OPs ein verständliches Intro aufsprechen. Und es ist Sache der Service-OPs, dies durch die Rückmeldungen zu überprüfen. In meinen Schichten ist es mir theoretisch auch erlaubt, Frauen, deren Intros meiner Meinung nach bereits die Grenzen des guten Geschmacks überschreiten, aufzufordern, sich mit einem anderen, dezenteren Intro neu einzuwählen.

Luna-Fleur folgt meiner Ansage, obwohl sie sagt, dass sie mittlerweile Angst vor Marco hat, und entschuldigt sich tausendmal. Es dauert nur wenige Tage, bis Marco komplett von der Line verschwindet. Aber auch von Luna-Fleur höre ich plötzlich nichts mehr. Mit einem Mal ist sie weg. Schade um ihre phantastischen Haltezeiten. Aber, Gott sei Dank, gibt es da noch andere Alpha-Weibchen, zum Beispiel die Königstochter. Sollte ich mich langsam schon anhören wie ein Zuhälter?

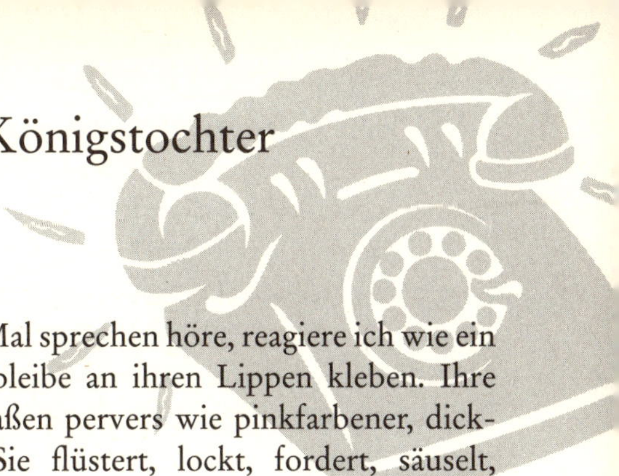

Die Königstochter

Als ich sie das erste Mal sprechen höre, reagiere ich wie ein geiler Mann: Ich bleibe an ihren Lippen kleben. Ihre Stimme klingt so dermaßen pervers wie pinkfarbener, dickflüssiger Zuckerguss. Sie flüstert, lockt, fordert, säuselt, stöhnt. Dabei ist es völlig egal, was sie gerade sagt. Das Bild, das sich mir sofort aufdrängt, ist einfallslos: blonde, lange Honighaare, blutjung, durchtrieben, riesiger Mund. Ein einziges verlockendes Versprechen.

Die Königstochter ist nicht nur deshalb so erfolgreich, weil ihre Stimme eine manipulative Wirkung hat, sondern weil sie ihre Rolle zur Perfektion gebracht und vollkommen verinnerlicht hat. Sie legt sie auch nicht ab, wenn sie mit mir über Voicemails kommuniziert. Wenn sie sagt, dass sie müde sei, sehe ich sie förmlich vor mir, halbnackt und mit geschlossenen Augen auf ihrem Bett liegend. Sagt sie, sie habe gerade nichts zu tun, sehe ich sie vor Langeweile ihre Brustwarzen streicheln.

Ihr richtiger Name ist Gabi. Was sie genau macht, wenn sie nicht gerade telefoniert, weiß ich nicht. Aber ihren Alltag habe ich mir schon öfter ausgemalt:

Tagsüber arbeitet sie im Gasthof ihrer Eltern, einem weißbraunen Schwarzwaldhäuschen mit roten Geranien auf den Balkons. Wenn sie morgens das Frühstück für die Gäste vorbereitet, ist sie müde von den Gesprächen der letzten Nacht. Sie kümmert sich um den Service im Haus. Nachmittags gibt es immer Kaffee und Kuchen. Vermutlich ist sie nicht sonderlich hübsch, das Trinkgeld könnte üppiger sein. Irgendwie könnte alles besser sein. Nachdem sie das Geschirr vom

Abendbrot weggeräumt hat, zieht sie sich in ihr Reich zurück. Dort regiert nur sie ganz allein. Dort raubt sie ihren Untertanen den Verstand. Ihr Volk liebt sie dort. Ihr Zimmer ist bestimmt dunkel, durch die Holzvertäfelung dringt kein Laut nach draußen. Die Eltern wohnen unten.

So stelle ich mir das Leben der Königstochter vor.

Gabi macht keine Pausen, wenn sie einmal telefoniert. Stundenlang spricht sie, ohne viel zu sagen. Ein paar Worte reichen. Emsig spinnt sie ihr zuckersüßes, feuchtes Netz. Nie muss sie lange auf der Lauer liegen, bis sich ein Mann darin verfängt. Je mehr er zappelt, desto enger wickelt sie ihr Opfer ein. Flößt ihm ihre paar wenigen Worte ein, bis sich sein Gehirn verflüssigt. Dann saugt sie ihn aus. Gnadenlos. Einen nach dem anderen. Spinnengleich.

Sie ist beängstigend gut. Über die Jahre hat sie sich einen treuen Kundenstamm aufgebaut. Eine hörige Gefolgschaft. Eine spritzende Armee. Die Königstochter ist nicht anspruchsvoll. Sie nimmt jedes Gespräch an. »Es sind doch nur Worte«, stöhnt sie und spinnt unentwegt weiter. Sie weiß, dass sie süchtig macht. Über die Stammkunden führt sie Buch. Sie protokolliert Gesprächszeiten, notiert Vorlieben, markiert mit bunten Fähnchen die Wohnorte ihrer Kunden. Das weiß ich von Emily.

Sie hat schon öfter mit ihr gesprochen, und die Königstochter hat ihr erzählt, dass über ihrem Schreibtisch eine große Deutschlandkarte hängt. Sie rechnet sogar die Strecken aus und weiß genau, wie viele Kilometer zwischen ihr und ihren besten Kunden liegen. Die Dörfer in der Umgebung ihres Wohnorts enden alle auf -heim, -feld oder -bach. Wenn sie ein Auto hätte, würde sie gerne an den freien Tagen in eine der größeren Städte fahren, die leider alle mindestens hundertfünfzig Kilometer entfernt liegen – egal, in welche Himmelsrichtung. Gabi kennt die Vorlieben ihrer Männer genau. Bei ihr dürfen sie alles: sich gehenlassen, sich fallenlassen, sich das holen, was sie brauchen. Und die Männer sind begeistert. Was sie von ihren Kunden so hört, spielen andere Frauen da nicht mit. So hat sie es zumindest Emily erzählt. »Die macht alles.« Ein Gütesiegel? Vielleicht eines von etwas zweifelhafter Qualität.

Aber wie kommt es, dass sie jeden Wunsch erfüllen kann? Kennt sie sich wirklich so gut aus oder schafft sie es, die Männer allein mit ihrer butterweichen Stimme derart gefangen zu nehmen, dass sie ihnen erzählen kann, was sie will? Gibt es bei ihr wirklich keine Grenze? Die Männerphantasien sind in ihrem Köpfchen sicher aufgehoben. Sie kennt einige ihrer Kunden, die in einer Partnerschaft leben, besser, als deren eigene Freundinnen sie jemals kennenlernen werden. Sie hat Emily gesagt, dass sie sich nicht benutzt fühlt, sondern bestätigt. Vielleicht ist das ihr Geheimnis? Statt von »Gesprächen« spricht sie von »Sitzungen«. Was die Arbeit angeht, ist sie mit sich im Reinen. Und doch ist sie unzufrieden mit ihrem Leben, eine schizophrene Situation.

Je länger Gabi auf der Hotline arbeitet, je mehr sie spricht, desto ausschweifender werden ihre Zukunftspläne. Sie glaubt, dass jeder ihrer Sätze sie weiter wegbringt vom Hotel, von den Gästen, der Einsamkeit, dem Job, und näher zu sich selbst und ihren Träumen.

Wenn sie genug Geld zusammenhat, möchte sie in die Großstadt ziehen. Vorher würde sie sich dann noch ein Auto kaufen. Eines schönen Tages könnte sie sich damit dann auf den Weg Richtung Norden machen, über die Landstraße fahren, vorbei an den Feldern und Bächen. Dann würde sie die Kurve kriegen, endlich richtig Karriere machen. In einem schicken Büro. Das hat sie in Gedanken schon eingerichtet, eines ohne Deutschlandkarte, versteht sich. Sie muss dann niemandem mehr hinterherräumen, niemanden mehr unterhalten und erregen. Vielleicht lernt sie dann einen richtigen Mann kennen, keinen Kunden. Und ihre Eltern müssten jemanden einstellen, denn sie würde nur noch an den Wochenenden die einhundertfünfzig Kilometer zurück in ihr altes Leben fahren. Ab und zu einmal in ihrem Reich nach dem Rechten schauen.

Bis es so weit ist, beklagt Gabi sich nicht. Bei wem auch.

Sie sagt: »Ich liebe meinen Job.«

Sophie

Eigentlich ist Sophie eine Freundin von Katharina. Sie kennen sich von früher, haben sich aus den Augen verloren und dann zufällig vor drei oder vier Jahren auf einem Konzert wiedergetroffen. Damals hat sie Katharina auch von ihrem Job erzählt. Dass sie da immer Mädchen suchen, die gut telefonieren können, und dass man flexibel von zu Hause aus arbeiten kann. Gleich nach dem Konzertwochenende hat Katharina im Büro bei Chris angerufen. Eigentlich wollte sie als normale OP arbeiten, aber die Hotline hat gerade dringend jemanden für den Service gebraucht. Seitdem ist Katharina dabei. Sophie wohnt in der Nähe von Frankfurt, wohin sie auch nach dem Konzert noch zurückgefahren ist. Die beiden telefonieren auch privat und versuchen, ihre Schichten ein bisschen aufeinander abzustimmen.

Sophie spricht, seit ich sie selbst vor drei Monaten auf der Hotline kennengelernt habe, davon, dass sie »eigentlich aufhören« will. Ich wusste da noch nicht, dass sie das schon seit zwei Jahren erzählt. Wir hatten den ersten Monat nur oberflächlich Kontakt, haben nur sporadisch kurze Nachrichten ausgetauscht. Doch wir waren uns gleich sympathisch, obwohl wir uns noch nicht richtig kannten.

Schnell merke ich, dass sie viel arbeitet, sie ist Tag und Nacht eingewählt. Sogar an ihrem Geburtstag hat sie nachts noch gearbeitet. Dass sie an dem Tag Geburtstag hatte, erfuhr ich so nebenbei, als ich mich in einer Nachricht erkundigte, was sie denn nach der Arbeit noch so vorhabe. Ich habe ihr dann eine Happy-Birthday-Voicemail geschickt. Als sie sich bei mir bedankte, meinte ich, Tränen in ihrer Stimme zu hören.

Seitdem schieben wir in jeder gemeinsamen Nacht einminütige Nachrichten durch die Leitung hin und her wie süße Kuchenstückchen. Wir haben uns schnell besser kennengelernt. Es dauerte nicht lange, und Sophie wartete schon immer auf mich, wenn ich den Computer hochfuhr, und blieb dann nachts oft bei mir, obwohl sie schon längst Feierabend hatte.

Sophies Stimme ist angenehm, sehr sanft. Sie transportiert ihre Worte direkt in mein Innerstes. Man hört es ihrer Stimme keine Sekunde an, dass es ihr schlechtgeht. Man würde nie vermuten, dass sie nur noch selten aus dem Haus geht, in dem sie allein wohnt, seit ihr Freund sie verlassen hat. Das ist noch nicht lange her. »Der hat mich nicht mehr ertragen«, sagte sie einmal und lachte ihr trauriges Lachen, weil sie an seine Worte denken musste. »Du bist durch und durch Opfer«, hatte er gesagt.

In Sophies Leben ist so ziemlich alles schiefgelaufen, was schieflaufen kann. Kindheit im Heim, immer die falschen Männer, falsche Freunde, Drogen und dann noch sexueller Missbrauch. Mehrmals. Das hat sie mir auch in der Geburtstagsnacht erzählt. Und ich habe sie gefragt, wie sie dann hier überhaupt arbeiten kann. Für mich ist das nicht nachvollziehbar. Wie konnte sie bei ihren Erfahrungen die Männer nicht hassen?

Ich habe zwei Kundengespräche abgelehnt, um nicht den Anschluss an Sophies Nachrichten zu verlieren, in denen sie mir versucht hat, ihre Denkweise zu erklären.

»Das mag sich für dich paradox anhören, aber ich habe das Gefühl, so die Kontrolle über die Männer zu haben. Ich bin es, die bestimmt, wie weit sie gehen dürfen, habe auch die Möglichkeit, nein zu sagen. Das hatte ich damals nicht. Ich kann bestimmen, wann ein Gespräch beendet ist. Ich habe Einfluss auf sie. Und vor allem nehme ich sie aus, lasse sie tanzen wie Marionetten.«

Es tat mir weh zu spüren, wie verletzlich sie durch die Erlebnisse geworden war und es offensichtlich – verständlicherweise – noch immer ist. Als ich nichts entgegnete, war sie bemüht, ihrer Aussage noch mehr Nachdruck zu verleihen.

»Ich habe ein wenig mehr ...« Sie suchte nach dem richtigen Wort, das ihr einfach nicht einfallen wollte, so dass es in die nächste Nachricht hinüberrutschte. Piep. »... mehr Selbstbestimmung in meinem Alltag.«

Selbstbestimmung? Davon konnte ich in unserem Job nicht viel erkennen. Vielmehr wollte ich wissen, wie sie denn reagieren würde, wenn einer der Kunden am Telefon Gewaltphantasien durchblicken ließe. Solche Typen gibt es ja, die sich an der Vorstellung aufgeilen, eine Frau mit körperlicher Gewalt gefügig zu machen und ihr Schmerzen zuzufügen. Die wollen dann hören, dass man unter der Schilderung derartiger Praktiken leidet. Auch wenn man nur so tut, als ob. Sonst kriegen sie keinen hoch.

»Wie hältst du sie aus? Die vielen Phantasien? Was machst du, wenn jemand genau das fordert, den Wunsch ausspricht? Da musst du doch durchdrehen.« Sophie hört sich unglaublich jung an, wenn sie traurig ist. Sie gibt zu, dass solche Kunden ihr wehtun, ohne dass sie ein Gespräch mit ihnen führem muss. Ich habe sie vorerst in Ruhe gelassen, aus Angst, sie mit meinen Fragen noch trauriger zu machen. Was bleibt, ist mein Unverständnis, eingebettet in einen schalen Nachgeschmack.

Der Butler

Dass der Butler ein Stammkunde von Emily ist, erfahre ich erst, nachdem ich das erste Mal mit ihm gesprochen habe. Es wäre gut gewesen, man hätte mir vorher von ihm erzählt. Er ist ein wenig speziell. Am Telefon macht er einen sehr peniblen Eindruck. Er ruft nicht oft an, seine Zeit teilt er sich akkurat ein. Er berechnet die Gespräche so, dass sie minutengenau in eine Stunde passen. Selbst seine Worte wählt er mit Bedacht, er spricht sie nie laut aus, sondern ganz vorsichtig, als wären die Silben aus wertvollem Porzellan und könnten leicht kaputtgehen. In meiner Vorstellung hat er schütteres Haar und Geheimratsecken. Ein unmodischer Brillenträger. Er ruft immer mit demselben Gesprächsmotiv an, das auch schon in seinem Namen steckt. Er sucht nämlich eine Festanstellung als privater Butler.

Mein erstes Gespräch mit ihm ist nur kurz, weil ich nicht genau kapiere, was er will. Eine Festanstellung als Butler? So ein Job, bei dem man mit der weißen Serviette überm Arm rückwärts zur Tür hinausknicksen muss? Immer zu Diensten, immer unterwürfig und zurückhaltend? Und schon hatte ich mit meinen spöttischen Worten die skurrile Phantasie des Butlers plump zerstört. Bis ich überhaupt verstehe, dass er genau diese Rolle spielen möchte, ist die Stimmung dahin. Als ich dann auch mit »livrierter Lakai« nichts anfangen kann und den Ausdruck ein bisschen ungläubig wiederhole, legt er ziemlich schnell auf.

Ich habe Emily von dem Gesprächsversuch erzählt, als sie kam, um mich abzulösen. Da war es gerade erst passiert.

Sie hat nur gelacht. »Der Butler, ja, ja.«

Dann ging sie zur Schrankwand hinüber und holte einen dicken grauen Ordner aus einer der Schubladen. Sie ließ ihn auf den dunkelblauen Teppichboden fallen und ging in die Hocke, ich rutschte neben sie. Gemeinsam beugten wir uns über die Seiten.

Der Ordner ist offensichtlich schon viel benutzt worden, hat schon ganz abgestoßene Ecken.

Emily klappte den Pappdeckel auf, löste die Metallklemme und blätterte durch die dichtbeschriebenen Seiten.

»Habe ich dir das nicht gezeigt? Alphabetisch geordnete Unterlagen über Stammkunden.« Es raschelte beim Umblättern. Sie tat übertrieben feierlich, klang fast schon ironisch, und fügte hinzu: »Im Laufe der Jahre mühsam von fleißiger Hand angelegt.«

Das wollte ich genauer wissen und hinderte sie am Weiterblättern. »Warte doch mal.« Ich versuchte, die unterschiedlichen Schriften zu entziffern: Matze, 32, 1,80, blond. Wählt sich meistens abends ein. Keine Freundin. Freundlich, redet gerne über Sport. Spielt Fußball. Sucht TS. Ist dominant, steht auf Dirty Talk. Liebt anal.

Es sah ganz so aus, als hätten mit der Zeit immer wieder andere Frauen die Notizen handschriftlich ergänzt.

»Das sind alles gesammelte Infos über Stammkunden?« Ich konnte es kaum glauben, dass auf der Hotline derartig strukturiert vorgegangen wird. Ich war mir sicher, dass auch Albrecht aufgelistet ist.

Emily blätterte zurück zu »a«. »Ja, aber das ist nicht mehr aktuell. Da sind ganz viele Kunden dabei, die sich gar nicht mehr einwählen. Chris muss hier echt mal ausmisten.« Sie schüttelte den Kopf. »Aber einige Stammkunden, wie zum Beispiel der Butler, sind hier auch beschrieben. Das sind natürlich alles subjektive Meinungen, Eindrücke aus Gesprächen eben.«

Ich frage mich bis heute, warum Chris mir diesen Ordner nicht bei unserem ersten Treffen gezeigt hat. Vielleicht hat sie es wirklich nur vergessen? Trotzdem finde ich, es wäre ihre Aufgabe gewesen, mich besser vorzubereiten. Der Job ist schließlich mehr als ein bisschen nebenbei telefonieren, wie ich anfangs gedacht hatte. Und irgendwie werde ich das Gefühl nicht los, dass Chris einem bestimmte Dinge nur erzählt, wenn man sie explizit danach fragt. Ich finde, dass sie sich als meine Supervisorin eigentlich ein bisschen mehr um mich kümmern könnte. Oder ist dazu vormittags neben dem Service, der anfallenden Büroarbeit und den Telefonaten mit Mannheim keine Zeit? Schließlich hat sie ja nur eine Halbtagsstelle.

Dann stupste Emily mich an und riss mich aus meinen Gedanken.

»Hey! Siehst du das hier?« Sie deutete auf wie in Schönschrift geschriebene Zeilen und räusperte sich ganz feierlich, bevor sie begann, laut vorzulesen.

»Der Butler sucht natürlich keine echte Festanstellung, sondern Rollenspiele, die er aber sehr ernst nimmt. Er hat diese Rolle perfektioniert und erwartet seinerseits ein gewisses Maß an Professionalität und Seriosität. Deshalb ist es ihm wichtig, eine Frau am Apparat zu haben, die auf seine Wünsche eingehen kann. Er möchte dienen, hat größtes Vergnügen dabei, herumkommandiert zu werden.«

Emily schaute mich ganz zufrieden an und fügte dann noch stolz hinzu: »Die Beschreibung stammt aus meiner Feder.«

Ich beschloss, mir den Butler irgendwann in Ruhe genauer anzuschauen.

Emily ist dann aufgestanden, hat mich mit hochgezogen und den Ordner wieder zurückgestellt. Ein schneller Blick auf die Wanduhr, sie musste gehen. Bevor sie mir entgleiten konnte, fragte ich sie noch, ob sie mir sagen könne, was es mit dem livrierten Lakai auf sich habe. Emily verriet mir schmunzelnd, dass es für den Butler die absolute Krönung sei, wenn man ihm nicht bloß strenge Kommandos erteilt, sondern ihn auch noch wegen seiner befleckten oder schlecht sitzenden altmodischen Dienstuniform, der sogenannten Livree, rügt. Jetzt weiß ich Bescheid.

Ich höre drei Wochen nichts mehr vom Butler. Fast habe ich ihn schon vergessen, da ruft er mich eines Abends wieder an, als ich im Büro bin. Entweder hat er sich meine Stimme nicht gemerkt, oder er will mich noch einmal ausprobieren. Will er testen, ob ich mich über ihn informiert habe?

Jeder Gesprächsanfang mit dem Butler gleicht einem Bewerbungsgespräch. »Guten Tag, Madame, ich benötige eine Festanstellung als persönlicher Butler. Hätten Sie eventuell Interesse, vorausgesetzt, Sie haben eine Vakanz?«

Seine höflichen Formulierungen amüsieren mich. Er nennt mich »Madame« oder »Gräfin« und versucht angestrengt, seine Stimme vornehm und zurückhaltend klingen zu lassen. Es hat etwas Wienerisches. Ich stelle ihm eine Beschäftigung auf meinem Wohnsitz, einem alten Gutshof, in Aussicht und versuche dabei, so herablassend wie möglich zu klingen.

»Wir leben dort noch etwas traditioneller. Manche mögen es altmodisch nennen. Die Uhren ticken eben etwas langsamer auf dem Land.«

Der Butler ist ganz angetan von dieser Vorstellung. Und da er natürlich äußerst anspruchslos ist, nimmt er mit der Besenkammer vorlieb, die ich ihm anbiete. Dort hat er selbstverständlich kein Bett, sondern muss auf dem harten Fußboden schlafen. Er findet das alles völlig angemessen, schließlich möchte er bis zur völligen Selbstaufgabe seiner neuen Herrin dienen. Er übernimmt bereitwillig alle niederen Hausarbeiten, putzt mir die Schuhe, hält meine Garderobe in Ordnung. Ja, er reicht mir sogar das Klopapier.

»Ist es Ihnen so wohl, Gräfin?« »Darf ich weitere Befehle ausführen, Madame?« »Ich bin Ihnen vollkommen ergeben.« Der Butler möchte, dass es mir an nichts fehlt, und weicht mir nicht von der Seite. Er geht völlig in seinem Job auf und ist beseelt von meiner Gegenwart.

Fast unmerklich fängt er an, mich zu beschnuppern. Er füllt seine Lungen mit meinem Duft, saugt mich in sich auf. Je intimer unsere Beziehung im Laufe des Gesprächs wird, desto mehr legt der Butler Wert darauf, die offizielle Etikette zu wahren und die angemessene Distanz einzuhalten.

»Ich muss um etwas mehr Abstand bitten, Gnädigste«, sagt er dann. Es erregt ihn, nicht alles zu dürfen, was er gerne tun würde, sich zurücknehmen zu müssen und es sofort zu bereuen, wenn er sich doch einmal zu weit vorwagt.

Sein Alltag auf meinem imaginären Gutshof ist eine arge Plackerei. Schon Stunden vor Sonnenaufgang verlässt er die armselige Besenkammer, um seinen Pflichten auf dem Hof nachzukommen. Er füttert die Tiere, schürt ein und bereitet das Frühstück zu. Bis ich die Augen aufschlage, wacht er an meinem Bett. Er wendet keine Sekunde den Blick von mir ab. Manchmal berührt er ganz kurz meine Brüste, die im Schlaf aus dem Ausschnitt meines Nachthemds gerutscht sind, oder öffnet seinen Hosenschlitz, um die Hand hineinzuschieben.

Kaum bin ich wach, verlange ich von ihm, dass er mich mit einem Waschlappen wäscht. Er hatte einmal angedeutet, dass Waschlappenspiele ihn besonders anmachen.

»Butler, waschen Sie mich jetzt im Gesicht und am ganzen Körper. Nehmen Sie hierfür den Waschlappen.«

»Sehr wohl, Madame«, sagt er dann ergeben. Er erfüllt seine Pflicht, ohne jemals die Beherrschung zu verlieren.

Ich gebe ihm Anweisungen, genau wie er es gerne möchte: »Seifen Sie den Waschlappen ordentlich ein, leicht schäumen muss es. Hören Sie, wie das Wasser in den Bottich plätschert, wenn Sie den Lappen auswringen?« Ich beschließe, das nächste Mal tatsächlich eine Schüssel mit Wasser bereitzuhalten, um für ihn die Illusion perfekter zu machen.

Er antwortet umgehend. »Gräfin, ich lasse meine frotteebewehrte Hand in Ihren Armhöhlen verschwinden und wasche Sie dort gründlich, ganz, wie Sie befohlen.«

»Das machen Sie ganz ausgezeichnet«, lobe ich ihn. Er soll sich schön viel Zeit lassen. »Lassen Sie Ihren Lappen langsam über meine Brüste wandern, bedecken Sie die Brustwarzen mit Schaum.«

Ich kann hören, wie er schlucken muss. Ich ermutige ihn, seine Scheu zu überwinden und seine Distanz ein wenig aufzugeben. »Nicht so schüchtern, nur zu. Wir wollen uns jetzt ganz der Pflege Ihrer Gräfin widmen, nicht wahr? Hoffentlich kommt mein Gemahl nicht unversehens zur Tür herein. Wissen Sie, so nahe, wie Sie mir schon gekommen sind, lasse ich sonst niemanden heran.« Diese Vorstellung erregt ihn sehr. Er stöhnt kurz und leise und räuspert sich sofort. Ich bin auf dem richtigen Weg.

»Jetzt machen Sie schon. Gehen Sie tiefer mit der Hand, zwischen meine Beine. Tiefer, nicht so zaghaft. Ja, genau so. Lassen Sie keinen Winkel aus. Kommen Sie mit Ihrem Gesicht näher an mich heran, ich möchte Ihren Atem spüren und den Geruch Ihrer Uniform in mich aufnehmen.«

»Gräfin, ich bin ganz verlegen. Sind das nicht Bereiche, die nur einem Ehemann zustehen?« Der Butler versucht angestrengt, Haltung zu wahren, und atmet tief durch. Die immer schneller werdenden Bewegungen, die er mit seiner rechten Hand ausführt, bringen ihn zum Schwitzen. »Aber wenn Madame es mir befehlen …« Ungeduldig drängt er mich fortzufahren. Ich weise ihn jetzt in seine Schranken.

»Damit Sie nicht vergessen, wohin Sie gehören, werden Sie als Nächstes hier den Fußboden säubern. Erst mit dem Waschlappen, dann mit der Zunge. Lecken Sie ihn ab, bis ich Ihnen gebiete aufzuhören.«

Ich weiß, dass er sich in diesem Augenblick, wo auch immer er gerade sitzt, steht oder liegt und mit mir telefoniert, hinknien wird, um mit der Zunge seinen Fußboden abzulecken. Braver Diener!

»Gut so! Entledigen Sie sich nun Ihrer Kleidung und widmen Sie sich meinen Schuhen. Es wird mir ein Vergnügen sein, Ihnen dabei zuzusehen, wie Sie wie ein Wurm am Boden kriechen und mir die Schuhspitzen sauber lecken. Später werden Sie als Belohnung mein Badewasser austrinken dürfen, restlos, bis zum letzten Tropfen.«

Der Butler bedankt sich ergebenst. »Jawohl, wie Sie es wünschen. Ich werde alles tun, was Sie von mir verlangen.« Er ist völlig begeistert, kann sich kaum beherrschen. Der Butler ist meine Marionette geworden. Er hat sein Ziel erreicht.

Wenn mein Mann, der Graf, und ich abends dann allabendlich miteinander schlafen, liegt der Butler mucksmäuschenstill unter dem Ehebett und hört uns zu. Wenn er dann kommt, dort, in seinem Versteck, tut er dies ganz im Stillen, praktisch geräuschlos. Ich höre nur ein ganz leises Wimmern.

Für den Butler liegt der sexuelle Reiz nicht nur in der devoten Rolle, sondern auch darin, in die Privatsphäre anderer einzudringen und dort seinen Platz zugewiesen zu bekommen. Es geht ihm nicht darum, etwa Schmerzen zu erfahren. Seine Erregung baut sich während des Gesprächs durch den Wechsel von Distanz, Intimität und Demut auf. Ich bin eine launische Herrin, mal gnädig, mal dominant. Der Butler ist meinen Launen ausgeliefert, ich mache ihn zu meinem Leibeigenen. Ich entscheide, wann er auf die Toilette gehen, wann er schlafen und wann er etwas essen darf. Wenn er artig gewesen ist, lasse ich ihn zur Belohnung zu meinen Füßen schlafen.

»Gräfin, war ich heute ein guter Diener? Waren Sie zufrieden mit meinen Diensten?« Bestätigung ist ihm wichtig.

»Heute waren Sie mir ein guter Butler. Ja, ich war zufrieden. Natürlich heißt das nicht, dass alles schon perfekt ist.«

Auch wenn ich die Dominante spiele, verlaufen die Gespräche nach den Spielregeln des Butlers. Jedes Mal bricht er pünktlich nach achtundfünfzig Minuten das Gespräch ab. Er bleibt förmlich bis zuletzt.

»Madame, ich erlaube mir, mich jetzt zurückzuziehen.« Das ist die immer gleiche Formulierung, mit der er sich bedankt und bis auf weiteres empfiehlt: »Au revoir, Madame, bis zum nächsten Mal.«

Werner aus Kassel

Meine Probezeit ist zu Ende. Und weil ich die Auflagen erfüllt habe – ich habe mindestens drei Monate gearbeitet und war sechzig Stunden im Monat eingewählt –, habe ich Anspruch auf eine Prämie. Auch Katharina steht ein kleiner Bonus zu, weil sie mich angeworben hat. Wir warten die Frist ab und geben noch eine weitere Woche zu, nichts passiert. Dann rufen wir Chris an, um nachzufragen. Sie reagiert gelassen und beruhigt uns.

Das Büro in Mannheim habe wohl einfach vergessen, den Scheck auszustellen, sagt sie. »Ich habe es aber weitergegeben, an mir liegt es nicht. Aber bei den vielen Frauen kann das ja mal vorkommen. Ich werde da morgen noch einmal in eurem Namen anrufen.«

Aber es tut sich nichts. Von dem erwarteten Bonus habe ich dreieinhalb Monate nach Dienstanfang noch immer nichts gesehen. Auch auf meinen letzten Verrechnungsscheck musste ich länger warten, als es mir eigentlich möglich gewesen wäre. Schließlich bin ich nicht angestellt, sondern arbeite auf selbständiger Basis und schreibe Rechnungen. Am Monatsende gebe ich sie bei Chris ab, die sie dann nach Mannheim weiterleitet, wo sie bearbeitet werden. Die Schecks sollten eigentlich maximal zwei Wochen später bei mir im Briefkasten liegen, weitere fünf Tage kann es dann dauern, bis ich das Geld endlich habe. Ich bin nicht über den Job versichert, die Krankenkassenbeiträge sind für Selbständige enorm hoch.

Dann haben Katharina und ich keine Lust mehr, noch länger auf unser Geld zu warten, und rufen deshalb direkt in der Mannheimer Buchhaltung an. Dort sagt man uns verwundert, dass Prämien grundsätzlich erst einen Monat nach der Probezeit ausgezahlt würden. Und ob wir das nicht gewusst hätten?

Als ich Chris daraufhin am nächsten Vormittag anrufe, sagt die, dass sie davon nichts gewusst habe. »Echt? Aha, das ist mir zwar neu, aber siehste mal …«

Siehste mal was? Für ein Unternehmen, das sich im weitesten Sinne »Kommunikation« auf die Fahnen schreibt, stockt der Informationsaustausch aber mächtig. Irgendetwas läuft jedenfalls nicht ganz rund, denn auf die nächste Zustellung meines Gehaltsschecks muss ich erneut viel zu lange warten. Wieder renne ich jeden Tag zum Briefkasten. Statt des Schecks bekomme ich meine eigenen Rechnungen zurück – von Hand durchgestrichen und mit dem Vermerk »Bitte neu schreiben und einreichen«.

Jetzt werde ich aber wirklich sauer. Ich renne die Treppen nach oben in meine Wohnung zurück und greife nach dem Telefon. Erneuter Anruf in Mannheim. Ich setze mich mit der Zigarette in der Hand an den Küchentisch, der Brief liegt vor mir. Ich spreche mit einer Dame, die nicht verstehen will, worum es überhaupt geht. Vielleicht tut sie auch nur so. Hektisch wickele ich eine blonde Strähne immer wieder und wieder um meinen Finger.

»Meine Rechnung ist zurückgekommen, und ich verstehe nicht, was daran falsch ist. Ich warte auf mein Geld.«

Sie sagt »Moment mal«, und ich höre, wie sie Zettel auf ihrem Schreibtisch durchblättert. Ich stehe auf und gehe ans Fenster, blicke in den Hinterhof. Unten sehe ich zwei Kinder, die Fangen spielen. Ihre Stimmen dringen durch das geschlossene Fenster nach oben an mein Ohr.

Dann ist die Mannheimerin wieder bei mir. »So, was haben Sie denn auf Ihrer Rechnung für einen Betrag stehen?«

Ich gehe zurück zum Tisch, schaue auf das Papier und nenne ihr die Summe. Damit rufe ich eine amüsierte Reaktion hervor.

»Na, da hat sich bei Ihnen wohl ein Zahlendreher eingeschlichen. In meinen Unterlagen steht eine Siebenundachtzig hinter dem Komma und keine Achtundsiebzig, wie Sie sagen. Daran liegt es.«

Ich überlege. Chris ist diejenige, die mir am Ende eines Monats telefonisch mitteilt, wie viel ich laut Berechnung des Computers verdient habe. Entweder muss sie sich versprochen haben, oder ich habe mich verhört. Langsam beschleicht mich der leise Verdacht, dass die Hotline möglicherweise Zahlungsschwierigkeiten haben könnte. Vielleicht verzögern sie die Zahlungen absichtlich, um Zeit zu gewinnen? Vielleicht ist das alles Taktik? Mir bleibt nichts anderes übrig, als eine neue Rechnung zu schreiben und wieder auf mein Geld zu warten.

Auch Katharina hat ihre Rechnungen mit demselben handschriftlichen Vermerk zurückgeschickt bekommen. Wir beschließen, uns zu treffen.

»Das wird sicher an irgendwelchen Großkunden liegen, die ihre Rechnungen nicht pünktlich zahlen können«, vermutet sie, als wir uns in ihrem Zimmer gegenübersitzen.

Sie wohnt ganz oben, alleine, im siebten Stock unter dem Dach. Die Wände neben ihrem Bett hat sie in Schwarz und Dunkelrot gestrichen. Auch der Teppich und die Bettdecke sind schwarz. Von der Zimmerdecke baumelt ein Strauß getrockneter Rosen. Katharina hat Kerzen angemacht.

»Was denn für Großkunden?«, frage ich. Den Begriff hatte ich im Zusammenhang mit der Agentur noch nie gehört. »Sind das Einzelpersonen?«

Katharina trägt heute eine ganz normale Jeans und ein kariertes Hemd, nichts mit Nieten oder Schnallen. Sie nimmt die Teekanne vom Tischchen und schenkt uns dampfenden Tee in die Tassen. Ich liebe das Geräusch von knisterndem Kandiszucker.

Katharina nimmt sich für ihre Erklärung Zeit. »Großkunden können Privatpersonen sein, die viel telefonieren und meistens irgendwann Schulden anhäufen, oder große Anbieter, die sich hinter all diesen 0190er-Nummern verstecken, die zum Beispiel diese nervigen Werbespots schalten, die nachts im Fernsehen laufen. Oder die billigen Anzeigen im hinteren Teil der Fernsehzeitung. Pop-ups von irgendwelchen Livecam-Girls im Internet. Hinter den verschiedenen Nummern steckt ja meistens ein und dieselbe Hotline und ein und derselbe Auftraggeber. Wenn dann mal nicht nur einer, sondern gleich mehrere von denen Zahlungsschwierigkeiten haben, stellt die Hotline unsere Schecks anscheinend verzögert aus, weil sie selber auf Geld wartet.«

»Ist das schon öfter vorgekommen?«, will ich wissen.

Katharina nickt. »Ja, ein- oder zweimal. Also, die verspäteten Schecks meine ich. Manche Kunden können nicht zahlen, andere wollen nicht. Das gilt vor allem natürlich für Privatpersonen. Der eine hat im Gespräch einfach die Zeit vergessen, der andere ist eingeschlafen und hat es nicht gemerkt, der nächste will nicht zugeben, dass er überhaupt angerufen hat. Hinterher weigern sich sie dann einfach, die Rechnung zu zahlen.« Sie grinst. »Es kommt immer mal wieder vor, dass die Hotline vor Gericht zieht.«

Aber worauf will man denn da klagen? Den Kunden wird doch bei jedem Anruf ordnungsgemäß angesagt, wie viel sie pro Minute zahlen müssen, wenn sie anrufen. Oder etwa nicht?

Katharina beobachtet mein Gesicht, und bevor ich meine Frage stellen kann, bestätigt sie meine Vermutung. »Natürlich hat die Hotline jedes Mal gewonnen. Klagen sind aussichtslos. Deswegen werden die Kunden bei uns ja auch nach einer Stunde automatisch zur Wiedereinwahl aufgefordert. Um ihnen bewusst zu machen, wie lange sie schon eingewählt sind. Damit schützen wir sie und auch uns selber. Ich weiß nicht, ob dir schon aufgefallen ist, dass die meisten Kunden, die wirklich viel telefonieren, immer nach einem Monat wieder weg sind. Den zweiten Monat können sich Privatpersonen meistens nicht mehr leisten.«

Ich denke kurz an Albrecht, der sich bereits seit drei, vier Jahren auf der Line bewegt. Bevor ich heute zu Katharina gefahren bin, habe ich mir vorgenommen, sie nach den Strukturen zu fragen, die hinter der Line stecken. Ich weiß noch immer sehr wenig darüber, obwohl ich doch selber hinter den Kulissen arbeite. Als Janna mich neulich gefragt hat, wo denn die Fäden der Hotline zusammenlaufen würden, ob es jemanden gäbe, der sich am Ende des Monats die Hände reibt, weil er wieder das dicke Geld gemacht hat? Ich konnte ihr keine Antwort geben und habe mir die ganze Sache bildlich vorgestellt. Vielleicht ist da jemand, eine Art Puppenspieler, der die OPs wie Marionetten dirigiert und tanzen lässt.

Ich warte kurz, bis Katharina vom Computer zurückkommt. Sie hat dezente Musik ausgewählt. »Comptine d'un autre été«, das traurig-schöne Klavierlied aus dem Film *Die fabelhafte Welt der Amelie.* Einmal Lächeln süß-sauer, bitte. Ist schwer zu sagen, ob ich zu diesem Lied schon häufiger geweint oder gelacht habe.

Katharina ist jetzt meine Freundin. Ihr Lächeln und der warme Tee tun gut. Er fließt mir die Kehle hinunter, direkt in den Magen, und wärmt mein Innerstes. Doch meine Frage wartet.

»Sag mal, weißt du eigentlich, ob die Line irgendjemandem gehört? Gibt es eine Hierarchie wie bei anderen Firmen, einen Big Boss, der das ganze Geld abkassiert?« Wieso habe ich mir nicht schon viel früher diese Gedanken gemacht? Das frage ich mich, nicht Katharina.

Sie legt die Stirn in Falten und fragt mehr, als dass sie sagt: »Thomas? Thomas Manta.« Katharina lacht, weil ich lache. »Kein Witz, der heißt wirklich so. Aber viel mehr weiß ich auch nicht über ihn, wenn ich ehrlich sein soll. Man hört nur immer, er sei dauernd im Urlaub. Seine Telefonnummer ist in einem der dicken grauen Ordner im Büro. Für Notfälle.«

Ich denke an den Ordner, den Emily und ich uns auf dem Fußboden sitzend angeschaut haben. Ich nicke. Aber ich verstehe nicht, was sie mit Notfall meint.

»Was für ein Notfall denn?«, frage ich sie und setze meine Tasse ab. »Und sitzt dieser Thomas hier in Hamburg oder in Mannheim?«

Katharina geht zuerst auf meine zweite Frage ein. »Nee, in Hamburg nicht. Ich glaube, er wohnt in Mannheim.« Sie zieht die Augenbrauen über der Nasenwurzel zusammen. »Ich glaube, er hat die Hotline gekauft, und ich kann mir vorstellen, dass er nicht schlecht daran verdient. Ich weiß aber weder, wie alt er ist, noch, wie er aussieht.«

Katharinas Stirn entspannt sich wieder ein bisschen. »Notfall ist übertrieben«, sagt sie. »Also, damit meine ich, falls nachts mal gar nichts mehr geht, die Computerprogramme abgestürzt sind und sich die Männer nicht mehr einwählen können. Das ist schon gruselig. Es ist dann plötzlich ganz still, du hörst keine Warteschleife mehr. Ich weiß nicht, wie es bei dir ist, aber ich finde es in mancher Nacht auch so schon unheimlich genug. Ich denke immer, dass gleich jemand an der Tür rüttelt. Oder wenn du vergessen hast, ein Fenster zu schließen, und es fällt dann plötzlich von alleine zu.«

Ich nicke heftig, ich weiß ganz genau, was sie meint. Sie macht eine Handbewegung, wie um anzuzeigen, dass nun ihre Erklärung folgt.

»Dann nämlich soll man mit dem anderen, dem Bürotelefon, die Nummer hinten im Ordner anrufen.« Ihre Worte steigern meine Neugier. Zugleich merke ich, dass sich so etwas wie Unzufriedenheit in meinen Gedanken breitmacht. Schon sehr bald würde das Gefühl in Wut übergehen. Warum hat mir Chris eigentlich so wenig erklärt? Wäre nicht auch das ihre Aufgabe gewesen? Oder sollte ich eher sauer auf mich selber sein, weil ich nicht nachgefragt habe? Ich versuche, mir unser erstes gemeinsames Treffen in Erinnerung zu rufen. War damals mein Kopf denn so leer, dass mir nicht einmal die naheliegendsten Fragen eingefallen sind? Theoretisch hätte so ein Notfall, wie Katharina es genannt hat, ja auch schon einmal während einer meiner Schichten eintreten können. Ich hätte ja gar nicht gewusst, was zu tun ist. Mir wäre nichts anderes übriggeblieben, als eine der Schwestern anzurufen. Nachdenklich folge ich mit den Augen der Holzmaserung auf dem Tischchen vor meinen Knien. Ich muss zugeben, dass ich ziemlich blauäugig gewesen bin und überhaupt nicht damit gerechnet habe, dass es Probleme geben könnte. Einfach nur ein bisschen telefonieren. Ja, von wegen! Ich hatte mir alles viel einfacher vorgestellt, und niemand hatte den Versuch unternommen, mich vom Gegenteil zu überzeugen. Auf die ganzen Fragen hätte es auch schon früher eine Antwort gegeben, wenn ich sie rechtzeitig gestellt hätte. Dann eben jetzt.

Ich löse meinen Blick vom Tischchen und schaue Katharina tief in die blauen Augen. Der Song ist zu Ende, und es entsteht eine kurze Stille. Dahinein frage ich sie: »Das hört sich ja so an, als hättest du schon mal mit Manta-Thomas gesprochen? Und hattest du so einen Absturz schon öfter?«

Katharina nickt, sagt aber: »Ja und nein. Also passiert ist das schon, zweimal. Aber gesprochen habe ich noch nicht mit ihm.«

Ich verstehe das nicht und stupse mit dem Zeigefinger an ihr Knie. »Mit wem hast du denn gesprochen?«

Sie sagt: »Mit einer Frau. Den Namen habe ich vergessen,

eine aus dem Mannheimer Büro. Ich glaube, es gibt immer eine Person, die Bereitschaft hat für solche Fälle.« In ihre Stimme mischt sich ein kleines bisschen Genugtuung. »Die musste dann noch mal losfahren ins Büro, um dort das Computersystem neu zu starten. Mitten in der Nacht.«

Irgendwie schaffe ich es nicht, ihr Grinsen zu erwidern. Ich mache mir Gedanken um meine Unwissenheit. Und die meiner Kolleginnen. Oder bin ich die Einzige, die so wenig Bescheid weiß? Vielleicht bin ich anfangs davon ausgegangen, dass ich den Job sowieso nicht länger als zwei Monate machen würde. Vielleicht habe ich die Auswirkungen unterschätzt. Vielleicht waren sie mir sogar egal. Das wird's gewesen sein: Gleichgültigkeit. »Alles ganz einfach« und »Learning by doing«, habe ich mir gedacht. Ich merke, dass Katharina mich beobachtet, und erkundige mich nach dem Schluss ihrer Geschichte. Ich bin wieder ganz bei ihr.

»Ach, sie hat auch nur noch gesagt, dass sie eigentlich umgehend den Chef darüber informieren müsste, dass der aber leider im Urlaub sei. Und dann hat sie noch gesagt, dass er nicht begeistert sein werde über den Verlust. Schließlich geht ihm bei einem kompletten Systemausfall Kohle durch die Lappen.«

Dann hält Katharina auf einmal inne, ganz abrupt. Sie scheint an etwas zu denken und muss über beide Ohren grinsen. »Ich habe gerade noch mal kurz über die Großkunden nachgedacht, über die wir vorhin gesprochen haben«, sagt sie. Dann bricht ihre Stimme, und sie muss lachen. Ihre Augen werden zu Schlitzen. Sie hält sich die Hand vor den Mund und versperrt mir die Sicht auf ihre Zahnlücke. Dann bricht es aus ihr heraus.

»Sagt dir ›Werner aus Kassel‹ etwas?«

»Bedauerlicherweise nein«, antworte ich amüsiert und in Erwartung einer pikanten Geschichte.

Katharina nimmt sich einen Augenblick Zeit, lehnt sich weiter vor, kommt näher an mein Gesicht heran und sagt: »Ein gutes Beispiel für einen, der sich geweigert hat, seine Rechnungen zu zahlen. Wegen dem mussten wir auch mal auf unser Gehalt warten, weil sich die Zahlungen verzögert haben.« Sie wird nun wieder ganz ernst, und ihr Gesichtsausdruck passt sich dem Klang ihrer Stimme an. »Im Grunde ist das also gar nicht so lustig. Immerhin war der nach eineinhalb oder zwei Monaten finanziell ruiniert.«

Ich bitte Katharina, mir mehr von ihm zu erzählen, seine zweifelhafte Karriere auf der Hotline für mich zusammenzufassen. Und so schildert sie die Geschichte von »Werner aus Kassel«. »Weil sie so typisch ist«, sagt sie.

Werner war alleinstehend und Ende fünfzig. Eigentlich suchte er eine Beziehung in Kassel. Aber er redete so gerne und gerne auch viel über sich selbst, dass er sein eigentliches Anliegen meistens vergaß. Katharina beschreibt ihn sehr ausführlich.

»Er gehörte zu den Menschen, die jedem Wort seine Bedeutung und Schönheit rauben können, besonders den ganz wichtigen Wörtern: Liebe, Wunsch, Traum. Das waren Worte, die bei ihm irgendwie einfach verreckt sind, sobald er sie ausgesprochen hat. Sie führten ins Nichts. Mit dröhnender, lauter Stimme hat er seine Alltagsweisheiten in den Hörer geschmettert und mit dämlichen Witzen um sich geworfen. ›Warum kriegen Frauen ab fünfzig keine Monatsblutung mehr? Weil sie das ganze Blut für die Krampfadern brauchen!‹ So in dem Stil. Er hat ziemlich viele Witze gerissen, gerne über Frauen, und die Frauen haben ihm dabei ein gutes Gefühl gegeben und gesagt, dass er unglaublich lustig sei. Wenn er gelacht hat, hörte es sich an wie ein asthmatischer Anfall.

Das Lachen verging ihm erst, als sein Telefonanbieter ihm den Anschluss abstellte, weil er die Rechnungen nicht mehr bezahlen konnte. Werner hatte nach einem Monat, in dem er nonstop telefoniert hatte, zehntausend Euro Schulden. Mal eben so. Den Tatsachen wollte er nicht ins Auge blicken und glaubte, dass es sich um einen Irrtum handeln müsse. Er hatte nämlich einen geheimen Deal mit einer der Frauen auf der Hotline. Mit ihr verstand er sich richtig gut. Sie lachte auch bei der zehnten Wiederholung noch über seine Witze. Diese Frau hat ihm gesagt, sie würde mal mit dem Inhaber der Hotline sprechen, weil er, der Werner, doch so ein guter Typ, fast schon ein VIP-Kunde und überhaupt so ganz anders als die anderen Männer sei. Der Inhaber sei nämlich ein Freund von ihr. Er würde gleich am nächsten Tag dafür sorgen, dass seine Telefonnummer ›im System‹ freigeschaltet werde, so dass Werner ab sofort kostenlos telefonieren könne. Eigentlich dürfen das nur die VIP-Kunden. Und dann nannte sie es einen ›Deal‹, und Werner konnte sein Glück nicht fassen. Vom nächsten Tag an würde er ein ›unbegrenztes Kontingent an Freiminuten‹ haben! Als dann trotz allem Rechnungen kamen, ließ er sich also nicht verunsichern und rief bei seinem Telefonanbieter an, ›um die Herrschaften auf den Fehler aufmerksam zu machen‹. Er sei doch freigeschaltet! Und dann rief er auch bei der Hotline an, um jene nette Dame zu finden, die ihm die ganze Geschichte eingebrockt hatte. Aber die Dame war irgendwie weg, vielleicht krank oder so. Und dann meldete er sich nur noch einmal, schimpfend aus irgendeiner Telefonzelle.«

Katharina gesteht, dass sie Mitleid mit Werner empfunden hatte. »Weil ich nicht wusste, wie er die nächsten Monate überstehen würde.« Dann guckt sie so, wie ich gucke, wenn ich das Klavierlied höre. Sie weiß nicht, ob ihr eher zum Weinen oder zum Lachen zumute ist. »Werners letzte Worte waren: ›Den Vertrag mit meinem Scheißanbieter kündige ich noch heute.‹«

Ficken mit Stars!

Es ist einer dieser Frühlingsabende unter der Woche, noch nicht allzu spät. Draußen ist es noch hell, die Luft schon fast mild. Ich stehe schon eine ganze Weile am geöffneten Fenster des Büros im sechsten Stock und mache Gedankenspiele. Dabei schaue ich hinunter auf die Straße. Vor der Kneipe gegenüber stehen Menschen mit Bier in der Hand. Sie lachen. Ich schaue in der letzten Zeit viel nach draußen. Vielleicht, um mir die Realität vor Augen zu führen. Da unten ist das richtige Leben, nicht hier oben im Büro.

Mein Freund hat mich heute zur Arbeit gebracht. Nachher werde ich wieder zu ihm fahren. Wir versuchen beide, der Line so wenig Beachtung wie möglich zu schenken, und basteln ziemlich wortlos unseren Alltag um sie herum. Allerdings wird das zunehmend anstrengender. Wenn ich von einer Nachtschicht nach Hause komme, wecke ich ihn. Er muss für seinen Job früh aufstehen. Schlagabtausch. Ich steige ins Bett und schalte mein Handy aus, er steht auf und schaltet seines ein. Wenn wir uns sehen, ist immer einer von uns müde. Ein anstrengender Rhythmus, antizyklisch.

Und mir geht langsam die Puste aus. Ich habe immer öfter das Gefühl, mehr Zeit für mich allein zu brauchen. Ich sehne mich nach Momenten absoluter Stille und Einsamkeit und ertrage es gleichzeitig nur schwer, allein mit meinen Gedanken zu sein. Gerade frage ich mich, was anstrengender ist: zu reden oder nicht zu reden.

Und obwohl ich so in Gedanken bin, selektiere ich nebenbei automatisch die Warteschleife. Ich nehme sie wahr, ohne dass ich hinhören muss. Aber auf kleinste Veränderungen reagiere ich trotzdem sofort. Ich denke im Zehn-Minuten-Rhythmus, im Rückmeldungsmodus, bin immer im Standby-Betrieb. Ready to go.

Um 17.15 Uhr höre ich ein neues Intro. Es ist so skurril, dass es mich neugierig macht. Oder habe ich mich verhört? »Ficken mit Stars«? Wer kommt denn auf so etwas? Die Stimme klingt noch ziemlich jung und irgendwie ironisch, als hätte derjenige beim Besprechen des Tonbands lachen müssen. Irgendwie sympathisch. Vielleicht betrunken. Ich bin neugierig und gehe zum Schreibtisch, drücke mich bis zu seinem Intro durchs Menü und rufe »Ficken mit Stars« an. Für ihn bin ich Mia, die Studentin. Manchmal greife ich noch auf eines meiner Alter Egos zurück, von denen mittlerweile kaum noch mehr als der bloße Name übrig ist.

»Ficken mit Stars« sagt, dass er eigentlich Steve heiße, was ich ihm aber nicht glaube. Gleich zu Beginn stellt er klar, dass er jede Menge Geld habe und es sich leisten könne, nur zum Spaß anzurufen. Er ist vollkommen überzeugt von sich. Betrunken scheint er nicht zu sein. Ich soll mich setzen. Dann fängt er an.

»Hey, komm, ich weiß doch, wie das mit diesen Hotlines läuft. Da musst du mir nichts erzählen. Ich weiß, dass ich gerade viel Geld bezahle, um mit dir zu sprechen. Aber, hey, ist mir scheißegal, die Kohle. Weißt du, es läuft gut gerade. Nächste Woche treffe ich mich mit einigen wichtigen Leuten.« Er lässt die Namen einiger C-Promis fallen.

Ich mache anerkennend »ooh!«, »wow« und »coool« und mehr nicht, weil er schon wieder weiterredet. Ganz glatt klingt seine Stimme, ganz geschmeidig. Nicht unsympathisch, wenn er nur nicht so dermaßen protzen würde.

»Na ja, jedenfalls ist mir gerade langweilig, und meine Freundin ist auf einem Fotoshooting. Model, you know.« Er spricht das übertrieben amerikanisch aus, so dass es klingt wie »Madl«. »You know« allerdings hört sich eher verdammt deutsch an aus seinem Mund. Bisher spricht nur er, ich habe noch keinen Satz gesagt. Das soll sich jetzt ändern.

»Was willst du eigentlich?« Ich scheine ihn mit meiner plumpen Frage zu amüsieren.

Er lacht gönnerhaft. »Sieh an, sieh an, eine kleine Kratzbürste.« Hat er gerade Kratzbürste gesagt? »Nun gut, fangen wir mal mit der Frage an, auf welchen männlichen Star du so stehst?«

Ohne zu zögern, zähle ich meine Top drei auf. »Johnny Depp, Johnny Depp und Johnny Depp.«

Er lacht. Geht doch. »Du bist lustig. Dann bitte die Plätze vier und fünf.«

Ich überlege kurz und entscheide mich heute für Benicio del Toro und irgendwie auch für Javier Bardem.

Er lobt mich für meinen guten Geschmack. Komisches Spiel, aber lustig.

»Sehr gut«, höre ich ihn sagen. »Und nun möchte ich wissen, welche weiblichen Stars dich anmachen würden, wenn du ein Mann wärst.«

Ha! Da fällt mir ein: Heute ist Donnerstag. Ich habe mir vorhin erst eine Klatschzeitschrift am Kiosk gekauft. Ich hole sie aus meiner Tasche unter dem Schreibtisch und finde außerdem zwei kleine Nagellackfläschchen, an die ich mich gar nicht mehr erinnern konnte. Auf dem dunkelroten steht »Hollywood-Glam«. Ich bitte Steve noch um einen kurzen Moment, in dem ich die Seiten umblättere. »Mhh, also auf jeden Fall Salma Hayek«, sage ich, »und dann nehme ich noch Scarlett Johansson und auf keinen Fall Keira Knightley und vielleicht noch Halle Berry.«

»Du blätterst in einer Zeitschrift, höre ich das richtig?«, fragt er amüsiert und wartet meine Antwort gar nicht erst ab. »Pass auf, ich gebe dir eine Minute Zeit. Ich gehe so lange vom Telefon weg. Dann schlägst du mir drei geile Pärchen vor, also von den sechs, die du eben aufgezählt hast, und verrätst mir, in welcher Stellung sie es treiben würden.« Wieder wartet er meine Reaktion nicht ab, sondern legt die angekündigte Pause ein. Er lässt mich ein wenig verwirrt zurück.

Bisher war das eigentlich eher ein Monolog. Ich höre Schritte auf dem Holzfußboden, Steve entfernt sich. Was ist denn das für ein Vogel? Ich kreuze gedanklich einige Promis miteinander, die mir aus der Zeitschrift entgegenlachen, notiere die Paarungen auf einem Zettel und vermerke darunter jeweils diverse Stellungen. Ich sollte mir langsam wirklich angewöhnen, mich über nichts mehr zu wundern.

»Na, hast du dir was überlegt?« Steve ist wieder da und hört sich wirklich so an, als wenn er gespannt auf meine Ausführungen wäre. Aber schon wieder lässt er mich nicht zu Wort kommen. »Erst möchte ich, dass du dich ein bisschen beschreibst. Ich hoffe, du bist blond?«

Stück für Stück phantasiere ich ein Äußeres für ihn zusammen, von dem ich annehme, dass es ihm gefallen könnte. »Blonde lange Haare, der Körper von Gisèle Bündchen, aber ein bisschen mehr Po, der Mund von Angelina Jolie, dazu die Brüste von Salma Hayek, die sind nun mal echt geil.« Eine Alien-Barbie!

»Yeah, verdammt geil«, kommentiert er. Ich glaube nicht, dass er sich gerade einen runterholt, dafür klingt seine Stimme zu lebendig, zu sprunghaft. Ich kann hören, dass er herumläuft, während wir telefonieren. Und dann sagt: »Nun, verrätst du mir bitte, welche Promi-Pärchen du dir ausgedacht hast und wie genau sie es miteinander treiben. Nummer eins?«

Ich unterdrücke mein aufkommendes Lachen und greife zum Notizzettel mit meinen Kombinationen. Ich kündige meinen Vorschlag Nummer eins an. »Also, mal sehen, wie würde es dir gefallen, wenn Halle Berry es mit Johnny Depp treiben würde?«

Es gefällt ihm, aber er will es genauer wissen. »Ja, aber

erzähl mir das im Detail, wie sie es tun würden. Ich würde sagen, sie bläst ihm erst einen, oder? Das ist so eine.«

Oh, Jesus. Soll ich jetzt etwa »Halle« und »Johnny« sagen? Ich betrachte die Lippen der Ahnungslosen auf dem Promifoto in der Zeitschrift vor mir. »Ja, und dann würde er sie einfach so auf einen Tisch knallen und sie schön von hinten nehmen«, schlage ich vor.

Ich beschreibe ihm einfach möglichst detailliert eine Szene, die ich einmal in einem Porno gesehen habe. Er scheint sich das gerade sehr bildlich vorstellen zu können, weil er ein bisschen stöhnt – im Gehen. Ich muss zugeben, dass mich seine Schritte ein bisschen irritieren. Ich entschließe mich spontan dazu, mir nebenbei die Fingernägel zu lackieren. Ich schraube »Hollywood-Glam« auf und beginne, meine Nägel mit dem stinkenden Lack zu bemalen. Und Steve fängt an, sich einen runterzuholen. Und so macht jeder sein Ding.

Ich erzähle ihm ganz ausführlich von Halle Berry mit Johnny Depps Schwanz im Mund. Und als ich mir den Nagel des Mittelfingers lackiere, hat Halle alles geschluckt, und Steve ist hörbar erregt. Als ich bei meinem kleinen Finger ankomme, dübelt Javier Bardem gerade Scarlett Johansson. Rechtzeitig zur Zielgeraden, als ich den letzten Pinselstrich ansetze, verwöhnt Salma Hayek in meiner Schilderung gerade Benicio del Toro nach mexikanischer Art.

Ich bin ganz erstaunt, dass Steve mich plötzlich unterbricht, war er doch die letzte Zeit verstummt und schien sich auf meine Geschichte zu konzentrieren.

»Weißt du, worauf ich Lust hätte?« Er tut auf einmal richtig verschwörerisch. »Auf einen Dreier mit dir, Salma Hayek und Scarlett Johansson.«

Alles klar. Was war denn das für eine Vorstellung?

Und jetzt sagt er auch noch: »Schon wenn ich daran denke, geht mir einer ab.«

Soll ich jetzt mit drei verschiedenen Stimmen sprechen? Wie anstrengend! Lass mal, Steve, denke ich mir.

Aber Steve versucht, mir einen Impuls zu geben. »Du könntest zum Beispiel meine Freundin spielen und mich dabei erwischen, wie Salma und Scarlett sich um mein Rohr streiten.«

Sofort fällt mir die eine Strophe von Fettes Brot ein, in der es heißt: »Oh Angelina, Rihanna, Jessica, Penelope, Alicia, Cameron, Jennifer, Paris und Beyoncé. Ich fühl mich so unendlich männlich, immer wenn ich euch seh, am liebsten im Bikini oder aber oben ohne.«

Dieses Promi-Ding scheint Steve stark anzumachen. Eigentlich braucht er mich gar nicht mehr. Er fährt mit bereits brüchiger Stimme fort, seine Phantasie zu beschreiben. Er spricht immer schneller, und ich meine zu hören, wie es ihn schüttelt.

»Du siehst uns und wirst sofort geil.«

Genau das, Steve.

»Erst sieht es so aus, als würdest du wütend werden, aber du kannst deine Augen nicht abwenden. Dann macht es dich selber so horny, dass du auf allen vieren zu uns rüberkriechst. Und dann küsst ihr drei euch erst mal. Und dann kannst du erst Scarletts und dann Salmas Brüste schön massieren, und ich sehe euch dabei zu, wie ihr …«

Ich lege den Hörer zur Seite, mal sehen, wie lange er braucht. Ich stelle den Lautsprecher an und gehe davon aus, dass Steve sowieso gleich von alleine kommt. Ich gehe wieder zurück ans Fenster und sehe unten Katharina, die erst die Treppe aus der U-Bahn hochgelaufen kommt, dann am Bäcker vorbeigeht, gewohnt zielstrebig und in Schwarz, und dann auf das Gebäude zusteuert. Ich freue mich, dass ich sie gleich sehen würde. Es muss ungefähr 22.00 Uhr sein, als Steve hinter meinem Rücken kommt.

John

John ist so etwas wie der Heilige Gral der Hotline. Ich weiß nicht wirklich, ob er überhaupt existiert. Ich habe nämlich noch nie mit ihm gesprochen, obwohl ich nun schon seit vier Monaten dabei bin. Erzählungen von Katharina und Emily zufolge ist er eine fleischgewordene Frauenphantasie und bei den OPs auf der Hotline begehrter, als es ein Stück Bananenkuchen in der DDR jemals hätte sein können. Wahrscheinlich muss man stundenlang auf der Lauer liegen, um John zu erwischen, und sich dann auf ihn stürzen wie bei der Jagd auf ein seltenes Tier.

Als Katharina an diesem Abend gegen zehn Uhr im Büro eintrudelt, um mich für die Nachtschicht abzulösen, hat sie so ein zuckersüßes Lächeln auf ihren rot geschminkten Lippen. Ich spreche sie mit einem ihrer OP-Namen an. »Ey, Piratenbraut, was gibt's denn zu lachen?«

Katharina scheint nur auf diese Frage gewartet zu haben, die Antwort platzt förmlich aus ihr heraus. »Ich habe nachher ein Daaaate.« Sie macht aus dem einen Wort zwei Silben, es klingt wie gesungen. Sie lässt ihre Umhängetasche dort fallen, wo sie gerade steht. Das dumpfe Geräusch wirkt wie eine Bestätigung, die ihre Aussage unterstreicht.

»Darf man fragen, wer der Glückliche ist?«, möchte ich wissen, während ich sie lächelnd beobachte. Sie legt die Hände flach rechts und links an den Mund, wie um etwas zu rufen.

Aber dann flüstert sie nur: »John.« Und zwinkert mir zu.

Dass ich selber noch in dieser Nacht mit ihm sprechen würde, ahne ich in dem Moment nicht. Katharina zieht ihre

Jacke aus, an der ein angenehm frischer Geruch haftet. Ich räume den Schreibtisch frei für sie. Die Zettel, die ich während meiner Schicht angesammelt habe, ein Packen Namen und Zahlen und Stichwörter, hefte ich in dem grauen Ordner ab. Ich bringe Katharina neue Arbeitszettel mit. Bin ich froh, dass ich jetzt nach Hause gehen kann!

Katharina bindet sich gerade ihre langen Haare auf dem Oberkopf zu einem lockeren Knoten zusammen. Mit dem Haargummi zwischen den Zähnen bedankt sie sich für die Zettel. Dann schlüpft sie aus ihren Schuhen und fährt fort zu erzählen, während sie sich dicke Socken überzieht.

»Mit John würde ich sogar umsonst telefonieren! Der ist ja leider nur so selten auf der Line. Ein unregelmäßiger Stammkunde, schaut so ein-, zweimal im Monat rein. Aber für heute haben wir beim letzten Gespräch extra ein Date ausgemacht.«

Ich mache mir nie den Aufwand, fürs Büro andere Klamotten einzupacken, auch wenn es sehr gemütlich an Katharina aussieht. Dann holt sie nach und nach aus ihrer Tasche alle Sachen hervor, die sie für die folgende Nacht brauchen würde. Cola, Brötchen, Instantkaffee, Schokolade, ein Buch und irgendeinen liegengebliebenen Schreibkram. Katharina räumt die Lebensmittel in den Kühlschrank, und ich weiß nicht, ob ich meinen Mantel nehmen und gehen oder doch lieber bleiben soll.

Da ruft sie von hinter der Kühlschranktür: »Ich habe, glaub ich, zweimal mit ihm gesprochen und dann gleich stundenlang. Da war ich aber von zu Hause eingewählt und nicht hier im Büro unter Zeitdruck. Das kann er nämlich gar nicht ab. Er lässt sich gerne Zeit.«

Mir fällt gerade auf, dass Katharina ununterbrochen von John redet, ohne dass ich nur einmal nach ihm gefragt hätte. Muss ja wirklich ein toller Typ sein, so kenne ich Katharina gar nicht.

Sie kommt zurück und schaut mich an: »Wenn du noch eine Zigarette mit mir rauchst, erzähl ich dir ein kleines Geheimnis.« Sie grinst. Wir rauchen schon lange nicht mehr im Badezimmer, sondern nur noch im Büro bei offenem Fenster, wie alle. Katharina schaut mich mit funkelnden Augen an, als die frische Luft unseren Rauch aus dem Raum zieht.

»Frag mal Vera, die eine OP aus dem Ruhrpott. Ich komm gerade nicht drauf, welche PIN-Nummer sie hat. Jedenfalls hat sie sich schon mal mit John getroffen. Er kommt doch auch aus der Ecke. Die machen jetzt wohl öfter über die Line irgendwelche privaten Dates aus.«

»Ist Vera nicht verheiratet?«, frage ich ungläubig.

Katharina zwinkert mir zu. »Ja, aber das ist bestimmt nicht das erste Mal, dass sie sich auch privat mit einem Kunden trifft. Also nur zum Spaß, ohne Geld oder so.«

Ich äußere meine Bedenken. »Kann das nicht irgendwie rauskommen?« Ich gebe mir die Antwort selber.

»Nein, wie denn. Die Gespräche oder Nachrichten hört ja niemand ab. Und warum sollte John irgendetwas bei anderen Frauen ausplaudern, das bringt ihm ja nichts.« Katharina nickt und pustet den Rauch ihrer Zigarette energisch aus dem Fenster.

»Eben«, bestätigt sie.

Wir schauen noch eine Weile raus in die Dunkelheit, bis es uns zu kalt wird. Dann verabschiede ich mich.

»Wenn du nicht schlafen kannst, wähl dich gerne kurz zu Hause ein und leiste mir Gesellschaft«, schlägt Katharina vor, als wenn sie ahnen könnte, dass ich heute nicht würde schlafen können.

Noch auf dem Heimweg bekomme ich eine SMS von Katharina. »Engpass! Hilfe!«, schreibt sie. Es sind anscheinend zu wenige Frauen und zu viele Männer auf der Line, und sie kann die vielen Kunden nicht mehr bedienen.

Als ich zu Hause in der WG bin, gehe ich gleich in mein Zimmer, um mir den Schlafanzug anzuziehen. Wie spät ist es eigentlich? Gleich halb zwölf. Müde bin ich aber noch nicht. Ich hole mir das Telefon aus Saras Zimmer, die für eine Woche in die Beschaulichkeit unserer Heimatstadt geflüchtet ist, um für die Uni zu lernen. Wann wollte die Frau sich eigentlich endlich auch mal hier in Hamburg zu Hause fühlen?

Vielleicht sollte ich das Telefon schnell noch einmal auf die Ladestation legen, um nicht mitten im Gespräch das gequälte Piepen einer langsam sterbenden Batterie in meinem Ohr zu haben. Schnell verwerfe ich den Plan. Das würde viel zu viel Zeit in Anspruch nehmen. Katharina braucht laut SMS Erste Hilfe und keine längerfristigen Maßnahmen. Vielleicht hatte sich der Männerüberschuss mittlerweile aber auch schon von selbst wieder abgebaut. Das geht meistens ganz schnell, weil geile Männer so ungeduldig sein können wie quengelige Kleinkinder.

Ich lege mich mit dem Telefon ins Bett, wobei ich mir eigentlich geschworen hatte, das nie wieder zu tun. Im ersten Monat auf der Line hatte ich es immer so gemacht. Aber es fühlte sich bald ganz mies an, so als wenn ich die Männer tatsächlich mit in mein Bett nehmen würde. Ich hatte den Eindruck gehabt, als seien sie dann irgendwie ganz nahe dran an meinem wirklichen Ich, einfach zu nahe. Aber ich wähle mich ja jetzt nur kurz für Katharina ein, um einen, höchstens zwei Kunden abzuarbeiten, damit sie ein bisschen mehr Luft bekommt. Das sollte dann hoffentlich reichen.

Die Telefonnummer der Hotline tippe ich, ohne zu überlegen, meine Finger bewegen sich ganz automatisch. Auch über ein ausgefallenes Intro zerbreche ich mir schon lange nicht mehr den Kopf. Meistens nehme ich einfach irgendeinen Frauennamen aus einem James-Bond-Film oder Song: »Christmas Jones«, »Mary«, »Michelle«.

Katharina kennt meine PIN-Nummer und müsste nun am Monitor sehen, dass ich mich eingewählt habe. Ein Kundenintro nach dem anderen zieht an mir vorbei wie Autos auf der Überholspur. Arme Katharina! Was für ein Luxus, jetzt zu Hause zu sein, es sich gemütlich machen zu können, Kerzen anzuzünden, eine ganze Wohnung für sich allein zu haben. Fehlt nur noch ein leckerer Kakao. Genau, das ist es!

Ich gehe gerade rüber in die Küche, da bekomme ich auch schon die erste Rückmeldung von Katharina, die als »Andrea Doria« eingewählt ist. Hihi. Vielleicht sollte ich mich noch einmal neu einwählen, als »Susi Sorglos«. Sie scheint noch nicht die Zeit gefunden zu haben, mit John zu sprechen. Ich habe sein Intro auch noch gar nicht gehört, glaube ich, und ihre Nachricht wirkt ziemlich gestresst.

»Liebe Mädels! Katharina hier, aus dem Büro. Kurz vor halb zwölf, und es sind immer noch wahnsinnig viele Männer auf der Line. Von mir aus klingelt sie direkt an. Ich bin froh über jeden, der beschäftigt ist. Ansonsten schickt einfach eine Sechser-Nachricht nach der anderen. Ich habe schon den Überblick verloren, aber der Typ ohne Intro könnte Albrecht sein, und mit »Gut gebaut und unwiderstehlich« habt ihr die Arschkarte gezogen, wenn ihr wisst, was ich meine. Der steht ausschließlich auf AV. Oh, und ich sehe gerade, dass sich schon wieder zwei neue Männer einwählen. Einer müsste, der Vorwahl nach zu urteilen, aus dem Ruhrpott kommen, der andere aus dem Münchner Raum. Haut rein. Und guten Umsatz!« Sie versucht, den Überblick zu behalten. Ich sehe sie vor mir und weiß genau, welche Bewegungen sie gerade macht, wie sie den Inhalt der Rückmeldungen notiert.

Um Katharina nicht mit weiteren unnötigen Nachrichten aufzuhalten, fasse ich mich relativ kurz. »Hey Katharina! Ich habe deine SMS bekommen und bleibe noch für ein oder zwei Gespräche bei dir. Hoffen wir mal, dass der Ansturm bald vorbei ist. Ungewöhnlich für einen Donnerstag. Auf Albrecht bin ich, ehrlich gesagt, nicht so scharf. Bis später.« Albrecht und ich haben lange nicht mehr miteinander geredet, und das sollte am besten auch so bleiben. Wahrscheinlich hat er schon die nächste kleine oder große Liebe auf der Line gefunden.

Ich beantworte gelangweilt ein paar einfallslose, anstößige Nachrichten und führe dann eines dieser unlukrativen Fünfzehn-Sekunden-Gespräche mit dem Intro »Ich spritze gleich«. Kommende Männer können sich so albern anhören (»oahjasojetztgenaujasoje-he-he-tz ... boah. Maaann«). Egal, einer weniger. Der Nächste bitte. Ich bin gut drauf. Regt sich da gerade so etwas wie längst vergessener Ehrgeiz? Ich will irgendwie noch ein richtiges Gespräch führen, zumindest eins, das länger als eine Minute dauert. Ich werde jetzt irgendjemanden anrufen, vielleicht habe ich ja heute Abend einfach mal Glück.

Ich drücke mich im Schnelldurchlauf durch alle Intros in der Warteschleife, vorbei am langweiligen »Kuschelbärchen« und am perversen »Sperma brutal«, bis ich plötzlich innehalte. Nicht weil er es ist, sondern wegen der Stimme, die mir augenblicklich unter die Haut kriecht. »John hier.« Er scheint sich an die Verabredung mit Katharina zu halten, jedenfalls ist er jetzt schon besetzt. Es gibt ihn also wirklich. John lebt! Und er klingt wirklich außergewöhnlich heiß.

Katharina hat in irgendeiner E-Mail ein Foto von ihm gesehen, und so, wie sie ihn mir beschrieben hat, ist er die westfälische Antwort auf Antonio Banderas. John soll lange, schwarze Haare und fast schwarze Augen haben, mit dichten Wimpern, wie angemalt, und einen sinnlichen Mund, wie Katharina es ausdrückte. Und er ist auch noch Musiker. Hört sich verdammt gut an. Zu gut, um wahr zu sein. Wahrscheinlich ist der leibhaftige John optisch genau das Gegenteil. Trotzdem, ich würde schon gerne einmal mit ihm sprechen. Heute zum Beispiel.

Ich schalte den Fernseher an, drehe den Ton ab und trinke

meinen Kakao. Müde bin ich nicht. Ich zappe durch die Kanäle und schicke viele Nachrichten raus. Ich bin als Oktopussy eingewählt. Viele Männer sind mittlerweile im Live-Gespräch. Vielleicht hat Katharina außer mir noch andere Frauen rekrutieren können. Sie kennt viele der OPs besser als ich und hat von einigen die private Telefonnummer, die sie in solchen Fällen anrufen kann. Ich schätze, ich kann wieder auflegen.

In diesem Moment vibriert mein Handy, das am Boden auf den Holzdielen liegt. Die SMS ist von Katharina. »Geh aus dem Gespräch, John ruft dich gleich an«, schreibt sie. Sie muss mir die Nachricht geschrieben haben, gerade in dem Moment, als ich kurz in dem Fünfzehn-Sekunden-Gespräch gewesen bin. Warum ist sie schon fertig mit ihm, sie hatte sich doch so auf ihn gefreut? Und wieso gibt sie ihn ab? Sie muss ihm ja gerade im Gespräch nahegelegt haben, mich anzurufen. Vielleicht wollte sie beweisen, dass er keine Fata Morgana ist. Trotzdem hätte sie sich die SMS sparen können, jetzt bin ich irgendwie nervös. Ganz kurz erwäge ich, meinem ersten Impuls zu folgen und seinen Anruf zu ignorieren.

Aber dann richtet auch schon die Computerstimme ihr Wort an mich: Anruf von John. Als er die ersten paar Worte sagt, bin ich seiner Stimme restlos verfallen. Sie hört sich an, wie aus einem Hollywood-Streifen, wie die deutsche Stimme von Bruce Willis, aber dabei auch ganz warm und freundlich.

»Na, wie sieht's aus, kannst du auch nicht schlafen?«

Er solle weitersprechen, sage ich. John lacht, und ich habe das Gefühl, dass mein Ohr davon vibriert und sich die Schwingungen in meinem ganzen Körper ausbreiten. Das habe ich so noch nicht erlebt. Auch das erzähle ich ihm.

»Danke für die Blumen«, sagt er. Er ist das Gegenteil des typischen Durchschnittskunden. Er klingt lebendig und höflich, lacht viel, fragt viel, sagt viel.

Ich tue ahnungslos. »Rufst du oft hier an?«, frage ich.

»Ich würde nicht sagen, dass es oft ist«, sagt John. »Vielleicht dreimal im Jahr.«

Ich weiß, dass das stark untertrieben ist, einfach gelogen, aber ganz souverän gelogen.

Und ich glaube, er merkt, dass ich ihm nicht glaube, denn er fügt schnell hinzu: »Ich will mich an die Gespräche erinnern können, ich suche keinen schnellen Telefonsex.«

Nee, is klar, John. Schade, eigentlich!

Er lacht wieder, und es hört sich so gut an. »Entschuldige, aber weißt du, was man sich hier als Mann teilweise anhören muss?«

»Na ja, eine Menge vermutlich, aber deswegen rufen die Männer normalerweise auch an. Oder nicht? Was erwartest du denn?«, frage ich zurück.

»Schon«, gibt er zu, »aber einige der Damen hier sind unglaublich schlecht, entweder so plump und peinlich oder so übertrieben geil, total aufgesetzt, zu viel von allem. Wenn du weißt, was ich meine.« Er verstellt jetzt kurz die Stimme: »Hallo, ich bin das Schneewittchen mit den dicken Tittchen, willst du mein geiler Zwerg sein? – Ich meine, wer ruft denn da an? Das will doch niemand hören.«

Ich weiß genau, welche OP er meint, und verziehe das Gesicht zu einem breiten Grinsen. Leider kann er es nicht sehen.

Man scheint es meiner Stimme aber anzuhören, denn John fragt: »Amüsiert dich das?«

»Ein wenig«, sage ich, und dann schleime ich mich vielleicht ein bisschen zu offensichtlich bei ihm ein. »Ich finde es gar nicht so einfach, ein gutes Gespräch zu führen. Und jemanden zu finden, mit dem man einigermaßen auf einer Wellenlänge schwimmt«, sage ich und füge in Gedanken zu mir selbst hinzu: Wir sprechen doch beide aus Erfahrung, du Schlampe. Ich kichere albern.

Es dauert nicht lange, und ich finde ihn sexy. Wenn sein

Äußeres wirklich Katharinas Erzählungen entspricht, dann telefoniere ich hier gerade mit einem langmähnigen Halbgott mit hohen Wangenknochen und Mandelaugen. Erst spüre ich ein angenehmes Kribbeln im Bauch und schnell sogar so eine Art Vertrautheit. Auf die Zeit achte ich gar nicht mehr. In der Nacht zu telefonieren ist sowieso ganz anders als bei Tageslicht, viel intimer, viel konzentrierter. Worte klingen deutlicher, kontrastreicher, wie Schwarzweißbilder. Man nimmt Emotionen oder Brüche in der Stimme am anderen Ende der Leitung viel deutlicher wahr. Und man ist anfälliger für Einsamkeit. Johns Stimme hüllt mich in der Dunkelheit ein. Wir verschwören uns gemeinsam gegen die Nacht. Die Kerze am anderen Ende meines Zimmers flackert wild und bäumt sich ein letztes Mal chancenlos gegen die Dunkelheit auf, ehe sie ausgeht.

Mir ist warm, und ich fühle mich wohl mit John im Ohr. Und das sage ich ihm auch. Es fühlt sich an, als würde er mich mit seiner Stimme ganz zärtlich festhalten. Ich ziehe mir die Bettdecke zwischen die Beine. Der Moment, in dem aus dem Wunsch nach Nähe Verlangen wird, kommt schleichend, aber eindeutig. Ich kann Johns Atem hören und jede kleinste seiner Bewegungen. Das Rascheln. Seine Stimme ist so nahe, als würde er bei mir liegen, und sie macht mich wahnsinnig. Die Kerze hat kapituliert.

Als wäre in der Dunkelheit nicht nur meine Wahrnehmung geschärft, sondern auch mein Körper sensibilisiert, merke ich, wie der Stoff meines Unterhemds bei jeder Bewegung empfindlich an meinen Brustwarzen reibt. Johns Atem geht tief, bis hinunter in den Bauch. Ich passe mich an, bis wir gleichzeitig Luft holen. Ich stelle mir vor, wie er sich mit seinen langen, dunklen Haaren und dem nackten Oberkörper über mich beugt und mich einfach nur anschaut.

Ich weiß zwar nicht, ob er wirklich so phantastisch aussieht, wie Katharina ihn beschrieben hat – vielleicht ist er genauso ein hässlicher, komplexbeladener Wicht wie Joachim, der Minikleine. Aber es ist mir egal. Diese Stimme macht alles wett und schaltet mein Hirn aus. Und das ist enorm angenehm. Diese Stimme ist bei weitem das Männlichste, was ich seit langem gehört habe.

Ich bin irritiert darüber, dass meine Lust echt ist. Sie pocht und klopft, und um mir diesen Moment nicht kaputt zu machen, tue ich genau das, was sonst nur Männer tun: Ich blende meine Umgebung aus, benutze mein Gehirn nur noch als Filter, der erst nach Wichtigkeit selektiert und sich dann auf »das Wesentliche« konzentriert. Nämlich auf das, was mich anmacht. Ich reduziere John auf seine Stimme und die Vorstellung seines perfekten Äußeren, drücke ihn völlig unreflektiert in meine Wunschschablone, bis ich zufrieden bin. Bis ich habe, was ich in diesem Moment brauche. Bis ich das Gefühl habe, bei ihm zu sein. Ich sehe ihn vor mir. Hinter mir. Ich spüre seinen Atem in meinem Nacken.

Er flüstert: »Du schwitzt.« Mein Gesicht ist tatsächlich feucht.

Ich merke, dass John sich noch zurücknimmt. Aber ich möchte gar nicht mehr, dass er das tut. Ich begehre seine Stimme in diesem Moment so sehr, dass es fast schmerzt. Ich möchte hören, wie ihn seine Lust quält, wie meine Worte seine Erregung steigern. Die Geräusche seiner Bewegungen, die gedämpft durchs Telefon dringen, machen mich ungeduldig. Ich ziehe meine Bettdecke zurück und gehe in die Offensive. Ich dränge ihn, fordere ihn.

»Mann, du machst mich wahnsinnig. Komm schon, ich will hören, wie geil du bist. Beschreib ihn mir, wie sieht er jetzt aus? Komm schon, erzähl mir, was du siehst, wenn du nach unten blickst.« Ich bin gierig, verrückt nach Details. Ich will dabei sein, wenn er kommt, ich möchte ganz nahe und live dabei sein. Ich verhalte mich nicht anders als einer meiner Kunden. Meine Stimme ist heiser und wird zu seiner Hand, treibt sie an. Meine eigenen Worte erregen mich. Ich versinke in ihnen wie in Treibsand, kann gar nichts mehr denken. Die Finger meiner linken Hand krallen sich ins Laken. Meine rechte Hand ertrinkt irgendwo zwischen meinen Beinen, während ich das Telefon mit dem Ohr aufs Laken presse.

Die einzelnen Bilder in meinem Kopf vermehren sich im Rhythmus seines schneller gehenden Atems und setzen sich zu immer wieder neuen mosaikartigen Szenerien zusammen. Ich sehe ihn vor mir liegen, wie er sich einen runterholt und mir dabei zuhört, wie ich dasselbe tue. Ich verliere die Kontrolle über meine Worte. Merke nicht mehr, was ich sage. Bin nur noch geil.

»Ich halte es nicht mehr lange aus«, stöhnt John jetzt. »Du musst mich … erlösen.« Er kann nur noch verlangsamt sprechen. »Ernsthaft, ich … kann … nicht …« Wir ergeben uns gleichzeitig. Unaufhaltsam, wie eine anrollende Welle, überkommt es mich. Ich drücke meinen Hinterkopf ins Kopfkissen und sauge den Klang seiner ekstatischen Laute auf.

Als ich wieder zu mir komme, ist John noch da. Der Mond scheint durch die hellen Vorhänge. Könnte ganz romantisch sein, ist es aber leider nicht. Wir verbringen noch ein paar Minuten miteinander, aber sie schmecken unerwartet schal. Meine Lust ist verebbt, und ich liege verschwitzt herum. Mir wird kalt, ich ziehe die Decke hoch. Das, was sich so lange aufgebaut ist, ist nun so plötzlich vorbei. Jetzt fühle ich mich richtig allein. Seine Stimme hilft mir da auch nicht weiter.

Und auch John weiß nicht recht, wie er sich von mir verabschieden soll, und sagt: »Vielen Dank, das war schön. Du bist toll.«

Ich finde es irgendwie total daneben, dass er sich bedankt.

Damit zerstört er den letzten Rest an Intimität zwischen uns. Jedes Wort ist nun ein Wort zu viel. Und deswegen lege ich auf.

Der Moment danach ist fast noch skurriler, als es im Nachhinein die ganze Gesprächssituation gewesen war. Komisch, ich habe mir noch nie vorgestellt, wie sich ein Kunde wohl fühlt, wenn er aufgelegt hat. Aber so ähnlich, wie ich mich jetzt fühle, könnte es auch für die Männer sein. Sehr ernüchternd. Die Leere ist größer als vorher.

Und vielleicht ist es gut, dass ich nie wieder mit John telefoniert habe. Nach dem Gespräch mit ihm hatte ich das erste Mal Schuldgefühle gegenüber meinem Freund. Weil meine Lust das einzige und erste Mal echt war – und nicht nur gespielt.

Toni

Ich mache mir Gedanken um Sophie. Immer ist sie da. Nie macht sie Pause. Sie geht nie aus, um sich mal abzulenken. Ich sage ab und zu zu ihr: »Du musst weg vom Telefon.«

In den letzten gemeinsamen Nachtschichten wirkte sie, als stünde sie neben sich. Sie hat mir ungewöhnlich viele Nachrichten zukommen lassen, mehr noch als sonst, vor allem über einen Kunden, der ihr offensichtlich nicht aus dem Kopf geht. Zurzeit spricht sie mehrmals am Tag mit ihm, weil er es so will.

»Nein, weil er nicht anders kann«, korrigiert mich Sophie. »Weil er besessen ist.«

Ich höre ihre Nachrichten im Büro ab, während ich nebenbei einen Brief an die Agentur für Arbeit verfasse, den ich morgen unbedingt zur Post bringen muss. Sie fordern eine Rückzahlung für drei Monate des vorigen Jahres, weil sie mir damals versehentlich zu viel Wohngeld berechnet haben. Mir bleibt wieder einmal nichts anderes übrig, als eine Ratenzahlung zu beantragen. Noch eine mehr.

Es sind nur noch zweieinhalb Stunden bis fünf Uhr. Die beiden Kunden, die eingewählt sind, sind im Live-Gespräch, und ich habe noch zwei Frauen in Reserve. Sophie hat sich schon warmgeredet, eben erst hat sie ein langes Gespräch beendet. Mit ihm. Mit Toni.

»Er ist erst neunzehn oder zwanzig Jahre alt und noch ganz höflich und einigermaßen schüchtern.« So wie Sophie redet, merke ich sofort, dass sie ihn irgendwie sympathisch findet. Die Geschichte mit Toni hatte wohl mittlerweile ein krasses Ausmaß angenommen.

Vor drei Wochen fing alles an, da hat sie ihn das erste Mal

gesprochen. »Der Arme ist total fertig mit den Nerven. Und ich übrigens auch.« Ich höre, wie es raschelt. Sie liegt im Bett.

»Warum denn? Was macht er denn?« Ich schicke eine weitere Nachricht in Richtung Sophie. Ich merke, dass sie Redebedarf hat. Und lasse das mit dem Brief, den kann ich auch morgen noch schreiben.

Energisch verleiht Sophie ihren Worten Nachdruck. »Du kannst dir gar nicht vorstellen, wie anstrengend das mittlerweile ist. Der beansprucht mich richtig. Nicht, weil er so oft anruft, sondern weil ich mitbekomme, dass es ihm immer schlechter und schlechter geht.«

Toni scheint dabei so sehr auf Sophies Stimme fixiert zu sein, dass er dafür starke Einschränkungen in seinem Privatleben hinnimmt. Er will nicht mehr mit anderen Frauen reden, nicht mit der Kassiererin, nicht mit der Zeitungsfrau. Sophies Stimme noch im Ohr, den Akku seines Suchtzentrums noch aufgeladen, soll kein falsches Wort aus der Realität den Klang ihrer Stimme vertreiben. Nichts soll das kaputt machen, und er beginnt sich zu isolieren, nur um den Klang ihrer Stimme zu wahren. Seit drei Wochen beschränkt Toni die Kommunikation mit seinen Mitmenschen auf ein Minimum.

»Er hat sich sogar krankschreiben lassen. Wegen mir.« Sie kann darüber nicht mehr lachen. »Als wäre ich eine Seuche.«

Toni hat sich vom Alltag isoliert, um sein Leben in Sophies Hände zu legen. Nur ihre Stimme hält ihn am Leben, bringt ihn durch den Tag. Sie sagt, er behaupte, sie zu brauchen. Und dass er nur noch rausgehe, um die allerdringlichsten Sachen zu erledigen.

Mir kommt das irgendwie bekannt vor. Da scheinen sich zwei gefunden zu haben, die nun zu zweit allein sind. »Was will er denn hören? Ist es deine Stimme oder das, was du sagst? Ich kann mir das nicht so recht vorstellen. Das scheint ja noch heftiger zu sein als bei Albrecht.«

»Na ja, es funktioniert nur, wenn ich ihm Befehle gebe«, antwortet sie zögerlich. »Erst bin ich lieb zu ihm, und dann muss ich richtig böse werden. Ich muss ihn beschimpfen, ihn demütigen. Richtig übel. Sonst ist sein Gehirn nicht stimuliert. Sonst geht es ihm nicht besser.«

Ich kann mir Sophies liebe, warme Stimme nicht dabei vorstellen, wie sie anderen Leuten Befehle erteilt oder laut wird. Aber das scheint es zu sein, was Toni so anmacht. Er muss genau diesen Kontrast hören, um zu kommen, um loslassen zu können. Er will hören, wie das Private in ihrer Stimme zurückweicht und in etwas übergeht, das kalt und dominant und brutal ist. Es ist diese Stimmmetamorphose, die ihn erregt. Wenn die Heilige zur Hure wird. So kennt er sich gar nicht, das ist ihm vorher noch nie passiert. Und es macht ihm Angst, ausgeliefert zu sein, die Kontrolle zu verlieren, keine Alternative zu Sophie zu haben. So schlimm wäre es, ihre Stimme zu verlieren, sie nicht halten zu können. Er hat Angst, dass sie mit anderen sprechen könnte. Oder dass sie eines Tages einfach plötzlich weg ist.

Ohne sie würde er nicht mehr funktionieren können, habe er zu ihr gesagt. Er leide unter Schweißausbrüchen und Panikattacken, schwitze nachts kalt in seine Laken, wenn ihn ihre Stimme quält, weil sie nicht da ist. Die Stille zerreiße ihn. Seine Gedanken beruhigten sich nur bei ihr, hat er wohl behauptet.

Gut, dass er nicht weiß, wie besorgt Sophie ist, wie viel sie dabei von sich hergibt. Denn seine zwanghafte, kranke Sucht quält auch Sophie immer mehr.

»So viel Macht hat meine Stimme noch nie gehabt«, wundert sie sich. »Aber es fühlt sich nicht gut an.«

Sie hört, wie er leidet. Ich höre, wie sie leidet. Ihre Stimme zittert, als sie Toni imitiert.

»›Sophie, bitte hilf mir‹, hat er gebettelt. Aber was soll ich denn machen? Ich kann das nicht verantworten, seine Anrufe einfach nicht mehr anzunehmen. Wer weiß, was dann passiert. Mensch, ich hänge voll drin.« In ihrer Stimme schwingt Angst mit. »Er hat kaum was gegessen in dieser Woche. Richtige Nahrung brauche er nicht mehr, er ernähre sich von mir, hat er gesagt.«

Ich bin sprachlos. Das ist doch total krank. Aussteigen, Sophie. Ich frage sie nicht, wie sie es so weit hatte kommen lassen. Ich verkneife mir die spitze Bemerkung, dass das eben davon komme, wenn man so viel auf der Line rumhängt. Ich kann ihr nur raten, was sie nicht hören will, nämlich Tonis Anrufe nicht mehr anzunehmen, sich ein paar Tage komplett freizunehmen.

Sophie müsste sich eigentlich an ihre Supervisorin wenden, und nicht an mich. Genau das wäre deren Aufgabe, bei solchen Problemen zu helfen. Ich sage ihr das.

»Das habe ich schon. Cornelia meinte, ich solle ihn weiter an der Stange halten, weil er es sich bald sowieso nicht mehr würde leisten können, mit mir zu telefonieren.«

Ich merke, dass mich dieser Satz wütend macht. Es ist offensichtlich, dass diese Cornelia, genau wie Chris und wahrscheinlich jede andere Supervisorin, nur im Sinne der Line denkt. An den Profit. Sieht Sophie das denn nicht? Wie kann sie Sophies Angst ignorieren und ihr auch noch dazu raten, sich diesen Psychospielchen auszusetzen. Da muss man doch stopp sagen.

Sophies Bettdecke raschelt kurz gegen den Hörer und verschluckt den Anfang ihrer nächsten Nachricht. »… hat vorhin, als ich mit ihm im Gespräch war, schon so eine komische Andeutung gemacht, dass er flüchten will. Meine Stimme würde ihn schon führen. Total wirres Zeug. Ich mach mir langsam echt Sorgen.«

Das Mädchen braucht einen Plan! Und ich beschließe, mich

selber niemals in eine derartige Situation zu bringen. Niemals so viel Mitleid mit einem Kunden zu haben. Im Moment allerdings leide ich mit Sophie.

»Pass auf«, schlage ich ihr vor, »du legst jetzt auf, oder bleibst meinetwegen auch eingewählt, damit du morgen keinen Ärger bekommst. Du hast heute ja auch schon viel gesprochen. Um deinen Schnitt musst du dir keine Sorgen machen. Gib mir deine Handynummer. Ich rufe dich vom anderen Telefon an. Das mit den Nachrichten dauert immer so lange. Und dann überlegen wir uns was, okay?«

Für einen Moment rechne ich damit, dass sie zögert. Aber sie willigt ein, klingt richtig erleichtert, als sie mir die elfstellige Handynummer durchgibt. Am Monitor sehe ich, dass sie weiterhin eingewählt bleibt. Alles andere hätte mich gewundert.

Keine Viertelstunde später steht unser Plan. Ich bitte sie, ihn mir noch einmal in ihren Worten zusammenzufassen. Damit sie ihn laut ausspricht. Als würde sie mir aus einem Lehrbuch vorlesen, so hört sie sich an.

»Ich werde seine Dosis langfristig gesehen massiv runterfahren. Erst mal werde ich die Dauer der Gespräche reduzieren, ganz langsam, Minute für Minute. Am besten so, dass er es gar nicht merkt. Wenn das klappt, gehe ich daran, die Anzahl der Gespräche zu verringern. Auch ganz langsam. Das läuft jetzt nach meinen Regeln, sonst verweigere ich ihm die Gespräche.«

»Genau«, sage ich, »deswegen wird er sich darauf einlassen müssen. Du musst wieder die Oberhand gewinnen. Du bestimmst, wann und wie lange ihr telefoniert. Verordne ihm die Gespräche wie Medikamente.«

Sophie kichert, aber ich weiß, dass sie ihre neue Aufgabe ernst nehmen wird. Der Plan ist, dass Sophie bei jedem zukünftigen Gespräch mit Toni ein paar Minuten mehr abknapst und so seine »Stimmdosis« allmählich verringert. Erst soll er sie nur noch einmal täglich, dann dreimal pro Woche bekommen, dann nur noch einmal und irgendwann gar nicht mehr sprechen.

Sophie betont noch einmal, dass sie vorsichtig mit ihm umgehen müsse. Das Wort »vorsichtig« klingt zärtlich. Sie schlägt sogar vor, auch Toni ihre Handynummer zu geben. »Vielleicht nur als Sicherheit, für die erste Zeit und schlimme Notfälle. Nicht, damit er dort anruft, sondern damit er mir ein Zeichen geben kann. Zum Beispiel könnte er es dreimal klingeln lassen, so wüsste ich, dass ich mich einwählen muss, um Erste Hilfe zu leisten.«

Ich finde die Idee absolut nicht gut, weiß aber, dass sie es wohl genau so machen wird, und erinnere sie daran, dass Toni ihr Kunde und kein naher Verwandter ist. Dass es sein Problem ist und nicht ihres.

Und als ich das sage, wird mir plötzlich klar, dass sich da auch in ihrem Leben etwas verschoben hat. Das findet auf der Line statt, seit Jahren schon. Dabei hat sie sich selbst und ihre eigenen Bedürfnisse aus den Augen verloren. Sie wird sich immer um alle anderen Menschen mehr kümmern als um sich selbst. Weil sie es nicht anders kennt. Auch in einem Jahr wird es noch so sein. Weil sie die Intimität im Leben anderer Leute sucht und braucht. Irgendwann wird sie ihre Wohnung vielleicht gar nicht mehr verlassen, furchtbar schrullig werden und nicht mehr aufhören können, Selbstgespräche zu führen.

Und plötzlich empfinde ich kein Mitleid mehr für sie. Ich sage ihr, dass ich nun auflegen müsse, weil sich jede Menge neue Männer eingewählt hätten. Ich wünsche ihr noch viel Glück mit Toni.

Zu Hause kann ich dann nicht einschlafen. Meine Lider sind schwer, ich bin müde und fühle mich ausgelaugt. Trotzdem drehe ich mich zwischen meinen Laken hin und her, und meine Gedanken rotieren wie Flipperkugeln.

Wehre ich mich nicht selbst standhaft dagegen, den Tatsachen ins Auge zu blicken? Lenkt mich mein Job nicht einfach nur davon ab, über mich und meine Zukunft nachzudenken? Dabei ist die Arbeit auf der Hotline lediglich eine Unterbrechung meiner generellen Planlosigkeit. Die Übergangslösung einer Übergangslösung. Mit der Ausrede, ich könne schließlich jederzeit kündigen und sei auch immer wieder kurz davor, belüge ich mich selbst und rechtfertige das, was ich aus Mangel an Alternativen tue.

Die Wahrheit ist, dass ich gar nicht mehr weiß, was ich eigentlich will. Ich habe den Anschluss an mein Leben verloren. Ich bin raus aus dem Business, keine Journalistin mehr. War es auch noch nie. Das Einzige, was ich noch zustande bringe, sind in unregelmäßigen Abständen stichwortartig zusammengefasste Tagebucheinträge.

Mit den Monaten haben sich die Gedanken angestaut, und ich habe einfach aufgehört nachzudenken. Ich schaffe es nicht, mich endlich wieder mit wichtigen Themen in meinem Leben zu beschäftigen und mich auf das zu konzentrieren, was ich mir ursprünglich vorgenommen hatte. Was ist mit meinem Traum vom Redaktionsjob? Vom Schreiben? Wann habe ich die letzte Bewerbung verschickt? Wann habe ich mir meine Situation überhaupt das letzte Mal bewusstgemacht? Seit wann ist mir alles so egal?

Ich bin dabei, so zu werden wie Sophie. Ich flüchte, genau wie Janna es vorhergesagt hat, in eine Parallelwelt. Außerdem habe ich mich im letzten Monat nicht ein einziges Mal mit ihr oder anderen Freundinnen getroffen. Ich habe Einladungen ins Kino und zum Essen ausgeschlagen, weil ich mich nicht aufraffen konnte, unter Menschen zu gehen. Und das Schlimmste ist: Je öfter ich mein Leben und den Job vor anderen verteidige, umso weniger glaube ich mir noch selbst.

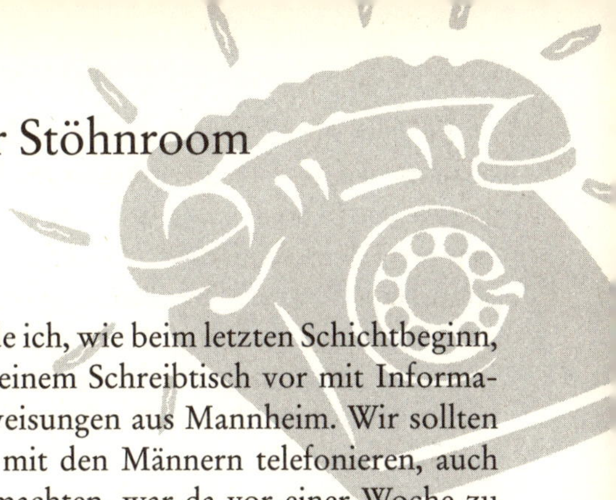

Der Stöhnroom

Von Zeit zu Zeit finde ich, wie beim letzten Schichtbeginn, einen Zettel auf meinem Schreibtisch vor mit Informationen oder Arbeitsanweisungen aus Mannheim. Wir sollten jetzt doch lieber mehr mit den Männern telefonieren, auch wenn wir den Service machten, war da vor einer Woche zu lesen. Pro Stunde hätten wir jetzt mindestens fünfzehn Minuten live zu sprechen oder fünfzehn Nachrichten zu verschicken. Oder man bittet uns, die Protokolle ab sofort direkt nach Schichtende ins Mannheimer Büro zu faxen. Oder ich lese eine Warnung, dass angeblich Betreiber anderer Hotlines unterwegs seien, die sich als Kunden getarnt einwählen, um unsere OPs abzuwerben. Sogenannte Checker. Sie locken angeblich mit höheren Verdienstmöglichkeiten, und wir möchten doch bitte die Frauen vor den falschen Versprechungen warnen. Von Chris unterzeichnet. Aber was heute auf dem Tisch liegt, halte ich im ersten Moment für einen Scherz.

»Liebe Service-OPs«, steht da. »Wir haben einen neuen Kunden, den ›Stöhnroom‹. Wichtig. Bitte gebt diese Info alle zehn Minuten an die OPs weiter, sie kennen ihn womöglich noch nicht. Wenn ihr einen Anruf von der Computerstimme ›Stöhnroom‹ bekommt, nehmt ihr ihn natürlich an, aber redet bitte nicht mit ihm, sondern beginnt einfach zu stöhnen. Wichtig. Nichts sagen, einfach nur stöhnen. Bis der Kunde auflegt. PS: Hinter dem ›Stöhnroom‹ muss sich nicht unbedingt nur ein einzelner Mann verbergen, es können auch mehrere sein, die euch zuhören. Weitersagen! Viel Spaß!«

Unter dem Schrieb finde ich ausnahmsweise keine Unterschrift. Ich bin ein bisschen schockiert. Den Mund halten und stöhnen? Und wieso sollen dahinter möglicherweise mehrere Männer stecken? Und vor allem: Wer denkt sich so einen peinlichen Namen aus, »Stöhnroom«? Wahrscheinlich wird hier mit »Belausche mich. Heimlich« geworben. Ein ganz besonderer Dienst für Kunden, die ihre voyeuristische Ader ausleben wollen, ohne ihren Namen sagen oder sich anstrengen zu müssen. Männer, die den Kick daraus ziehen, einfach nur zu lauschen.

Ich beschließe, erst einmal gar kein Gespräch mit »Stöhnroom« zu führen, bevor ich nicht Feedback von meinen OPs bekommen habe. Die eine oder andere hat bestimmt schon mit ihm gesprochen beziehungsweise gestöhnt.

Mit den Augen überfliege ich die PINs am Bildschirm und teste, ob mir die dazugehörigen Stimmen einfallen. Dann schicke ich meine obligatorische erste Rückmeldung raus, begrüße die Damen und erkundige mich bei ihnen, ob bereits jemand das Vergnügen mit »Stöhnroom« gehabt hat. Keine Minute später erhalte ich die ersten empörten Erfahrungsberichte.

Kathi mit der PIN 553, die mir wegen ihrer direkten Art so sympathisch ist, antwortet als Erste. Eigentlich haut sie so leicht nichts um. Sie ist um die dreißig, nach eigenen Angaben »fett wie ein Schwein« und eine Spezialistin für Gespräche, die ich ablehnen würde. Über Kot und Urin, »Kaviar« und »Natursekt«. Schon vor dem Frühstück bedient sie ihre speziellen Kunden.

Da gibt es zum Beispiel Fritz, der so süchtig nach dem Gefühl einer zum Bersten vollgeschissenen Windel in der Strumpfhose unter seinem Anzug ist, dass er ohne nicht mehr zur Arbeit gehen kann. Er ist Leiter einer Bankfiliale. Während er darüber entscheidet, ob Kunde Müller einen größeren Dispositionsrahmen erhält oder Familie Meier einen Kredit für ihr Eigenheim aufnehmen darf, muss er höllisch aufpassen, dass keine Bewegung, kein Geräusch, kein Knistern seiner Windel und kein Lüftchen seine heimliche Leidenschaft verrät. Erst wenn er die Windel den ganzen Tag getragen hat, war es ein guter Tag. Fritz findet das Gefühl so schön. Weich, warm und glatt, von cremiger Konsistenz. Sanfte Schmiere an seinen Backen.

Kathis Aufgabe besteht darin, ihm nach einem anstrengenden Arbeitstag seine Windel auszuziehen, ihm detailliert zu beschreiben, was sie sieht, was sie riecht, was er hören will. »Das ist aber ganz schön viel und nicht mehr da, wo es sein sollte.« Anschließend wäscht Kathi ihn, pudert ihn und wickelt ihn neu. Er will, dass sie ihm Strumpfhosen von Falke anzieht, hochwertig und am liebsten marineblau. Die rollt sie ihm langsam über Knöchel, Wade und Knie, beschreibt, wie glatt sich das anfühlt. Dann über die Oberschenkel. Ab da muss sie ziehen, ganz fest, damit die Strumpfhose über die Windel rutscht. Das macht ein knisterndes Geräusch. Jetzt ist alles gut verpackt. Kathi klopft ihm auf den gepolsterten Popo, lobt ihn und sagt, dass er jetzt wieder sauber sei bis zum nächsten Morgen, dann muss er sie wieder anrufen.

Trotz ihrer Abgeklärtheit fällt es Kathi diesmal schwer, sich zu beherrschen, als sie auf meine Frage nach dem neuen Kunden, dem »Stöhnroom«, antwortet.

»Ich kann dir nur eines sagen: Der nervt!« Sie macht »grooar« – wie ein bissiges Tier. »Keine Stunde bin ich hier, und schon hat der ›Stöhnroom‹ mich dreimal angerufen! Drei Mal! Kaum ist man draußen, ist man auch schon wieder mittendrin. Und wer hat sich denn, bitte schön, diesen bekloppten Namen ausgedacht?«

Ich muss kichern, als ich ihre Nachrichten abhöre.

»Man kommt sich wieder vor wie ein Anfänger. Das Schlimmste ist, man stöhnt und stöhnt, und nichts passiert, keine Reaktion. Man weiß nicht mal, wer oder wie viele es sind, die einem da gerade zuhören.«

In ihrer dritten und vorläufig letzten Nachricht hört es sich so an, als wenn sie die ganze Sache inzwischen schon wieder mit Humor nehmen könnte. »Soll ich dir mal einen guten Tipp geben, meine Liebe?«, fragt sie mich. »Der ›Stöhnroom‹ ist perfekt für anstrengende Putzarbeiten. Schrubb deine Badewanne oder deinen Hund, kannst dich dabei so richtig ins Zeug legen und schön laut stöhnen. Das tut richtig gut, ist fast wie Sport. Gestern habe ich den Kühlschrank abgetaut und den ›Stöhnroom‹ währenddessen zwanzig Minuten gehalten.«

In meinen ersten fünfzig Arbeitsminuten im Büro werde ich viermal von ›Stöhnroom‹ angerufen, aber ich nehme kein einziges Gespräch an. Chris wird mich killen, wenn sie meinen persönlichen Schnitt sieht. Den kann sie sich ja, wenn sie möchte, am nächsten Tag ziehen.

»Tut sie aber selten«, meinte Katharina mal. »Meistens schaut sie sich den durchschnittlichen Haltewert der anderen OPs an, die in deiner Schicht gearbeitet haben. Wenn ihr irgendwann auffallen sollte, dass nur in deiner Schicht alle OPs weniger sprechen oder keine Nachrichten mehr schicken, was vielleicht passieren könnte, wenn du gar keinen Service machst, dann würde sie dich ansprechen.«

Bisher aber scheint mein Service in Ordnung zu sein. Die Gesprächsdurchschnitte der OPs sind in meinen Schichten nicht schlechter als bei anderen. Und beschwert über mich hat sich auch noch keine OP.

Je mehr ich von »Stöhnroom« mitbekomme, desto mehr erkenne ich die Problematik, die sich durch ihn für die OPs und mich auftut. Wenn ich ein Gespräch ablehne, springt »Stöhnroom« automatisch zum nächsten freien Port, also zur nächsten freien OP, und klingelt sie an. Lehnt auch die ab, springt er zur nächsten. Wenn keine andere OP frei ist, springt er zurück zu mir.

Jetzt gerade geht es, wir sind neun Frauen, davon sind vier nicht im Gespräch. Aber wären außer mir nur zwei OPs eingewählt, was nachts durchaus realistisch ist, die auch noch beide im Gespräch sind, würde »Stöhnroom« immer wieder zurück zu mir springen, mich so lange anrufen, bis ich anneh-me. Ein Entkommen ist dann fast unmöglich, »Stöhnroom« kann zum Stalker mutieren.

Als er mich heute zum sechsten Mal anruft, nehme ich an. Ich bin ehrlich gesagt ein bisschen aufgeregt, weil ich nicht genau weiß, was mich erwartet. Aber wann weiß man das schon? Sobald ich den Anruf angenommen habe, begrüßt mich die vertraute Computerstimme. Übertrieben fröhlich sagt sie: »Herzlich willkommen im Stöhnroom! Bitte stöhnen und looos geht's!« Juhu, das hört sich ja an wie auf einem Jahrmarkt. »Gewinne, Gewinne, Gewinne!«

Ich bin peinlich berührt. Weil ich mit Männern telefoniere, die so etwas gut finden? Weil die Machart so derbe schlecht ist? Weil ich hier sitze, zwischen Eichenschrankwand und Britney Spears, um fünf Uhr nachmittags? Weil es mich zu sehr an Harry und Sally erinnert? Ich kann mich nicht zwischen Lachen und Stöhnen entscheiden, weil ich gerade überlege, was wohl meine Freunde sagen würden, wenn sie mich jetzt hier sehen könnten.

Aber schon bin ich live geschaltet. Zu spät, um weiter nachzudenken. Ich beginne mit meiner Show, stöhne und summe und gurre und schnurre. In unterschiedlichen Lautstärken und Betonungen. Weil keine Reaktion kommt, streue ich noch einige überflüssige Sätze ein. Aber nicht zu viel, wir sollen ja eigentlich nicht reden. Ich stöhne: »Oh ja, das gefällt dir, nicht wahr?« oder »So ist es gut, genau so will ich es haben«. Worte von der Stange, Worte für die Massen, überflüssige Worte. Immer noch nichts. Keine Reaktion.

Ich stöhne und stöhne, möglichst abwechslungsreich. Mal

hoch, mal tief, mal laut, mal leise, schaue Britney dabei tief in die Augen. Ich denke »It's Britney, bitch« und muss schon wieder kichern. Ich kann den Stöhnroom einfach nicht ernst nehmen. Doch langsam wird es anstrengender, so ganz ohne Pause und mit der Stille an meinem Ohr. Die Verbindung steht, irgendjemand hört mir stumm, aber konzentriert zu. Feigling! Mal sehen, wer zuerst auflegt! Mein Atem ist lang.

Ich strenge mich jetzt nicht mehr an, sondern flüstere mehr, um meine Stimme zu schonen. Ich schlage mir nun zusätzlich ganz leicht mit der flachen Hand auf den Oberschenkel, das hört sich am anderen Ende der Leitung an wie Geschlechtsverkehr.

Noch besser ist aber der Trick mit den Mandarinenscheiben, den mir Emily verraten hat. Einen der häufigsten Wünsche auf der Hotline (»Lass mich hören, wie geil du bist«) kann man damit spielend leicht erfüllen. Erst muss man den Mund mit ganz viel Spucke befeuchten und sich dann mit Zeige- und Mittelfinger gegen die Lippen klopfen. Das schmatzende Geräusch ist ziemlich authentisch. Ich war begeistert. Noch besser geht das mit Mandarinenscheiben. Da habe ich eines Nachmittags mal in unserer Küche geübt, weil gerade frisches Obst auf dem Tisch stand und mir langweilig war. Die toten Männer auf ihren Postern an der Wand haben mir dabei zugesehen, wie ich am Tisch saß, in Jogginghose und mit überkreuzten Beinen. Ich habe eine Mandarine geschält, in einzelne Stückchen zerteilt und die dünne Haut ein bisschen mit dem Fingernagel aufgerissen. Und dann habe ich auf das Fruchtfleisch geklopft, als wären es meine Lippen. »Weintrauben eigenen sich auch, Apfelsinen, im Prinzip kannst du alles nehmen, was ein feuchtschmatzendes Geräusch erzeugt, wenn man draufdrückt.« Ich kann mich gut an Emilys Worte erinnern. Allerdings habe ich in meiner Begeisterung nicht gemerkt, wie Sara die Wohnung betritt, und auch nicht, dass sie zum ersten Mal ihren neuen

Freund mit zu uns bringt. Unvermittelt standen die beiden plötzlich in der Küche, als ich gerade spaßeshalber Jimi Hendrix fragte: »Oh, Süßer, kannst du hören, wie feucht ich bin?« Den Blick von Paul werde ich nie vergessen.

Mein Mund ist mittlerweile ganz trocken, und mein Oberschenkel müsste auch schon ganz rot sein.

Da höre ich endlich Geräusche an meinem Ohr: »Oaahr, uuumpf und maaah.« Auch knackt es ab und zu in der Leitung, seit ich angefangen habe zu klopfen. Die Verbindung mit »Stöhnroom« bleibt aber bestehen. Sind das die ganzen Kunden, die der Reihe nach auflegen? Es stecken anscheinend doch mehrere hinter »Stöhnroom«. Möglicherweise wissen sie gar nicht, dass sie nicht der Einzige sind, weil sie ihre Mitstreiter natürlich nicht hören können. Sie denken, ich stöhne nur für sie allein.

Nicht klar ist mir zu diesem Zeitpunkt, dass sich jederzeit neue Kunden einwählen und in eine bestehende Verbindung dazuschalten können. Das heißt, wenn ich den Stöhnklub zehn Minuten halte und vielleicht den letzten Kunden gerade so weit habe, dass er auflegt, kann ein Neuzugang einfach dazukommen. Na, das hat sich die Line ja toll ausgedacht, kassiert mit nur einer OP gleich mehrfach ab!

Wie lange stöhne ich jetzt schon? Es kommt mir vor wie mindestens zwanzig Minuten. Beim Blick auf die Uhr stelle ich erschrocken fest, dass es erst sieben sind. Das kann doch gar nicht sein! Wie lange soll das denn noch gehen? Mir ist schon ganz schwindelig.

»Umpf«, kommt es aus dem Hörer. »Umpf-umpf.«

»Mhh, ja« stöhne ich, bis die Digitalanzeige fünfzehn Minuten anzeigt. Dann lege ich lieber auf, bevor ich hyperventiliere. Soll er doch zur nächsten OP springen. Am Monitor kann ich beobachten, dass der »Stöhnroom« schon wieder im nächsten Gespräch ist. Mit der 553. Arme Kathi. Für

»Stöhnroom« brauche ich eine Strategie, sonst bin ich in einer Woche am Ende.

Der Tipp kommt wieder von Emily. Weil sie einfach gut ist. Ich rufe sie gleich am nächsten Tag an. Erwische sie in der Uni, weshalb sie leise sprechen muss und versucht, das Wort »Stöhnroom« zu umgehen.

»Oh, Gott, ja. Der kann sehr penetrant sein. Ich habe die letzten beiden Tage von zu Hause aus angerufen und schon meine Bekanntschaft mit ihm gemacht. Warte mal kurz.«

Ich höre, wie sie kurz mit jemandem spricht, sie muss die Hand über die Muschel gelegt haben. Ich verstehe nur »Freundin« und »Problem«. Dann ist sie wieder bei mir und erzählt von ihrer Idee mit dem Handy. Vor einiger Zeit hatte sie mal einen ihrer vorgetäuschten lustvollen Ausbrüche mit dem Handy aufgenommen. Wenn »Stöhnroom« sie anruft, hält sie jetzt einfach das Handy an den Telefonhörer und drückt dann unerbittlich so lange immer wieder auf »play«, bis auch der letzte Kunde aufgibt. »Soundtrack zum Synchronwichsen« nennt sie es.

Ich übernehme ihre Taktik, und »Stöhnroom« avanciert innerhalb kürzester Zeit auch zu meinem absoluten Lieblingskunden. Nie war Geldverdienen einfacher.

Gisela

Suche die hässlichste und dickste Frau der Welt« – nicht dass ich mich unmittelbar angesprochen fühle, aber sein Intro fällt schon ein wenig auf an diesem Abend. Ich rufe ihn an und stelle mich mit »Tach, ich bin richtig fett und hässlich!« vor.

Er bremst mich direkt und sagt in aller Deutlichkeit: »Du musst aber so richtig abstoßend fett und hässlich sein, sonst krieg ich keinen hoch.«

Direkte Menschen beneide ich ja immer ein wenig, weil sie kein Problem mit mangelnder Weitsicht haben und sich so viel Stress ersparen können. Ich muss grinsen und sage:

»Kommt darauf an, was du als fett und als hässlich empfindest, aber du hörst ja, dass ich die Kerle nur noch am Telefon abkriege.« Ich scheine ihn nicht zu überzeugen. Das könne ja jede behaupten!

»Ich steh auf fette Frauen, so ab hundert Kilo, auch gerne schön behaart, ungeduscht, hässlich, mit Hängetitten bis zum Bauchnabel. Das volle Programm. Kannst du mir das bieten?«

Er redet nicht nur abfällig, seine Stimme hört sich an, als wäre sie gewöhnt daran, Befehle zu erteilen, die niemand in Frage stellt. Auch spricht er ein bisschen tiefer, als es seine normale Stimmlage wäre. Ich glaube, er hat lange nichts Nettes mehr gesagt und wahrscheinlich auch nichts Nettes zu hören bekommen. Ich versuche, etwas von seiner Unfreundlichkeit zu übernehmen, um auf Augenhöhe zu gehen.

»Du hast ja keine Ahnung. Ich sehe nicht umsonst so aus, wie ich aussehe. Ich achte nicht auf mich. Undiszipliniert bin ich, vermessen und faul. Lieg hier nur so rum. Zu faul zum Leben, zu faul zum Sterben.« So ein bisschen Selbsthass findet er bestimmt ganz gut. Er scheint der erste Kunde zu sein, der kein gängiges Klischee sucht.

Er poltert: »Genau das wollte ich hören«, und ich bin fast ein bisschen stolz auf meine schnelle Auffassungsgabe. Aber eben nur fast. »Erzähl mir mal, wie fett du genau bist. Du bist doch bestimmt auch so ’ne Planschkuh, die alles in sich reinstopft, was ihr vor die Füße fällt. Ich kenn euch doch.« Oha, da hat jemand einen ordentlichen Hass auf seine fette Ex-Freundin, wie es sich anhört.

Ich finde es ein bisschen lustig und bestätige seine Phantasie. »Nach der dritten Schwangerschaft, ging’s los. Ich bin jetzt bei einhundertvierzig Kilo, voller Schwangerschaftsstreifen, und alles hängt und wabbelt. Überall hängt die Haut, wohin ich auch gucke.«

»Passt«, sagt er zufrieden. Er hätte auch »akzeptiert« sagen können, so als hätte man einen Tagesordnungspunkt abgehakt und könnte jetzt zum nächsten übergehen. Und siehe da, ich bin gut. Nächster Punkt.

»Ich hoffe, du hältst nicht so viel von Hygiene!« Das war keine Frage, sondern eine Anweisung. Dann beginnt er mit seiner Ekelparade. »Also, ist dein Fett ungeduscht und unrasiert, schuppig, hast du vielleicht eingewachsene Haare oder Nägel?«

Ich habe verstanden und falle ihm ins Wort. »Ich habe diese Woche noch nicht geduscht, weil ich zu faul bin, und meine Zähne putze ich immer nur unter der Dusche. An den beißenden Geruch habe ich mich gewöhnt, den nehme ich gar nicht mehr wahr. Rasiert habe ich mich noch nie, und es gäbe einige Stellen, an denen ich das dringend nötig hätte.«

Mir fällt langsam auf, dass viele Kunden es einem eigentlich ziemlich leicht machen, weil sie gleich zu Beginn des Gesprächs ihre Vorstellungen bereits so klar mit Worten umreißen, dass man ihnen nur noch nachsprechen und hier und da ein paar Worte austauschen oder einfügen muss.

Der komische Typ am anderen Ende der Leitung gibt ein wohlwollendes Geräusch von sich, und ich höre, wie sich ein Reißverschluss öffnet. Dann fragt er wieder genauso barsch wie zuvor, ob ich nackt sei. Ein einfaches Ja oder Nein wäre jetzt zu simpel. Ich tue kurz so, als wenn ich mich ein bisschen zieren würde, und versuche in der Zwischenzeit, mir eine zu meiner Rolle passende Stimme auszudenken. Ich will, dass sie hässlich klingt. Ich schaue also nach unten, mache ein Doppelkinn und presse die Worte durch meine Kehle. Es soll sich ganz knödelig und gedrückt anhören. Ich beeile mich jetzt, ihm auf seine Frage zu antworten, und bin neugierig, wie meine neu erdachte Stimme ankommt.

»Dass ich so selten dusche, hat ja nicht nur mit meiner Faulheit zu tun«, erkläre ich ihm, »sondern auch damit, dass ich mich nackt nicht anschauen mag.« Es klappt, ich bin begeistert! Ich höre mich wirklich überzeugend ekelhaft an.

So wie er. »Oh ja, das bist du«, sagt er voller Überzeugung. Er braucht ein Bild. Ich beschreibe ihm nun die ganzen Hautschüppchen, die furchige Kraterlandschaft auf meinem Po, meinen wabernden, unrasierten Körper und den strengen Geruch, den dieser aus seinen großen, verstopften Poren verströmt.

Er möchte mit seiner Zunge darüberfahren und einen Teil von mir aufnehmen, sagt er. Ob das wohl schon irgendwie etwas mit Kannibalismus zu tun hat? Ich glaube nicht, die ganzen Schüppchen, der Schleim und die Haare sind ja schon tot, irgendwie. Dazu soll ich mich jetzt auf einen stabilen Tisch legen, damit er überall leicht hinkommt, in jeden meiner vielen Winkel. Es erregt ihn, mein Fett gedanklich mit seinen Händen zu kneten. Mein Fett und seinen Schwanz.

Er geht dann ziemlich schnell dazu über zu beschreiben, wie er mich mit Butter und Öl füttert, während er seine Genitalien an meinem schwabbeligen Körper reibt. Er wolle zusehen, wie das Öl sich in meinem Mund sammelt und irgendwann überläuft, ganz träge und nur weil es muss. Wie es über meine Hässlichkeit und mein Schwabbelfett läuft, wie er ebendieses durch die Fütterei nährt und heranzüchtet. Am liebsten würde er schon jetzt seinen eigenen zähen Saft damit vermischen, zu einer dickflüssigen Melange werden mit mir, die sich über mich und in mir ergießt. Aber er sei noch nicht so weit.

»Da hast du's«, schimpft er, während er mich stopft. Am liebsten würde er hören, wie ich mich selbst verdaue. Er speist zwischen meinen Beinen. »Du schmeckst alt«, sagt er angestrengt »abgestanden, wie schales Bier. Vergänglich und verdorben.«

Mir fällt ein, dass im Kühlschrank noch ein gekühltes Astra auf mich wartet.

»Ich werde dich ab jetzt Gisela nennen«, stöhnt er da, und es wirkt auf mich wie eine Drohung.

Who the f... is Gisela? Ach, ich will es gar nicht wissen. Ich muss bei diesem Kunden ja im Prinzip gar nichts machen. Ich schmatze ein bisschen, sage »boah« und ab und zu »Drück mein Fett«. Den Rest macht er. Soll er doch machen und mich nennen, wie er will.

»Gisela, du Miststück«, sagt er jetzt. »Du hässliches, dreckiges Schwein.« Nanu. Er wird lauter. Und gemeiner. »Schäm dich, Gisela. Ich komme nicht mal mehr durch. Du bist so eklig, weil du selbst zum Ficken zu fett und zu hässlich bist, verstehst du?« Seine Stimme wird böse und ungeduldig.

Warum hängt er sich ihr Bild nicht auf seine Dartscheibe? Das käme ihn billiger. Sein Hass wird unkontrollierter, und seine Stimme überschlägt sich nun fast.

»Gott, ich hasse dich so, Gisela.«

Ich weiß nicht, ob sein Hass seine Lust steigert oder seine Lust den Hass. Und immer wieder sagt er ihren Namen. Langsam tut mir diese Gisela richtig leid. Was hat sie nur Schlimmes verbrochen, dass er sie so leidenschaftlich hasst? Ich ergreife emotional Partei für Gisela, während sein Stöhnen nun etwas Animalisches bekommt. »Groar«, macht er und »grrr« und »hmpf«. Ich blende aus, dass es sich so anhört, als würde er wirklich mit mir schimpfen. Ich will nicht, dass er es schafft, dass ich mich grundlos schuldig fühle. Ich glaube, er ist gleich endlich so weit.

Manchmal stelle ich mir die Männer, mit denen ich länger telefoniere, vor. Ihr Gesicht oder wie sie gekleidet sind oder die Umgebung, in der sie sich aufhalten. Diesen Mann hier sehe ich mit heruntergelassenen Hosen im Bad stehen, die Hände geballt, die Muskeln angespannt. An seinen Schläfen sehe ich das Blut in den Adern pochen, ebenso in seinem mickrigen Pimmelchen. Er würde immer nur stupsen, statt zustoßen zu können. Er merkt, dass er gleich so weit sein wird, und konzentriert sich schnell wieder auf meine Stimme. Er denkt an Giselas Fettberge und daran, wie er das viele Fleisch unter Hochdruck bearbeitet und merkt, wie sich da etwas ankündigt. Ich sehe ihn, wie er in gekrümmter Haltung dasteht, Zeigefinger und Daumen beenden ihren Dienst. Ein lächerlicher kleiner Spritzer, dann ein noch kleinerer.

Grenzgänger

Als ich klein war, hatten wir einen Fernseher mit nur drei Programmen. Die paar Sendungen, die ich sehen durfte, waren klar festgelegt, nach dem Sandmännchen war Schicht im Schacht. Ich muss vier oder fünf gewesen sein, als ich einmal aufgewacht bin und zurück ins Wohnzimmer gehen wollte, weil dort meine Eltern Fernsehen guckten.

Sie saßen mit dem Rücken zu mir und konnten nicht sehen, dass ich in der Tür stand, erstarrt vor Entsetzen. Mit weit aufgerissenen Augen und offenem Mund guckte ich auf die Bilder, die über den Bildschirm flackerten. Auf diese Männer, die immer und immer wieder wie von Sinnen auf das Tierchen am Boden einschlugen und nicht aufhörten. Mit Keulen, als wären sie in einem Rausch. Als sich das Tierchen nicht mehr bewegte, sein Fell ganz rot geworden war und das viele Robbenbabyblut in Sturzbächen über das Packeis floss, haben die Männer auch gleich noch das Muttertier totgeschlagen, weil es versucht hatte, das Kleine zu retten.

Fassungsloses, kindliches Entsetzen hat mich gepackt, ich konnte mich nicht mehr beruhigen, so getroffen war ich.

Es hat relativ lange gedauert, bis ich begriff, dass die Welt böse ist. Damals habe ich zum ersten Mal in meinem Leben diese Ohnmacht gespürt, diesen Urschreck, der tief in die Seele schneidet, den man meint, nicht aushalten zu können. Zum Älterwerden gehört es ja auch, die unterschiedlichen Facetten von Gewalt zu begreifen, immer deutlichere und brutalere Bilder und Begriffe verkraften zu können, ohne dass man es wirklich möchte.

Dieselbe Fassungslosigkeit, die ich damals als Kind empfunden habe, hat mich in manchen Nächten auf der Hotline gepackt. Dann, wenn mein Nein einfach überhört wurde. Niemals hätte ich gedacht, wie viele Männer auf der Hotline anrufen, weil sie nur durch das Entsetzen, die Panik in meiner Stimme erregt werden. Es kommt vor, dass Männer mir unvorbereitet und mit einer Wucht, die mir die Luft zum Weiteratmen raubt, die brutalsten, ja zum Teil menschenverachtenden Phantasien entgegenschleudern, um sich dann auf meine Sprachlosigkeit hin einen runterzuholen.

Sie gieren danach, lustvoll und präzise zu beschreiben, wie sie mich oder eine andere Frau brutal erniedrigen und sexuell demütigen wollen. Sie lachen, wenn sie erzählen, dass sie ihre Ex-Freundin zu Tode ficken oder ihre eigene Mutter an einen Heizkörper ketten wollen, um sie brutal zu vergewaltigen. Ein Nein geilt sie auf. Der Widerstand ist es.

Der Hass auf solche Männer ist irgendwann von allein gekommen, ist mit jedem kranken Typen ein bisschen stärker geworden. Ich habe mich immer weniger gegen den Hass gewehrt, auch wenn er schlecht fürs Geschäft ist. Ich kann nicht so tun, als wenn es okay wäre, eine Vergewaltigung als Rollenspiel zu tarnen. Nachts und allein im Büro kann es ziemlich schlimm sein, an Sachen denken zu müssen, die man sich vor so einem Gespräch niemals hätte vorstellen mögen.

Wenn ich im Büro bin, ist es meine Aufgabe, solche Typen gnadenlos zu sperren. Auch die Line ist an solchen Gesprächen nicht interessiert. Aber eine Sperrung gilt leider immer nur für einen einzelnen Anruf, und das wissen die Männer. Also versuchen sie, sich immer wieder neu einzuwählen. Manchmal rufe ich solche Kerle ganz gezielt an, damit sie merken, dass sie von jemandem beobachtet und gezielt herausgegriffen werden. Dann verschwinden sie meistens von der Line.

Vielleicht bin ich strenger als die anderen Service-OPs, aber ich möchte nicht, dass in meiner Schicht Gespräche stattfinden, die weder mit dem Verhaltenskodex noch mit meinem Gewissen zu vereinbaren sind. Und in meiner Schicht entscheide ich für die Hotline. Ich bestimme, wen ich sperre und wen nicht. Das kommuniziere ich mittlerweile auch zu Beginn meiner Schichten in der ersten Rückmeldung, die an die Frauen geht. Ich möchte keinen persönlichen Rachefeldzug, nicht an Amadeus denken, sondern einfach einen Standard einhalten. Ich versuche dadurch auch, die Frauen zu schützen. Natürlich kann ich nicht kontrollieren, ob sie sich ihrerseits alle an meine Vorgaben halten. Genau genommen ist der Verhaltenskodex ja nichts weiter als eine Richtlinie, die man unterschiedlich interpretieren kann. Letztlich kann ich so viele Kunden sperren, wie ich will. Worüber die Frauen mit ihnen tatsächlich sprechen, kann ich nicht überprüfen. Das entscheiden sie.

Was ich aber weder verstehen noch tolerieren kann, ist, dass die Hotline ihre Mitarbeiterinnen offensichtlich ins offene Messer laufen lässt. Zweimal ist es schon vorgekommen, dass sich neue OPs nach ihren ersten Gesprächen bei mir zurückgemeldet haben, um mit vor Tränen erstickter Stimme zu sagen, dass ihnen nicht gut sei und sie sich jetzt abmeldeten. Ich habe Verständnis dafür, aber erschreckenderweise kaum mehr Mitleid mit ihnen. Meine Grenzen haben sich verschoben.

Die Tatsache, dass viele neue OPs nur ein paar Tage bei uns bleiben, ihre PIN-Nummern höchstens eine Woche über meinen Bildschirm tanzen, lässt mich vermuten, dass die Frauen genauso wenig auf ihren Job vorbereitet wurden wie ich. Vermutlich haben auch sie mit bestimmten Dingen einfach nicht gerechnet. Ich kann verstehen, dass sie nach einigen Tagen wieder gehen.

Ich habe gelernt, dass ich mich nicht auf schlimme Worte vorbereiten, dass ich mich aber an sie gewöhnen kann.

Norbert

Man weiß am Anfang einer Schicht nie, welche Gespräche einen erwarten. Es ist wie ein verbales russisches Roulette. Auch nach fünf Monaten. Manchmal wartet man den ganzen Abend auf ein Duell, und wenn man nicht mehr damit rechnet, hält einem doch noch ganz unvermittelt jemand den Revolver mit der letzten Kugel an den Kopf.

Es ist in einer Nacht von Sonntag auf Montag, als Norbert mich anruft. Spät, gegen vier Uhr. Innerlich habe ich schon Feierabend gemacht. Ich sitze an meinem Arbeitsplatz im Büro und habe den Kopf auf dem Unterarm auf dem Schreibtisch vor mir abgelegt. Das Deckenlicht habe ich ausgeschaltet, nur drei Schreibtischlampen brennen. Ich bin hundemüde, weil dies die zweite Nachtschicht in zwei Tagen ist, und nicke immer wieder kurz ein. Sobald ich die Augen kurz schließe, ist die Vorstellung, sie wieder öffnen zu müssen, grausam. Wehrlos sinke ich immer wieder kurz ab in die trüben Tiefen meiner Müdigkeit. Doch selbst noch dort unten kann ich die Warteschleife hören. Das Rauschen umspült mich wie sanfte Wellen. Auch als Norbert auf den Plan tritt.

Ich ahne nicht, dass er flüstert, weil er traurig ist. Ich hebe den Kopf, als er mich anruft, und sehe am Monitor, dass keine der zwei anderen OPs frei ist. Ich nehme noch einen Schluck Cola und versuche, bei der Begrüßung so wach wie möglich zu klingen.

»Hallo, Norbert«, sage ich, und dann erschrecke ich, weil er weint. Nicht verstohlen oder zurückhaltend, sondern hemmungslos wie ein Kind. Rotz und Wasser heult er in den Hörer. Betrunken oder verlassen worden, nehme ich an. Oder beides. Ich erhoffe mir ein längeres Gespräch, in dem wir gemeinsam über die bösen Frauen dieser Welt lästern können. Ich wundere mich ein kleines bisschen über mich selbst, weil ich kein Mitleid empfinde, obwohl es meinem Gesprächspartner offensichtlich schlechtgeht. Ich distanziere mich gefühlsmäßig schon von Norbert, obwohl wir noch überhaupt kein Wort miteinander gesprochen haben.

Er weint und ringt nach Luft wie ein Ertrinkender, spricht aber nicht. Ich male derweil mit Kugelschreiber kleine blaue Wellen auf einen Zettel, einen ganzen Ozean, weil ich ihm Zeit lassen will, damit er nach Luft schnappen kann. Es klingt, als sei er tief unten auf dem Ozeangrund. Dann male ich noch Herzchen dazu, die absaufen wie Norbert und ihm Gesellschaft leisten in seinem Meer aus Tränen.

Als mein Werk fertig ist und er noch immer nichts von sich gegeben hat, frage ich ihn, was denn so furchtbar sein könne, dass es ihm den Schlaf raube. Es hört sich ungeduldiger an, als ich beabsichtige. Anstatt auf meine Frage zu antworten, verteidigt er seinen Anruf. Seine Stimme ist dabei ganz kraftlos. Nicht unsympathisch, aber stumpf, irgendwie verbraucht. Und auch ein bisschen so, als müsste er sich anstrengen.

»Ich habe das noch nie gemacht, ich bin gar nicht so einer. Bitte denke nichts Falsches von mir. Aber ich muss mit jemandem reden. Ich kann nicht immer nur stark sein, ich kann wirklich nicht mehr, und niemand versteht das.« Er schnauft, als wäre er gerade einen Marathon gelaufen. Dann wiederholt er: »Ich kann einfach nicht mehr.«

Eigentlich bin ich müde und will nur noch nach Hause. Dort wartet mein schlafender Freund auf mich. Ich möchte mich an ihn schmiegen, seinen Geruch einatmen, meine Hand in seine schieben. Er würde sie streicheln, kurz drücken. Die Kurzform von »Leg dich hin, schlaf weiter, ich bin da«. Und meine Gedanken würden zur Ruhe kommen. Zwei Stunden noch. Wenn ich jetzt gehe, würde sich die Welt auch morgen noch weiterdrehen.

Ich muss zugeben, Norberts Weinen hört sich wirklich herzzerreißend an. Er leidet wie ein angeschossenes Tier, und ich bin ein bisschen überfordert. Ich atme tief durch und empfehle ihm einfach, dasselbe zu tun. Für einen kurzen Moment glaube ich, er würde auflegen, weil er denkt, dass ich ihn nicht ernst nehme. Aber dann befolgt er meinen Rat, atmet laut und tief ein und wieder aus.

»Genau so, so ist es gut«, lobe ich ihn, ein Satz, den ich schon häufig verwendet habe, allerdings noch nicht in diesem Zusammenhang. Nach seinem letzten Ausatmen frage ich Norbert erneut, was ihn so aus der Bahn geworfen hat. Jetzt interessiert es mich doch ein wenig. Vielleicht kann ich mit klaren Ansagen besser zu ihm vordringen. Er ist völlig weggetreten. »Raus mit der Sprache, dann geht's dir besser«, ermuntere ich ihn.

Nachdem er sich kräftig geschneuzt hat, hört er sich tatsächlich erstaunlich gefasst an, als er sagt: »Meine Frau ist tot.«

Ach, Mist. Pause. Was soll ich denn darauf antworten? Norbert wimmert. Ich wehre mich noch gegen das Mitleid, das ich aufkommen spüre. Ich versuche, es durch pragmatische Gedanken zurückzudrängen. Komm, das kann mal passieren, denke ich mir. Das Leben ist kein Ponyhof. Man steckt in manchen Dingen einfach nicht drin. Ich bin ein bisschen hin- und hergerissen zwischen Geldgier und Mitleid. Eigentlich sollte ich doch inzwischen abgebrüht genug sein, sollte die sentimentale Stimmung des Kunden einfach ausnutzen, sagt mir mein Kopf. Das Herz aber sagt etwas anderes: Armer Mann mit toter Frau.

Nennt man das emotionale Instabilität? Ich benutze meine ganz private Stimme und bin gespannt, wofür sie sich entscheidet. Sie wählt die Variante »einfühlsam«.

»Das tut mir wirklich leid. Das ist ja schrecklich. Wie lange ist das her?«

Seine Stimme kapituliert. Meine Frage scheint ihm den Rest gegeben zu haben. Ich spüre, dass die Trauer noch ganz frisch ist, die mir da entgegenschlägt. Noch völlig unverstanden. Und sie frisst sich langsam vor zu mir.

Er flüstert, weil er sprechen will, aber gleichzeitig weiß, dass er es kaum schaffen würde: »Fünf Wochen.«

Die zwei Worte lösen bei mir auf der Stelle eine Gänsehaut aus. Er trinkt, offensichtlich Alkohol. Ich höre, wie er ansetzt, schluckt, absetzt, ausatmet.

Dann flüstert er: »Autounfall.«

Ich beiße mir auf die Unterlippe, bis es weh tut, und überlege, was ich sagen soll. Jeden Satz verwerfe ich noch, bevor ich ihn zu Ende gedacht habe. Jedes Wort erscheint mir in diesem Fall überflüssig. Nichts als eine zufällige, nichtssagende, stumpfe Aneinanderreihung austauschbarer Buchstaben. Und übrig bleibt: »Oh, Gott.«

Als ich mit vierzehn meinen liebsten Menschen verloren habe, war da eine Taubheit, wie eine Lähmung. Länger als nur ein paar Wochen und Monate. Der bittere Geschmack ist sofort wieder da, wenn ich die Gedanken an damals zurückhole, weil ich nicht anders kann. Er wird immer abrufbar sein, bis ich irgendwann sterbe. Ich weiß nicht, wie es ist, seine Frau zu verlieren oder seinen Mann. Aber wie es ist, wenn jemand plötzlich stirbt, den man liebt, das weiß ich.

Aber warum, Norbert, warum nur rufst du bei einer Flirtline an? Da weißt du ja gar nicht, bei wem du landest. Aber wahrscheinlich geht es ihm einfach darum zu reden. Mit einer weiblichen Stimme, auch wenn sie fremd ist. Mit einem Menschen. Gut für ihn, dass er zufällig bei mir gelandet ist, denke ich. Er hätte ja auch bei der PIN-Nummer 711 landen können, das ist Ivanka aus Weißrussland. So wie ich sie kenne, hätte sie ihn mit einem knappen »Wwas cheulst du, Maahn?« begrüßt, und damit wäre das Gespräch wohl für Norbert erledigt gewesen.

Er weint nun wieder, ganz ruhig und leise. Es hört sich schon fast schön an, so harmonisch, wie er seine Sätze in die Tränen hineinbettet. »Die Kinder verstehen die Welt nicht mehr. Aber wie soll ich ihnen etwas erklären, was ich selber nicht verstehe?« Seine Zunge ist schwer, das letzte Wort hört sich an wie »vsteh«.

Vor fünf Wochen ist also nicht nur Norberts Frau gestorben, sondern auch die Mutter seiner Kinder. Ich lasse ihn erzählen. Er soll reden, solange er kann. Deswegen hat er ja angerufen. Es wird ihm guttun, auch wenn er alkoholische Unterstützung braucht. Er verschluckt sich fast am Fusel, vielleicht auch an dem Spucke-Schnodder-Tränen-Gemisch, mit dem er zu kämpfen hat.

»Die Polizei stand vor der Tür. Als sie gefragt haben, ob sie ins Haus kommen dürfen, da habe ich gleich ein komisches Gefühl gehabt.« Er gönnt sich eine lange Pause. »Ich habe keine Nacht geschlafen seitdem. Ich kann nicht einschlafen ohne sie. Sie fehlt mir so. Ihr Geruch, ihre Wärme.« Er strengt sich sehr an, und nur mit Mühe kann er den Satz beenden.

Ich weiß nicht, wie Norbert aussieht, aber ich stelle mir vor, dass er eine Brille trägt, die er nun abgelegt hat. Männer, die ihre Brille ablegen, weil sie weinen müssen und sich die Augenlider mit Daumen und Zeigefinger ausdrücken, brechen mir das Herz. Vor mir sehe ich die vielen Tränenflecken auf seinem Hemd.

»Ich packe das nicht ohne sie. Ich kann nicht mehr.« So, wie er es sagt, glaub ich es ihm sofort. In seiner Stimme schwingt die Anstrengung der letzten Wochen und Tage mit. Es klingt, als würden die Stimmbänder beim Sprechen schmerzen. Sie ist gebrochen, genau wie sein Herz.

Plötzlich überrollen mich die Intimität des Gesprächs und mein Mitgefühl wie eine monsterhafte Welle. Ich kann die Tränen aber erfolgreich zurückdrängen. Er fährt fort:

»Die Welt der anderen dreht sich weiter, aber ich fühle mich wie in einem Standbild. Ich schaue ihnen bewegungslos zu.« Er macht eine kurze Trinkpause und flüstert: »Ich möchte nicht mehr unter Menschen sein, ich will gar nicht zurück ins Leben. Alles ist so sinnlos.« Er lacht. Das ist aber eigentlich kein Lachen, das ist nur eine Spielart von weinen. Er sagt: »Ich habe Angst«, und es hört sich sehr ernst an. »Das habe ich noch niemandem so gesagt.«

Zum ersten Mal schießt mir der Gedanke durch den Kopf, er könnte sich möglicherweise etwas antun. Oh, Gott. Noch niemals zuvor hatte ich an diese Möglichkeit gedacht, dass man am Telefon Zeuge eines Suizids werden könnte. Natürlich nicht. Wer kommt schon auf diesen Gedanken? In den Richtlinien wird dieser Fall nicht erwähnt. Oder hätte ich selbst daran denken müssen? Was soll man in einem solchen Fall machen? Auflegen? Warten, bis es tutet? An den Menschen hinter dem Kunden appellieren und ihn anbrüllen, er soll das gefälligst lassen?

Ich bin keine Psychologin. Ich bin nur ein Mädchen, das im Büro sitzt und nachts um vier Angst hat. Angst um Norbert. Theoretisch weiß ich, dass Worte Leben retten können. Aber wie das in der Praxis geht, weiß ich nicht. Welches sind die richtigen Worte für Norbert, jetzt in diesem Moment? Ans Auflegen denke ich nicht, ich kann doch Norbert jetzt nicht alleine lassen mit seinem Schmerz.

»Du, Norbert?«, frage ich, aber er unterbricht mich.

»Warte kurz, ich bin gleich wieder da.« Ich höre, wie er aufsteht.

»Was machst du?«, rufe ich ihm hinterher. Ganz laut. Meine Stimme klingt merkwürdig verzerrt. Im Hintergrund höre ich leise Geräusche, die ich nicht zuordnen kann. Ich habe Angst um ihn, verrät mir mein Herz, weil es jetzt stärker klopft als noch vor ein paar Minuten. Ich lege schützend die Hand um den Hörer und drücke ihn noch fester an mein Ohr. »Norbert?« Es fühlt sich komisch an, den Namen so laut auszusprechen. Ich kenne niemanden, der so heißt, und verwende den Namen nur selten. Dann höre ich Musik. Das Lied erkenne ich sofort, weil es eines der traurigsten ist, die ich je gehört habe. Ich bin richtig froh, als ich seine Stimme wieder höre, beruhige mich wieder ein bisschen.

Er nimmt einen weiteren Schluck aus der Flasche, bevor er fragt: »Wäre es für dich in Ordnung, wenn wir einfach zusammen das Lied hören, ohne etwas zu sagen?«

Ich bin einverstanden, und er dreht die Musik so laut, dass ich den Text verstehen kann. Mit jeder Strophe schnürt sich mir der Hals weiter zu. Meine Lippen zittern. Ich presse sie aufeinander. Den Kampf gegen die Tränen verliere ich bald. »But my words like silent raindrops fell, and echoed in the wells of silence.« Jetzt ist es vorbei mit der Selbstbeherrschung, ich kann meine Tränen nicht mehr zurückhalten. Ich weine gemeinsam mit Norbert und Simon and Garfunkel hemmungslos um Norberts Frau, die ich gar nicht kenne. Nichts mehr sträubt sich, nichts in mir ist mehr hart oder kalt. Ich würde ihn am liebsten in den Arm nehmen. Er dürfte seinen Schnodder auf meinem T-Shirt verteilen. Ich würde ihn halten und ihm über den zuckenden Rücken streichen.

Als der Song zu Ende ist, sagt Norbert ganz nüchtern: »Jetzt muss ich das Lied wohl alleine hören.«

Ich hebe den Kopf und schaue an die Decke in der Hoffnung, dass die blöden Tränen wieder zurückrollen.

Sein Tonfall bleibt sachlich. »Kannst du mir bitte sagen, was ich machen soll? Ich weiß einfach nicht mehr, wie ich den Schmerz aushalten soll.« Es hört sich an, als würde er nach einem Rezept fragen. Ich habe keine Antwort, wische einen Tränentropfen vom Tisch vor mir.

Norbert holt noch einmal tief Luft, als würde er sich an meinen Rat erinnern, macht dann einen Doppelschnapper, weil er doch wieder anfangen muss zu weinen. »Ich kann nicht mal den Einkaufszettel wegschmeißen, den sie zuletzt geschrieben hat. Lächerlich, oder? Brot, Milch, Salat, Fleisch, Olivenöl steht da, und es kommt mir vor wie Lyrik.«

Ich habe keinerlei psychologische Kenntnisse. Ich packe ganz viel Wärme in meine Stimme. Ich sage ihm, dass ich das mit dem Einkaufszettel nicht schlimm fände und dass weinen nur gesund sei und dass das Leben oft verdammt unfair sei – manchmal unfairer, als wir aushalten können.

Er grunzt Zustimmung. Vom Reden, vom Alkohol und von seinen vielen Tränen ist Norbert müde geworden. Trauern ist anstrengend. Er sagt jetzt kaum noch etwas. Ab und an zieht er die Nase hoch und entschuldigt sich. Er gähnt immer öfter, und seine Müdigkeit überträgt sich auf mich. Es ist, als würde sie langsam und zäh wie Nougat durch die Leitung gedrückt und dann aus den Löchern meines Hörers herausquellen.

Ich schaue auf die Uhr links unten am Monitor. Noch neun Minuten, bevor er sich neu einwählen muss. Norbert atmet jetzt wieder tief und regelmäßig. Er schmatzt kurz und meldet sich mit müder Stimme.

»Bitte halte mich nicht für verrückt, aber könntest du mich vielleicht ins Bett bringen? Ich möchte jemanden atmen hören, wenn ich einschlafe. Du kannst auch einfach … irgendwas … erzählen.«

Ich bin verunsichert. Das ist ein bisschen sehr persönlich, denke ich, aber schließlich ist der Mann in Trauer und hat gerade eben seinen ersten Seelenstriptease hingelegt. Mir machen nur die neun Minuten, die jetzt nur noch acht sind, ein wenig Sorgen, und ich überlege, wie ich Norbert am schnellsten dazu bringen kann, einzuschlafen. Ich fühle mich für ihn verantwortlich.

Also empfehle ich ihm, sich irgendwo hinzulegen, wo es gemütlich ist und wo er den Kopf entspannt auf ein Kissen betten kann. Ganz leise flüstere ich ihm ins Ohr, dass er nun nichts mehr denken müsse, sich der Leere in seinem Kopf und der Schwere seines Körpers hingeben solle und dass ich nun seinen Kopf streicheln würde, ganz sanft. Mir fällt ein Kinderlied von früher ein, das mir meine Mutter immer vorgesungen hat. Ich beginne, leise zu summen. Er schluchzt noch einmal kurz, aber dann ergibt er sich und lässt für heute los. Da die Verbindung weiterhin besteht, bleibe ich noch ein bisschen an seiner Seite, falls er wieder aufwacht. Als ich sein regelmäßiges Schnarchen höre, wünsche ich ihm flüsternd eine gute Nacht. Dann drücke ich fast zärtlich den Knopf zum Auflegen, bevor das plärrende Band mit der Computerstimme anspringt, um ihm die Neueinwahl anzukündigen.

Ich lasse den Kopf auf den Tisch fallen und entschließe mich dazu, die Augen erst wieder in einer Stunde aufzumachen, wenn ich Feierabend habe. Ich wünschte, Norbert müsste für das bisschen Menschlichkeit nichts bezahlen, für die kleine Portion anonyme Nähe, dich ich ihm geben konnte.

Aber so funktioniert das Hotline-System: Die Männer sind einsam, und die Frauen sind rund um die Uhr eine Anlaufstelle gegen diese Einsamkeit. Das Gespräch steckt mir trotzdem noch lange in den Knochen. Zu viele Emotionen, zu viel Einzelschicksal für eine Nacht.

Zu Hause falle ich endlich in mein Bett, krieche unter die warme Decke zu meinem Freund. Ich atme seinen Geruch ganz tief ein und könnte schon wieder heulen, als er meine Hand drückt. »Leg dich wieder hin, schlaf ein, ich bin da.« Ich bin unglaublich froh, jetzt nicht allein zu sein.

Paranoia

Ich muss echt aufpassen. Ich merke, dass es mir zunehmend schwerer fällt, Abstand zur Line zu wahren und nach der Schicht abzuschalten. Ich nehme inzwischen sämtliche Männer, denen ich im normalen Alltag begegne, anders wahr als früher. Ich merke, dass ich ständig selektiere. Dass ich die Männer argwöhnisch beobachte, im Bus, in der Bahn und auf der Straße, als wären sie eine fremde Spezies. Ich werte jeden Blick, kategorisiere ihre Körpersprache und beurteile in Sekundenschnelle auch mir völlig fremde Personen. Ich fühle mich dazu gezwungen, sie sofort einordnen zu müssen. Genau wie am Telefon will ich sie in ein Profil pressen, versehe sie gedanklich mit Attributen, um sie für mich berechenbarer zu machen. Devot, dominant, verliebt, verlassen, pervers, einsam, hasserfüllt, naiv. Es wird immer schlimmer. Ich mache mir Gedanken über ihre sexuellen Vorlieben oder mögliche Abnormitäten. Männer sind für mich nur noch potenzielle Anrufer. Alle.

Ich bin auf dem Weg zu einer Verabredung mit meinem Freund und sitze ganz hinten im Bus nach Altona. Wir wollen eine Kleinigkeit essen gehen, möglichst etwas mit Erdnusssoße. Der Platz neben mir ist frei, und auch sonst ist der 115er heute erstaunlich leer. Schräg gegenüber sitzt ein Mann, ich schätze ihn auf fünfzig. Bauch, Glatze und Oberlippenbart. Ich schaue an ihm vorbei, weil er es nicht tut. Schon seit ich eingestiegen bin, lastet sein Blick auf mir. Wenn ich nach rechts blicke, sehe ich ihn im Fenster, weil es draußen schon fast dunkel ist. Und mich sehe ich auch: große Augen, weißer Mantel, blonde Haare mit Pferdeschwanz und Pony. Der Mann beobachtet mich dabei, wie ich ihn beobachte. Und er leckt sich über die Lippen. Ich senke den Kopf und warte, bis er wegschaut. Aber er tut es nicht. Ich schaue direkt in sein feistes, rotes Gesicht, halte seinem Blick stand, solange ich kann. Ich verenge die Augen zu Schlitzen. Er zieht den linken Mundwinkel hoch. Ohne es zu wollen, stelle ich mir seine Stimme vor. Geschwollen, pulsierend, heiß. Ich frage mich, worauf er wohl steht, was sein Motiv wäre, bei mir anzurufen. Ich frage mich, wie er sich anhört, wenn er kommt. Ich glaube nicht, dass es bei ihm lange dauert. Aber heftig würde es sein.

Der Bus hält an der nächsten Haltestelle, es setzt sich jemand auf den freien Platz neben mir. Ein Anzugtyp mit Aktenkoffer und Lackschuhen. Ich rücke ein Stück zur Seite, und er rückt nach. Ich spüre seinen Oberschenkel durch meine Hose hindurch, rieche sein Aftershave. Ich schaue ihn von der Seite an, mein Blick wandert unweigerlich zwischen seine Beine. Unbewusst, automatisch. Der Lippenlecker von gegenüber sieht das ganz genau. Als ich wieder hochschaue, fängt er meinen Blick ab. Der Bus fährt in diesem Moment über eine Bodenwelle. Das Ruckeln lenkt seine Augen auf meine Brüste. Mir wird heiß von seiner schamlos offenbarten Gier. Und auch der Mann im Anzug kommt mir zu nahe. Mir wird schlecht vom Geruch des Aftershaves, dem Anblick des lüsternen Mannes gegenüber und irgendwelchen Stimmen, die es gar nicht gibt. Ich stehe auf, nuschele eine Entschuldigung und drücke mich am Anzugmann vorbei. Ich spüre, wie der Blick von gegenüber mich durchbohrt. Als ich neben ihm stehe, ziehe ich an den Fingern meiner rechten Hand, bis die Gelenke knacken und zische: »Fick dich!« Dann steige ich aus, eine Station vor dem Ziel.

Als ich später neben meinem Freund im Bett liege, regen sich vorsichtige Zweifel an meiner Rollenverteilung. Vielleicht bin ich es ja, die alles sexualisiert? Hinter jedem Blick und hinter jeder Geste eine sexuelle Absicht vermutet? Vielleicht sind es gar nicht die Männer? Mir wird mit einem Mal bewusst, dass ich mich auch privat verändert habe, zum Beispiel rede ich beim Sex mehr mit meinem Freund. Vor allem aber rede ich derber, direkter, fordernder. Wie auf der Line. Wenn ich wie gerade eben merke, dass ihm das gefällt, fühle ich mich auf merkwürdige Weise bestätigt. Seine Lust empfinde ich als Bestätigung.

Ich drehe mich zur Seite und betrachte ihn, schaue über sein hübsches, bärtiges Gesicht. »Gefällt es dir, wenn ich so bin?«, höre ich mich leise fragen. »So tabulos?«

Und er antwortet, zwar grinsend, aber ehrlich: »Schon.« Guckt ganz lieb dabei und fügt dann wie entschuldigend hinzu: »Ich bin halt ein Mann.« Dann nimmt er beruhigend meine Hand. In diesem Moment reduziere ich ihn auf das, was er objektiv betrachtet ist, ein Mann. Warum solltest du anders sein als die anderen, denke ich. Anders als die Männer, mit denen ich telefoniere. Ich rücke ein bisschen von ihm ab.

Als ich sehe, dass er schläft, beuge ich mich vorsichtig zur Seite und greife nach seinem Handy, das auf dem Fußboden liegt. Ich scanne sein SMS-Verzeichnis und suche nach verdächtigen Namen. Zum ersten Mal tue ich das. Und werde gleich fündig. »Hallo, mein Großer, ich denke an dich. Meld dich mal.« Ich versuche, ruhig zu atmen. Wer ist diese Mariella? Die darf ihn nicht »mein Großer« nennen. Er ist meiner, mein Großer. Und warum denkt sie an ihn? Meine Gedanken spielen verrückt.

Ich stoße meinen Freund mit dem Ellbogen an, sehr unsanft. »Hey! Wach auf. Wer, zum Teufel, ist diese Mariella? Und was ist das überhaupt für ein blöder Name?«

Mein Freund blinzelt genervt und verschlafen in die Richtung, aus der meine Worte herkommen. Er versteht nicht. »Was?«

Meine Stimme überschlägt sich äußerst unelegant. »Du hast mich genau verstanden. Wer ist diese Mariella, und warum will sie, dass du dich bei ihr meldest? Willst du mich verarschen?«

Ich sehe, dass mein Freund sauer wird, richtig böse. Er verzieht die Stirn und guckt mich ungläubig an. »Mariella, mein Schatz, ist meine Cousine.« Dann dreht er sich mit einem Ruck um und zischt mir über die Schulter zu: »Es wird Zeit, dass du aufhörst.«

Ich fühle mich wie angeschossen. Auf einmal wird mir klar, dass es zu spät sein könnte, dass irgendetwas schon kaputt sein könnte. Ich, zum Beispiel. Oder wir.

Jannes

Ganz selten nur rufen Kunden aus Hamburg an, deswegen wundere ich mich ein bisschen, als ich die Vorwahl 040 auf dem Bildschirm sehe. Möglicherweise sitzt dieser Kunde nur ein paar Straßen weiter.

Ich nehme seinen Anruf trotzdem an, auch weil mir sein Name so gut gefällt. Er hat eine freundliche, warme Stimme und macht einen netten Eindruck, was für mich im Prinzip inzwischen nur noch bedeutet, dass er nicht in den ersten Sekunden auflegt, nicht sofort kommt und mich nicht beschimpft.

Wir plaudern also ganz ungezwungen, und ich gehe davon aus, dass Jannes eine Beziehung sucht oder wenigstens auf ein Treffen aus ist. Er betont nämlich immer wieder, dass er alleinerziehend sei und seine Frau ihn vor nicht allzu langer Zeit verlassen habe. Ich gebe zu, dass ich Hamburg gut kenne, weil ich ganz in der Nähe wohne. »Jaja«, sagt er, »interessant.« Ich merke, dass seine Aufmerksamkeit nachlässt. Auch die Aussicht auf ein mögliches Treffen reißt ihn nicht vom Hocker. Was will er denn? Und warum betont Jannes eigentlich schon wieder, dass er so alleine ist, seit seine Frau ihn verlassen hat?

»Es ist schwer für einen Mann, so alleine zu sein. Gut, dass ich meine Pia habe. Obwohl das zurzeit ja auch nicht ganz einfach ist mit ihr. Eine richtige kleine Zicke ist das.« Er lacht, und es hört sich wirklich nett an. Na gut, wenn er das unbedingt will, dann sprechen wir also über das spannende Thema Kinder und Familie.

Ich lehne mich in meinem Bürostuhl zurück. »Na, dann

bist du ja nicht ganz alleine auf dieser Welt. Wie alt ist denn die Kleine?«

Er lacht wieder. Dann sagt er: »So klein ist sie gar nicht mehr. Sie ist gerade ganz übel in der Pubertät. Vierzehn.«

Ganz kurz halte ich inne. Auf der Line habe ich schon einiges erlebt. Meine Güte, jetzt entspann dich aber mal und geh nicht sofort vom Schlimmsten aus, schelte ich mich im selben Moment. Fast schäme ich mich dafür, dass ich zuerst diesen kranken Gedanken zugelassen und danach das Naheliegende in Betracht gezogen habe. Jetzt gib ihm halt die Chance, ermahne ich mich. Ich wiederhole in Gedanken seine letzten Worte, damit ich den Gesprächsfaden wiederfinde.

»Ja, ein schreckliches Alter«, sage ich, ohne nachzudenken. »Ich kenne das.«

Jannes lacht schon wieder. »Ich glaub, das kennen wir alle.« Wo er recht hat, hat er recht. »Weißt du«, fährt er fort, »sie ist das Wichtigste für mich. Als wir sie damals gefragt haben, bei wem sie lieber wohne möchte – bei der Mama oder beim Papa –, da hat sie nicht lange gezögert und gesagt, dass sie zu mir ziehen möchte. Und das hat auch immer gut geklappt, das Zusammenwohnen mit Pia, aber …« Er pausiert, und ich frage mich, warum. »Aber ich habe wirklich ein Problem. Ich war sogar schon bei Pro Familia, so einer Beratungsstelle, deswegen.«

»Schlägt sie dich?«, frage ich, um das Gespräch wieder ein bisschen aufzulockern.

Aber er lacht jetzt nicht mehr. Schluss mit lustig. Und dann passiert es, das Gespräch kippt. Man kann zusehen, wie es sich plötzlich um einhundertachtzig Grad wendet. Die Worte, die dann kommen, sind unwiderruflich, endgültig, meist brutal. Und dann durchfährt mich kurz ein fieser, fiebriger Stromschlag, es piept in den Ohren, die Worte rauschen ein paar Sekunden einfach nur vorbei. Das kenne ich inzwischen schon.

Ich höre jetzt Worte wie »austricksen«, »verführen«, »alter Herr«, »Spiel«, »wahnsinnig geil« und »Badewanne«. Sofort ist Amadeus wieder da: »Ich werde dir auf deine geilen Kindertitten spritzen.« Lieber Gott, bitte kratz doch diese Worte aus den Windungen meines Gehirns und lass Hornhaut um meine Seele wachsen. Danke. Amen.

Dann brennen bei mir die Sicherungen durch. Ich fühle mich in diesem Moment von Jannes persönlich provoziert. »Sei still!«, unterbreche ich ihn. Natürlich hätte ich nichts sagen müssen, sondern einfach sofort auflegen und ihn dann sperren können. Normalerweise tue ich das beim kleinsten Verdacht auf Pädophilie, Sodomie, Nekrophilie oder heftigste Splatter-Orgien-Phantasien. Aber mir reicht es. Ich will, dass Jannes sich anhört, was ich von ihm halte, und einfach schnallt, dass das nicht geht, was er da macht. Er soll nicht ungeschoren davonkommen.

Ich versuche also, ruhig zu bleiben, aber meine Stimme bebt. »Sei bloß still, halt dein Maul. Hörst du?« Ich weiß, dass ich nicht lange Zeit haben werde, um ihn zu beschimpfen. Aber noch schweigt er, und ich tische ihm schnell eine Lüge auf: »Pass auf. Wir haben deine Nummer zurückverfolgt und deine Adresse in Hamburg ausfindig gemacht. Dieses Gespräch wurde aufgezeichnet. Das war ein Test.« Ich hole Luft, aber er hat aufgelegt.

Ich sehe mich im Büro um. Wohin mit meinem Frust? Die ersten Sonnenstrahlen mogeln sich schon durch die Lamellen der Jalousie, landen als Streifen auf dem grauen Teppich. Es ist vier Uhr zwanzig, die Vögel zwitschern. Mir kommt es vor, als würde ich sie zum ersten Mal hören. Heute wird es warm werden. Ich gehe ans Fenster und mache es ganz auf. Trotz meiner Höhenangst setze ich mich auf die Fensterbank, flute meine Lungen mit frischer Juniluft und lüfte mein Gehirn. Besser.

Ich spüre mich wieder, fühle mich ganz leicht. Eine Träne rinnt mir über die Wange. Ich widme sie mir, nur mir allein. Nicht Jannes und auch sonst keinem anderen Mann. Ganz deutlich spüre ich die Gewissheit, dass ich raus muss. Aus der Line, aus diesem Käfig voller egoistischer Tiere, die nichts weiter tun, als sabbernd ihrem Instinkt zu folgen. Die für mich so berechenbar geworden sind wie die Reaktionen, die meine immer gleichen Worte auslösen.

Was mache ich hier eigentlich? Ich feuere wichsende Männer an, meine Worte sind für sie der Zunder. Ich bin abgestumpft, genau wie sie. Noch funktioniere ich routiniert, mehr aber auch nicht. Mein Vokabular hat sich gewandelt, ist derb geworden. Ich spreche inzwischen deutlich abfälliger über die Kunden als Katharina und Emily. Worte wie »Arschfick«, »Drecksschlampe« und »Spritzspiele« gehen mir so leicht über die Lippen wie »Hund«, »Katze« oder »Maus«.

Entschlossen stehe ich auf, schließe das Fenster, schalte den Stimmbrei stumm und den Computer aus. Dann packe ich meine Sachen zusammen, ziehe die Jalousien runter und schließe das dunkle Büro ab, eine halbe Stunde zu früh. Ich gehe zu Fuß nach Hause, quer durch die Innenstadt. Ich gehe am Rathaus vorbei über den Gänsemarkt, Richtung Grindelviertel. Nachher werde ich die Nummer von diesem Marketingbüro wählen, die Janna mir gegeben hat. Da suchen sie jemanden. Und ich beschließe, Chris anzurufen, weil ich mich für keine neue Schicht mehr eintragen werde. Diejenigen, für die ich schon eingeplant bin, werde ich schon noch irgendwie überstehen.

Ich fühle mich frei.

Ein gutes Gefühl.

Waldi

Es ist noch vor Mitternacht, als ich den Anruf von Waldi bekomme. Dies ist mein letzter Abend bei der Line. Was soll heute noch Schlimmes kommen?, frage ich mich, als ich die Namen der Anrufer durchgehe.

Bei Waldi tippe ich auf einen devoten Mann, der wie ein Hund behandelt werden möchte, der meine Schuhe mit den Zähnen ausziehen möchte, dabei knurrt und an meinen Füßen schnüffelt und sie ableckt, der mit seiner Zunge meine Zehen spreizt. Zur Belohnung würde ich ihm den Kopf tätscheln. Aber Waldi will nicht Hund spielen.

Mit seinem schwachen Stimmchen entschuldigt er sich gleich zu Anfang: »Ich weiß gar nicht, ob ich hier richtig bin. Vielleicht hätte ich nicht anrufen sollen.« Wie alle.

»Schon okay«, sage ich. »Mach dir keine Sorgen.« Ich bin heute gut drauf, fast euphorisch.

Es ist meine allerletzte Schicht. Mich würde es nicht wundern, wenn mich nachher unten am Briefkasten fast ein bisschen Wehmut überkommt, sobald ich den Schlüssel eingeworfen habe. Ich muss schmunzeln bei dem Gedanken an Chris' Reaktion, als ich ihr sagte, dass ich raus sei. »Ich bin nicht sauer auf dich, eher enttäuscht von dir.« Der Satz passt gut zu ihr, und ich habe ihn ihr gelassen. Ich bin bereit, Waldi an meiner guten Stimmung teilhaben zu lassen. Er klingt seltsam, als wenn er krank wäre. Für den Teil einer Sekunde fühle ich, dass ich dieses Gespräch nicht hätte annehmen sollen.

Wenigstens ist Waldi nicht auf den Mund gefallen und bietet mir mit seiner Frage einen Einstieg. »Arbeitest du hier?«

Das ist ein Tabu. Eigentlich müsste ich jetzt sagen: »Nein,

um Gottes Willen, wie kommst du denn da drauf, höre ich mich etwa so an? Ich habe die Nummer von einer Freundin, die hat hier …« Aber stattdessen sage ich einfach: »Nicht mehr lange.« Und es fühlt sich gut an. Das hätte ich schon früher sagen sollen. Sowieso fallen mir gerade eine Menge Dinge ein, die ich schon viel früher hätte sagen sollen.

Ich vergesse fast völlig, dass Waldi noch da ist, bis er raunt, dass er gerne etwas über meine Kindheit erfahren würde. Dieses Anliegen holt mich zurück ins Hier und Jetzt. Ich beschließe, dass meine Kindheit Waldi nichts angeht. In wenigen Worten fasse ich eine völlig frei erfundene Biographie für ihn zusammen. Als ich fertig bin, habe ich sie auch schon wieder vergessen.

Ich warte auf seine Reaktion, die aber ausbleibt. Erinnerungen an »Stöhnroom« werden wach.

Waldi schiebt seine nächste Frage nach. »Welches ist deine erste Erinnerung?«, flüstert er.

Okay, ich werde mich einlassen. Ein letztes Mal. Ich weiß ja, dass ich es kann, also konzentriere ich mich auf seine Stimme und schaue auf das Grau des Schreibtischs. Ich überlege angestrengt, aber ich weiß es nicht.

»Zählen Gefühle oder Geräusche auch als Erinnerung?«, frage ich stattdessen.

Waldi bellt und sagt: »Ja.«

»Hast du eben gebellt?«, frage ich irritiert und kriege eine Gänsehaut.

Waldi bellt noch einmal und sagt: »Ja. Schlimm?«

Mir kommt es vor, als würde er hier bei mir im Büro bellen. Ich habe diesen grotesken Klang noch im Ohr und lausche ihm ein bisschen hinterher. Ich frage ihn ganz ernst: »Warum heißt du eigentlich Waldi? Und warum bellst du?«

»So haben sie mich früher auch schon genannt«, sagt er, »seit ich mich erinnern kann.«

»Wer hat dich früher so genannt?«, hake ich ungeduldig nach. Seine kurzen Antworten nerven mich. Jetzt soll er mal ein bisschen erzählen, nicht immer bloß ich.

Aber er tut es nicht, sondern sagt nur: »Die Mama und die Oma halt.« Seine Stimme klingt gepresst.

Plötzlich kommt mir der Gedanke, dass Waldi geistig behindert sein könnte und gar nicht weiß, wo er gerade anruft und was er gerade erzählt.

Ich möchte ihn am liebsten sofort loswerden. Irgendetwas stimmt hier nicht, das spüre ich.

Auf einmal hört er sich an wie Norbert.

»Weinst du?«, frage ich.

Er straft meine Frage mit einer Gegenfrage ab. »Können wir nicht einfach ein bisschen kuscheln?«

Oh, Mann, ich hasse diese abrupten Sprünge von Psycho-Dialogen zu körperlicher Nähe. »Warum nicht?«, sage ich gleichgültig.

Er tut mir ein bisschen leid. Ich glaube, dass er wirklich weint.

Bis jetzt ist alles ja doch ganz harmlos. Vielleicht lege ich auch nicht auf, weil er sich so jung anhört. Ich schätze ihn auf sechzehn, siebzehn. Wahrscheinlich dürfte er noch gar nicht auf der Hotline anrufen, aber auch das ist mir heute egal. Das Wissen, dass dies meine letzte Nacht in diesem miefigen Büro mit diesen miefigen Typen ist, lässt mich das Gespräch fortführen. Doch ahne ich, dass er nicht auflegen wird, bis er bekommen hat, was er braucht. Was das allerdings sein könnte, ist mir schleierhaft.

Plötzlich sagt er: »Braune Strümpfe.«

»Was ist damit?«, frage ich.

»Trägst du welche? Oder möchtest du, dass ich mir welche anziehe?«

Nun wimmert Waldi wie ein ganz junger Welpe: »Ich sage

dir, welches meine erste Erinnerung ist. Braune Strümpfe. Hast du Strümpfe an? Braune Strümpfe zum Hochziehen, meine ich?«

Ist es also das, was er will? Nylonspielchen? Und warum weint er dann, das ist doch nichts Schlimmes? Ich schaue am Computer nach, wie lange er schon eingewählt ist und ob sich der Aufwand mit den Strümpfen überhaupt noch lohnt. Ein paar Minuten hat er noch, die lass ich ihm. Ich müsste mich auch bald wieder bei den OPs zurückmelden.

Meine Antwort auf Waldis Frage fällt schroff aus, weil sich Freundlichkeit jetzt auch nicht mehr lohnt und ich solche Spielchen wenig spannend finde. »Muss mal eben im Schrank nachgucken, ob ich welche da habe. Warte kurz.«

Seine Chance, um aufzulegen. Ich lege den Hörer neben das Telefon. Dann stehe ich kurz auf, gehe einmal durch den Raum hinüber zum Fenster, stelle fest, dass unten die Eckkneipe schon geschlossen hat, und gehe wieder zurück. Als ich wieder zum Telefonhörer greife, ist er noch dran.

Ich sage: »So, da bin ich wieder. Mit den Strümpfen.«

Waldi korrigiert mich und sagt: »Mit den braunen Strümpfen.«

Ich meine, eine kleine Aufregung in seiner Stimme zu hören. Dann beginnt er wieder zu fiepen und bellt ein paarmal so schrill, dass ich mir das Ohr zuhalten muss. Ich erzähle ihm, wie ich die Strümpfe langsam aus dem knisternden Papier befreie, wie gut und glatt sie sich anfühlen und wie ich sie, ganz langsam, erst über die Füße, dann über die Knöchel, die Knie und die Oberschenkel ziehe.

»Gruff«, macht Waldi. »Gruff, gruff. Und sonst aber nichts anziehen.«

Er bellt aber nicht, weil er sich freut, wie ich zuerst vermutet habe. Er weint immer stärker. Aber hat er überhaupt einen Grund dazu? Eine unlängst verstorbene Frau hat er jedenfalls offensichtlich nicht. Außerdem trage ich braune Strümpfe, genau wie er es wollte.

»Nein, nichts außer Strümpfen«, bestätige ich etwas ratlos. Je mehr ich seinen Wünschen entgegenkomme, desto trauriger klingt er.

»Nur die Strümpfe, sonst nichts«, wiederholt er. Seine Stimme lässt einen unbändigen Weltschmerz vermuten.

Seit ich so getan habe, als hätte ich braune Strümpfe angezogen, dreht der Typ total durch. Er bellt und heult und fiept und hört sich an, als hätte er böse Alpträume. Es ist gruselig. Vielleicht habe ich da aber auch etwas falsch interpretiert, und es sind nur die Geräusche, die er beim Onanieren immer macht. Mir fällt es jedenfalls zunehmend schwerer, ihn zu ertragen.

Ich weiß nicht, was ich auf das Gebelle und Gejammer sagen soll – zumal es immer heftiger wird.

Ich stelle den Lautsprecher leiser und versuche, ihn zu beschwichtigen: »Schhh, sei mal ruhig, bitte.«

Er jault, als hätte ich ihn getreten. Dann winselt er leise und fragt bittend: »Kannst du es zu mir sagen?«

»Was soll ich denn sagen?«, frage ich genervt.

Er sagt: »Komm her, Waldi, komm ins Bettchen.«

Mir ist alles egal, und ich tue ihm den Gefallen: »Komm her, Waldi, komm ins Bettchen.«

»Aua«, höre ich von ihm.

Was soll das?

Ich sage es noch einmal: »Sei brav, komm hierher, Waldi.«

Und wieder: »Aua.« Fügt er sich gerade selber Schmerzen zu?

Mir schlägt das Herz bis zum Hals, als ich realisiere, in welche Richtung es diesmal wieder gehen könnte.

Noch vier Minuten sind es, als er sagt: »So wie früher. Da lag die Oma auch immer nur mit braunen Strümpfen da.«

Immer noch vier Minuten, als er wie ein Fisch auf dem Trockenen nach Wasser schnappt und sagt: »Ich wusste, dass du mir nicht glaubst.«

Drei Minuten, als mein Herz gefriert und ich eine Frauenstimme im Hintergrund höre: »Kommst du, Waldi?«

Teresa Fortis

Lockruf Saudia

Meine Erlebnisse im Hostessen-Camp

Für die junge Schweizerin Teresa geht ein lang gehegter Wunsch in Erfüllung: Sie darf als Flugbegleiterin bei Saudi Arabian Airlines anfangen und ins Stewardessen-Camp Jeddah ziehen. Doch hinter den Mauern des Camps sieht die Realität ganz anders aus: Ihre Kolleginnen spinnen perfide Intrigen, von der arabischen Religionspolizei wird sie auf Schritt und Tritt überwacht, und ein bisschen Freiheit winkt Teresa nur, wenn sie sich wie die anderen Stewardessen mit den mächtigen und reichen Scheichs einlässt.In diesem authentischen und bewegenden Buch schildert Teresa Fortis ihre Erfahrungen als Flugbegleiterin und erzählt von ihrer aufregenden Zeit in der arabischen Wüste.

Knaur Taschenbuch Verlag

Brenda Stumpf

Bratkartoffeln für Tina Turner

Meine wilden Jahre als Backstage-Köchin

1983, das Zeitalter der Föhnwelle hatte gerade begonnen. Brenda Stumpf war 23 und bekam das Angebot, in der angesagten Bochumer »Zeche« als Köchin zu arbeiten. Nichts und niemand hätte sie vorbereiten können auf das, was sie dort erwartete: exzentrische Musiker mit Essenswünschen, die einem das Blut in den Adern gefrieren lassen. Massenschlägereien, bei denen sich die Ordner in ihrer Küche mit Eisenpfannen bewaffneten. Aber sie wurde versöhnt durch Begegnungen mit allem, was damals in der Musikwelt Rang und Namen hatte: von Tina Turner, Run DMC über Depeche Mode und Herbert Grönemeyer bis zu den Toten Hosen. In ihrem Buch nimmt sie uns mit auf eine wilde Zeitreise in die achtziger Jahre.

Knaur Taschenbuch Verlag

Nina Puri

Tischlein, leck mich

Wie man sich anständig danebenbenimmt

Wo man hinschaut: Die Manieren sind auf den Hund gekommen. Wir duzen den Chef, die Putzfrau und den Gemüsetürken. Haben Handys, die wie brünftige Pottwale klingen. Gratulieren molligen Frauen zur Schwangerschaft. Mogeln uns auf schmatzenden Flipflops an der Schnellkasse, im Flieger und auf der Trauerfeier vor. Beginnen Beziehungen mit Wodka Lemon und beenden sie per SMS.

Voll daneben? Reine Überlebenssache! Dieser längst fällige Anti-Knigge zeigt, wie Sie heil und möglichst cool durch den modernen Benimmdschungel kommen.

Droemer